natürlich oekom!

Mit diesem Buch halten Sie ein echtes Stück Nachhaltigkeit in den Händen. Durch Ihren Kauf unterstützen Sie eine Produktion mit hohen ökologischen Ansprüchen:

- 100 % Recyclingpapier
- mineralölfreie Druckfarben
- Verzicht auf Plastikfolie
- Kompensation aller CO_2-Emissionen
- kurze Transportwege – in Deutschland gedruckt

Weitere Informationen unter www.natürlich-oekom.de
und #natürlichoekom

natürlich oekom · nachhaltig seit 1989

Für die freundliche Unterstützung der Publikation danken wir:

ROSA LUXEMBURG STIFTUNG

medico international

Bibliografische Information der Deutschen Nationalbibliothek:
Die Deutsche Nationalbibliothek verzeichnet diese Publikation in der Deutschen Nationalbibliografie; detaillierte bibliografische Daten sind im Internet über www.dnb.de abrufbar.

oekom – Gesellschaft für ökologische Kommunikation mbH
Waltherstraße 29, 80337 München

Lektorat: www.text-arbeit.net
Korrektorat: Silvia Stammen
Satz: Christin Müller
Umschlaggestaltung: Stefan Hilden, hildendesign.de
Druck : CPI books GmbH, Leck
ISBN 978-3-96238-370-1

FSC www.fsc.org RECYCLED Papier aus Recyclingmaterial FSC® C083411

Klimaneutral Verlag
ClimatePartner.com/53585-1805-1001

ALEXANDER BEHR

GLOBALE SOLIDARITÄT

Wie wir die imperiale Lebensweise überwinden und die sozial-ökologische Transformation umsetzen

oekom

Dieses Buch ist dem Andenken an Lina Ben Mhenni
und Fabien Didier Yené gewidmet,
*zu früh verstorbene Aktivist*innen für*
Freiheit, Gleichheit und globale Solidarität

Inhalt

Einleitung

»Wir haben nicht mehr viel Zeit«, sagte Rudi Dutschke 1968 beim Vietnam-Kongress in Berlin. Aus seiner Sicht gab es damals eine unmittelbare revolutionäre Dringlichkeit, auf die reagiert werden müsse. Heute, so scheint es, hat sich die Dringlichkeit, die Gesellschaft zu verändern, potenziert und ein völlig neues Niveau erreicht: Denn es bleibt nicht viel Zeit, um die irreversiblen Schäden einzudämmen, die der global entfesselte Kapitalismus verursacht und die bei einem weiteren »business as usual« zu dramatischen sozial-ökologischen Verwerfungen führen können. Viele Aktivist*innen und Wissenschaftler*innen sprechen deshalb von einer »Vielfachkrise« des Planeten. Die Klimakatastrophe wirkt heute als Brandbeschleuniger für alle anderen Krisen – seien es soziale, ökonomische und ökologische Krisen oder kriegerische Auseinandersetzungen. Ernüchtert müssen wir feststellen, dass die Regierungen kaum gegensteuern, um die Erderhitzung aufzuhalten. Vielmehr sehen wir, dass sie den notwendigen, tiefgreifenden Wandel, den wir sofort brauchen, verhindern oder in die ferne Zukunft verschieben.

Ob im Hinblick auf demokratiepolitische Fragen, Umwelt- und Klimaschutz, Krieg und Frieden, Verteilungsfragen, Geschlechterverhältnisse oder Rassismus: Die Welt ist in einem besorgniserregenden Zustand.

Der Begriff der Vielfachkrise tauchte zum ersten Mal im Jahr 2008 auf, als die globale Finanzkrise eine ganze Reihe von weiteren Krisen befeuerte:[1] In den USA verloren Hunderttausende

Menschen ihr Obdach, in vielen Ländern des globalen Südens brachen Hungerrevolten aus, rund um den Globus verschärften sich Kriege und Konflikte um wichtige Ressourcen wie Wasser, Agrarland oder Seltene Erden.

Zugleich erleben wir heute eine tiefe Krise der repräsentativen Demokratie: In mächtigen Volkswirtschaften sind autokratische Regime an der Macht, die demokratische Grundrechte missachten und Menschenrechte verletzen: Die Wahl von Donald Trump zum Präsidenten der USA 2016 war eine Art demokratiepolitischer Super-GAU und hat tiefe Spaltungen in der US-amerikanischen Gesellschaft hinterlassen. Auch in Europa sind seither höchst beunruhigende Tendenzen der Entdemokratisierung zu beobachten: Extrem Rechte und Rechtspopulist*innen gewannen in Ungarn und Polen, in Österreich, Italien und Großbritannien an Aufwind. Teilweise scheiterten ihre Regierungsprojekte, gebannt ist die Gefahr eines erstarkenden Nationalismus deshalb aber noch lange nicht. Der progressive Aufbruch in Lateinamerika, der die Nullerjahre maßgeblich prägte, endete mit der tiefen Krise des Venezuelanischen Experiments.[2] Der Wahlsieg des extrem rechten Jair Bolsonaro in Brasilien im Jahr 2018 glich einem Worst-Case-Szenario: Die eklatante Missachtung von Menschenrechten sowie eine rapide voranschreitende Klima- und Umweltzerstörung waren die zum Teil irreversiblen Folgen. Ob sich das Blatt in Lateinamerika mit dem erfreulichen politischen Umschwung in Chile, Peru und Kolumbien und mit den Wahlen in Brasilien wendet, ist indes noch offen.

In Indien ist eine aggressive hindunationalistische Elite an der Macht, die eng mit den Interessen des fossilen Kapitals verwoben ist,[3] Chinas Präsident Xi Jinping ließ sich im Frühjahr 2018 durch eine Verfassungsänderung an der Macht verewigen. Die Machtübernahme der Taliban in Afghanistan im August 2021 legte den Umstand offen, dass 20 Jahre Militärpräsenz der NATO letztlich umsonst gewesen sind, sodass diese Art des westlichen Interventionismus nun vollständig desavouiert ist.

In Russland hält Präsident Putin das Land fest im Griff und grenzt sich durch aggressive illiberale Politik vom Westen ab. Der Angriff Russlands auf die Ukraine im Februar 2022 markiert eine Zäsur in der europäischen Geschichte. Im schlimmsten Fall weitet sich der Krieg aus – bis hin zum Einsatz von Atomwaffen. In jedem Fall aber findet in Ost und West eine neue Phase der Aufrüstung statt – die dringend notwendigen Mittel zur Bekämpfung der Klimakrise fließen in unfassbar hohe Rüstungs- und Militärausgaben.

Nachdem der sogenannte Arabische Frühling bis auf wenige Ausnahmen scheiterte, scheinen sich viele Despoten weiterhin an der Macht halten zu können, oder aber es bildeten sich neue autoritäre Strukturen – nicht nur in den arabischen Ländern, sondern auch in Ländern des subsaharischen Afrika. Die Dauerkrise in der an Rohstoffen extrem reichen Demokratischen Republik Kongo, die auch nach dem Machtwechsel im Zuge der Wahlen vom Dezember 2018 anhält, steht exemplarisch für viele Länder des Kontinents. Dennoch gehen die Revolten weiter: Erwähnt seien die Proteste der demokratischen (Jugend-)Bewegung Y'en a marre im Senegal 2012, der Umsturz in Burkina Faso 2014, die demokratischen Aufbrüche in Mali und Guinea und die Revolution im Sudan 2018 und 2019.

Im Nahen Osten kommen Konfliktdynamiken nicht zur Ruhe, die oftmals von regionalen Hegemoniebestrebungen geprägt sind und hinter denen sich wiederum globale Hegemoniekämpfe verbergen. Am auffälligsten sind die Stellvertreterkriege, die auf die Kämpfe um Vorherrschaft zwischen Saudi-Arabien und dem Iran verweisen.

Was die Türkei betrifft, so sehen wir eine massive Verfolgung und Repression gegen Journalist*innen, Intellektuelle und Oppositionelle, während das Land nach außen hin einen aggressiven Krieg betreibt und gezielt die Zonen der kurdischen Selbstverwaltung im Osten und Süden des Landes sowie in Nordsyrien zerstört.

Viele Entwicklungen der Vielfachkrise haben damit zu tun, dass das ökonomische Ungleichgewicht rund um den Globus in atemberaubendem Maße zugenommen hat. Die Zahlen von Oxfam, die Jahr für Jahr die Verteilung des gesellschaftlichen Reichtums wiedergeben, sprechen eine klare Sprache.[4] Denn weder die großen Datenlecks rund um LuxLeaks noch die sogenannten Paradise Papers oder Pandora Papers haben grundlegend etwas gegen die Steuervermeidungsstrategien von Konzernen und Oligarch*innen sowie deren staatliche Absicherung ausrichten können. Wir stehen vor der absurden Situation, dass wenige Dutzend Personen rund die Hälfte der weltweiten privaten Vermögen kontrollieren.

Die Welt ist heute über globale Liefer- und Produktionsketten verbunden, doch die Aktivitäten der transnationalen Konzerne verletzen permanent die wirtschaftlichen, sozialen und kulturellen Menschenrechte. Und während der Corona-Pandemie hat sich die Ungleichverteilung des gesellschaftlichen Reichtums weiter zugespitzt.[5]

Es gibt allerdings eine bestimmte Dimension dieser gesellschaftlichen Krisen, mit der vorangegangene Generationen bei Weitem nicht in dem Maße konfrontiert waren, wie wir es heute sind: die Klimakrise. Wenn es in absehbarer Zeit nicht gelingt, die Erhitzung unseres Planeten aufzuhalten, drohen verschärfte Krisendynamiken – ganze Weltregionen, die heute dicht besiedelt sind, könnten mehr oder weniger unbewohnbar werden. Eine unfassbare Vorstellung, der die herrschende Politik mit einer ungeheuren Verdrängungsleistung begegnet. Aufgrund ihres irreversiblen Charakters lässt sich die Klimakrise mit keiner der oben genannten gesellschaftlichen Krisen vergleichen. Deswegen müssen wir unter allen Umständen hier und jetzt dagegen aktiv werden. Dass es dafür Zeichen der Hoffnung gibt, ist nicht aus der Luft gegriffen: Rund um den Globus sind Millionen Menschen aktiv, um die sozial-ökologische Krise zu überwinden und die dringend notwendige Transformation zu gestalten.

Ich habe dieses Buch zu einem Großteil in Wiener und Berliner Bibliotheken verfasst sowie auf Kollektiv-Bauernhöfen in Österreich, der Schweiz und Frankreich. An diesen Orten ist man fern der entsetzlichen Auswirkungen von Krieg, Repression und Umweltzerstörung. Dort gelingt es den jeweiligen Regierungen bisweilen noch, die gesellschaftliche Hegemonie stabil zu halten – manchmal sogar unter mehr oder weniger bürgerlich-liberalen Vorzeichen.

Wer das Privileg hat, im Besitz der »richtigen« Papiere zu sein, muss in der Regel nicht befürchten, Hunger zu leiden oder kriegerische Auseinandersetzungen zu erleben. Ein Großteil der Menschen in Westeuropa hat sogar das Privileg, in Wohlstand zu leben. Verglichen mit den Auswirkungen des Krieges in der Ukraine oder den apokalyptischen Lebensbedingungen, denen die Mehrheit der Menschen seit vielen Jahrzehnten in der Demokratischen Republik Kongo, in Bangladesch oder in Kolumbien ausgesetzt sind, hat man bisweilen den Eindruck, in einer Art V.I.P.-Zone der Welt zu leben.[6]

Die imperiale Lebensweise und die damit verbundene globale Apartheid, zwei Begriffe, die für dieses Buch maßgeblich sind, schaffen die strukturellen Rahmenbedingungen, damit Elend und Umweltzerstörung im globalen Norden weitgehend unsichtbar bleiben. Und dennoch: Die verbliebenen Wohlstandsinseln schrumpfen: Es finden massive Angriffe auf soziale Sicherungssysteme statt, von der öffentlichen Gesundheitsversorgung über das Bildungssystem bis hin zur Garantie der Pensionszahlungen – das führt dazu, dass sich in den Bevölkerungen Unmut breitmacht und es zuweilen auch zu brodeln beginnt. Die ökonomischen Krisen, die der neoliberale Kapitalismus erzeugt, spülen in weiterer Folge rechte und extrem rechte Parteien und Bewegungen an die Oberfläche, die die Gesellschaften spalten und Sündenböcke für die Krise suchen. Mit Entsetzen sehen wir, dass diejenigen Politiker*innen, die Grundrechte einschränken, Migrant*innen und Geflüchtete an den Rand der Gesellschaft drängen und den globalen Norden gegenüber dem globalen Süden abschotten, dieselben Politiker*innen sind, die beharrlich die menschengemachte Erderhitzung leugnen oder relativieren.

Doch dem Pessimismus des Verstandes sollte, um mit Antonio Gramsci zu sprechen, immer der Optimismus unseres Willens gegenüberstehen: der Optimismus, eine gerechte und für zukünftige Generationen lebenswerte Welt zu schaffen. Optimismus, genauso wie Hoffnung, ist dabei nicht die Überzeugung, dass etwas unter allen Umständen gut ausgeht. Es bedeutet vielmehr, sich die Haltung und letztlich die Gewissheit zu eigen zu machen, dass solidarisches Handeln Sinn macht, egal wie die Dinge am Ende ausgehen.

Dieses Buch bezieht sich wesentlich auf den Begriff der Solidarität – gleichsam als Gegenstück zur imperialen Lebensweise und globalen Apartheid. Solidarität ist unabkömmlich, wollen wir die Vielfachkrise unseres Planeten überwinden, denn sie bestimmt die Art und Weise, wie wir uns als handelnde Subjekte aufeinander beziehen, und schafft damit erst das kollektive Subjekt, das Veränderungen bewirken kann. Solidarität findet im Großen wie im Kleinen statt, sie verbindet die lokale mit der globalen Ebene und sie unterscheidet sich fundamental von der herablassenden Geste des Karitativen.

Zu diesem Buch

Doch welche Umsetzungsstrategien für ein gutes Leben für alle und für ökologische Nachhaltigkeit sind möglich und sinnvoll? Ziel dieses Buches ist es, die Bedingungen und Voraussetzungen für globale Solidarität auszuloten und praktische Beispiele zu geben. Dafür möchte ich zunächst näher auf verschiedene Aspekte der sozial-ökologischen Krise eingehen. Was bedeutet »imperiale Lebensweise«? Worauf basiert sie? Wie funktioniert das Universum struktureller Gewalt, in dem wir leben? Und wie ist es entstanden? Diesen Fragen widmet sich Kapitel 1.

Solidarität ist ein alter Begriff: Viele Generationen von Menschen haben sich unter der Erbringung großer Opfer für Freiheit, Gleichheit und Geschwisterlichkeit eingesetzt. Um die Bedingungen für unser Handeln verstehen zu können, ist eine Auseinandersetzung mit der Geschichte der Solidaritätsbewegungen und mit dem Begriff der Solidarität unerlässlich. Nur so können wir kritisch prüfen und bestimmen, welche Stränge und Traditionen wir aufgreifen können. Dazu gehört vor allem die Frage, wann Solidarität exklusiv und ausschließend und wann sie global und universell gedacht wird, sodass sie auf ein gutes Leben für alle innerhalb der ökologischen Grenzen des Planeten abzielt. Um diese Fragen geht es in Kapitel 2.

Nicht alle Bewegungen und Ansätze, die der »kannibalischen Weltordnung«[7] entgegenstehen, sind den Prinzipien der globalen Freiheit, Gleichheit und Geschwisterlichkeit, also der Solidarität verbunden. Kapitel 3 widmet sich einigen falschen Alternativen, vor denen wir uns hüten sollten.

Kapitel 4 beschäftigt sich mit Strategien für einen radikalen Umbau der Gesellschaft. Vor uns liegt das Jahrhundertprojekt der sozial-ökologischen Transformation. Niemand kann zum heutigen Zeitpunkt sagen, ob es uns gelingen wird, den Planeten vor zunehmendem Klimachaos und immer mehr Verwüstung zu bewahren. Die herrschende Politik ist bis auf wenige Ausnahmen ratlos und höchstens mit der Aufrechterhaltung des Status quo beschäftigt. Rund um den Globus halten vielfältige soziale Bewegungen dagegen und fordern einen tiefgreifenden Wandel. Im vierten Kapitel stelle ich eine Reihe von Strukturelementen zur Diskussion, die nach meinen Überlegungen für die sozial-ökologische Transformation wichtig sein werden.

In Kapitel 5 stehen vergangene, aktuelle und mögliche zukünftige Kämpfe, Kampagnen und Bewegungen, die für eine gerechte Gesellschaft einstehen, im Fokus. Dabei geht es mir auch darum, eigene Erfahrungen sichtbar zu machen und zu reflektieren. Selbstverständlich handelt es sich nur um einen kleinen

Ausschnitt aus allen Aktivitäten und Ansätzen, die auf eine sozial-ökologische Transformation hinwirken. Die beschriebenen Kampagnen sind äußerst divers und unterscheiden sich in ihrer Reichweite, Größenordnung und Methodik. Dennoch verbindet sie das gemeinsame Ziel einer gerechten Welt innerhalb der ökologischen Grenzen dieses Planeten. Sie versuchen, die lokale Ebene an die globale Ebene zu knüpfen sowie an die vielen Ebenen, die dazwischen liegen. Ihnen ist gemeinsam, dass sie die Zusammenhänge zwischen den einzelnen Krisenphänomenen in den Blick nehmen und nicht zulassen, dass das Soziale gegen das Ökologische ausgespielt wird. Aus ihrer Beschreibung leitet sich keine fixe Programmatik ab; sie sollen vielmehr Denkanstöße liefern und Inspirationsquellen bieten.

Im vierten und fünften Kapitel gehe ich auch auf die Frage ein, wer die Akteur*innen der sozial-ökologischen Transformation sind, wer also das »wir« ist, auf das ich mich im Titel des Buchs beziehe. Dafür diskutiere ich das Thema der Sprechpositionen und stelle einige Thesen zur solidarischen Arbeitsteilung vor.

Das Schlusskapitel trägt den Titel »Kritik der Kritik des Alarmismus«. Was ist damit gemeint? Angesichts der Vielfachkrise des Planeten ist es höchste Zeit, Alarm zu schlagen. Doch auf welche Weise und mit wem? Unser Handeln ist hier und jetzt gefragt – wir müssen rasch, entschlossen und radikal agieren. Auch Strategien des gewaltfreien zivilen Ungehorsams und der friedlichen Sabotage sind wichtig; doch gleichzeitig dürfen wir in den sozialen Bewegungen nicht den Fehler begehen, demokratische Prozesse auszuhebeln und autoritäre Pfade einzuschlagen. Wir stehen vor der gewaltigen Herausforderung, uns auf tatsächlich inklusive Prozesse einzulassen.

Ich beziehe mich in diesem Buch auf Erfahrungen aus drei verschiedenen Arbeitsbereichen: Erstens kommen akademische Analysen zum Tragen, die während meiner Tätigkeit an der Universität für Bodenkultur Wien, am Institut für Politikwissenschaften der Universität Wien sowie im Rahmen meiner Arbeit bei »Diskurs. Das Wissenschaftsnetz« entstanden sind. Zweitens stelle ich in den unterschiedlichen Kapiteln eine Reihe von Recherchen vor, die im Rahmen meiner Tätigkeit als Journalist entstanden sind. Drittens diskutiere ich gegen Ende des Buchs einige konkrete Kampagnen, an denen ich selbst mitarbeite und die zum Ziel haben, die sozial-ökologische Transformation voranzubringen. Wichtige Bezugspunkte sind für mich das transnationale Netzwerk Afrique-Europe-Interact, die Hilfs- und Menschenrechtsorganisation medico international, die Kommunenbewegung Longo Maï und zahlreiche Gruppen aus der Klimagerechtigkeitsbewegung.

Diese drei Bereiche – Wissenschaft, Journalismus und Aktivismus – sind für mich nicht nur biografisch miteinander verbunden: Journalistische und akademische Ansätze sind zwar primär an den Zweck gebunden, Zusammenhänge zu analysieren und nachvollziehbar darzustellen. Doch gerade in dem vorliegenden Themenfeld halte ich es für legitim, ja für unumgänglich, dass Journalismus und Wissenschaft dem Grundsatz der »empathischen Beobachtung der Welt« folgen, wie es der Schriftsteller Ilija Trojanow ausdrückt. Kritische Wissenschaft und kritischer Journalismus sind dabei niemals »neutral«, sondern stets den Zielen einer gerechten Gesellschaft innerhalb der ökologischen Grenzen des Planeten verpflichtet.[8] Weder Journalismus noch wissenschaftliche Forschung können sich ausschließlich auf die Position einer vermeintlichen »Objektivität« zurückziehen. Es handelt sich vielmehr um das Ringen um gesellschaftliche Hegemonie, das heißt also um die Frage, welche Ideen gesellschaftlich anerkannt werden und welche nicht. Dass auch die Naturwissenschaften nicht frei von herrschaftlichen Vorannahmen und Interessen sind, hat die postkoloniale und feministische Wissenschaftskritik hinlänglich belegt. Eine zentrale Aufgabe der Wissenschaft besteht also darin, ihre Erkenntnisse und Ressourcen für die dringend notwendige sozial-ökologische Transformation einzusetzen.[9] In diesem Sinn verstehe ich meine Arbeit mit dem berühmten Ausspruch von Karl Marx stets als »Kritik im Handgemenge«.[10]

Die Zukunft ist offen, und zwar in alle Richtungen. Gemeinsam müssen wir globale Gerechtigkeit durchsetzen und für den Erhalt unserer Lebensgrundlagen kämpfen. Wenn dieses Buch dazu einen Beitrag leisten kann, hat es seinen Zweck erfüllt. Es soll Handwerkszeug, Diskussionsgrundlage, Strategiepapier und Reflexionsinstrument sein. Es richtet sich an Aktive mit langjähriger Erfahrung ebenso wie an Neueinsteiger*innen, denen der Zustand der Welt keine Ruhe lässt. Beim Schreiben dieses Buches war es mir wichtig, dass es niedrigschwellig zugänglich und gut lesbar ist und ohne Prätentionshabitus (Pierre Bourdieu), also ohne sprachliche oder akademische Angeberei, auskommt.

Inhaltlich habe ich auf zahlreiche Forschungen sowie Manuskripte für Reportagen, Zeitungsartikel und Vorträge zurückgegriffen, die im Laufe der Jahre entstanden sind. Verschiedene Delegationsreisen und Solidaritätsprojekte, an denen ich mitgearbeitet habe und noch immer mitarbeite, liefern Grundlagen. Unzählige Debatten bei akademischen Konferenzen und in Redaktionsräumen, bei NoBorder- und Klimacamps, bei Treffen auf Landkommunen oder in Hausprojekten sind eingeflossen. Alle empirischen Grundlagen, die ich – vor allem im ersten Kapitel – nenne, sind wissenschaftlich belegbar, doch handelt es sich nicht um eine wissenschaftliche Abhandlung, sondern um einen Essay, ein Debattenbuch und eine Streitschrift für globale Solidarität, die den Anspruch hat, nah an der Praxis der Bewegungen zu bleiben. Denn um die sozial-ökologische Transformation umzusetzen, sind unsere kollektive Intelligenz und Handlungsfähigkeit gefordert.

Danksagung

Für die gewissenhafte Lektüre des Texts danke ich Olaf Bernau von Afrique-Europe-Interact, für seine wertvollen Anregungen zum Thema imperiale Lebensweise danke ich Ulrich Brand, für die Hinweise zu den Klimabewegungen und zur Klimapolitik danke ich Lucia Steinwender, Mathias Krams, Manuel Grebenjak, Tadzio Müller und Alina Brad, für ihre Unterstützung bei der Erarbeitung eines kritischen Begriffs von Hilfe geht mein Dank an Ramona Lenz und Thomas Gebauer von medico international. Für die gemeinsame Erschließung des Werks von Manès Sperber danke ich Bini Adamczak, für ein besseres Verständnis internationaler Organisationen und Rechtsprechung danke ich Manfred Nowak, Miriam Saage-Maaß und Milo Rau, für ihre präzisen antirassistischen Analysen Manuela Bojadžijev. Unerlässlich waren die Diskussionen über die Geschichte der Solidaritätsbewegungen: Großer Dank geht an David Mayer, Brigitte Studer, Lea Susemichel und Jens Kastner. Für die langen Gespräche und kritischen Anmerkungen zum Thema Philanthropie bedanke ich mich bei Marlene Engelhorn sowie bei Christian und Ingrid Reder. Lisa Bolyos, Martin Birkner, Käthe Knittler, Markus Griesser, Tobias Zortea, Heini Staudinger, Fabian Scheidler, Johannes Dahmke, Esther Dischereit und meine Mitstreiter*innen von transact waren wichtige Diskussionspartner*innen im Entstehungsprozess des Manuskripts. Die über 300 Lesungen, die ich gemeinsam mit dem Schriftsteller und Aktivisten Emmanuel Mbolela veranstaltet habe, prägten mich zutiefst und schufen eine wichtige Grundlage für mein Verständnis von Solidarität. Ich danke meinen Eltern Elisabeth und Oskar und der gesamten Mischpoke. Ohne Kathi Hahn, Sissel Brodal und viele weitere Genoss*innen der Kommunenbewegung Longo Maï hätte ich nicht gelernt, dass die Überwindung der imperialen Lebensweise auch immer mit der Änderung der eigenen Lebenspraxis einhergehen muss. Bei meinen Mit-Kommunard*innen der Mühle Nikitsch bedanke ich mich für die vielen gemeinsamen Seminare und die unzähligen Abende am Lagerfeuer. Jean Ziegler verdanke ich vieles. Karolin Nedelmann von text-arbeit, Laura Kohlrausch vom oekom verlag, der Hilfs- und Menschenrechtsorganisation medico international und der Rosa-Luxemburg-Stiftung danke ich für ihre Unterstützung sowie für die geduldige und kompetente Betreuung meines Buchprojekts.

1
Strukturelle Gewalt: Die sozial-ökologische Krise und ihre Ursachen

Wenn wir über globale Solidarität sprechen, ist es zunächst wichtig, sich darüber Klarheit zu verschaffen, wie das Universum struktureller Gewalt, in dem wir leben, entstanden ist und welche Ausformungen es angenommen hat. Eine Weltordnung, in der wenige profitieren und viele leer ausgehen, in der die natürlichen Ressourcen fortwährend ausgeplündert werden und die Zerstörung der Lebensgrundlagen immer weiter voranschreitet, ist strukturell ungerecht und unsolidarisch. Die zentrale Entwicklungstendenz, die dem Kapitalismus eingeschrieben ist, nämlich der strukturelle Wachstums- und Expansionszwang, muss auf einem Planeten mit begrenzten Ressourcen zwangsläufig dazu führen, dass sich soziale Verwerfungen und Konflikte verschärfen. Die Zerstörung von Natur und Klima sowie die private Aneignung von gesellschaftlichem Reichtum hat in den letzten Jahrzehnten ein enormes gesellschaftliches Sprengpotenzial entwickelt. Die Ausbeutung von Arbeit und Ressourcen nimmt zu, die verbleibenden Wohlstandsinseln werden mit militärischer Gewalt abgeriegelt. Doch die Feststellung, dass wir in einer zutiefst ungerechten, unsolidarischen und ökologisch nicht nachhaltigen Weltordnung leben, ist keineswegs Common Sense. Meist wird sogar behauptet, dass sich die Dinge mit der Dominanz der freien Märkte im Grunde fortwährend zum Besseren ändern würden.

Wird die Welt nicht immer besser?[1]

Apologet*innen des globalen Freihandels und der herrschenden Wirtschaftsordnung weisen gern auf verschiedene wichtige Indikatoren hin, die zeigen sollen, dass sich die Lebensbedingungen für einen Großteil der Menschen in den letzten Jahrzehnten verbessert haben: Global gesehen ist zum Beispiel die Armut in absoluten wie in relativen Zahlen zurückgegangen, die Rate der Analphabet*innen ist gesunken, während die Lebenserwartung im globalen Durchschnitt gestiegen ist. Ein 2019 publizierter UN-Bericht stellte außerdem fest, dass die Kindersterblichkeit weltweit seit dem Jahr 2000 fast um die Hälfte zurückgegangen ist, die Müttersterblichkeit um mehr als ein Drittel.[2]

Auf diese Tatsachen stützt sich auch der Soziologe Martin Schröder. In seinem 2018 erschienenen Buch *Warum es uns noch nie so gut ging und wir trotzdem ständig von Krisen reden* argumentiert er – Bezug nehmend auf eine Reihe von Indikatoren zu Wohlstand, Demokratie, Gewalt und Lebensqualität –, dass sich vieles in den letzten Jahrzehnten zum Besseren verändert habe. Zu ähnlichen Ergebnissen kommen auch die schwedischen Autor*innen Anna Rönnlund-Rosling, Ola Rosling und Hans Rosling. In ihrem viel beachteten Buch *Factfulness. Wie wir lernen, die Welt so zu sehen, wie sie wirklich ist* von 2018 kritisieren sie, dass heutzutage oft die Neigung vorherrsche, nur das Schlechte wahrzunehmen. Dadurch komme es zu einer Spirale der Negativität: »Es wird alles immer schlimmer.« Die Roslings arbeiten mit einer Vielzahl von Statistiken: zu Kinderarbeit und Kindersterblichkeit, Pockenfällen, Flugzeugabstürzen, gewaltsamen Konflikten, Terrorismus sowie zur Kriminalität.

Für sich betrachtet stimmen viele Feststellungen dieser Autor*innen. Wozu dann dieses Buch? Lassen sich die meisten Thesen, die ich in der Einleitung skizziert habe, mit diesen Zahlen nicht von vornherein widerlegen? Können wir uns dann nicht einfach zurücklehnen und den Gang der Welt den Kräften des freien Marktes überlassen? Keineswegs.

Halten wir zunächst fest: Ein beträchtlicher Teil der positiven Entwicklungen, auf die sich Schröder und die Roslings beziehen, geschehen nicht *wegen*, sondern *trotz* der herrschenden Weltordnung. Dort, wo sich die oben genannten Indikatoren am stärksten verändert haben, nämlich in China, ist ein staatsinterventionistischer Kapitalismus am Werk, dessen Fabrikregime despotische Züge trägt. Die Lage der Menschenrechte ist desaströs. Mit einer auch nur annähernd unter liberalen und demokratischen Vorzeichen stehenden Entwicklung hat dies wenig zu tun. Zwar sind durch den chinesischen Entwicklungspfad Millionen von armen Bäuer*innen zu bescheidenem Wohlstand gekommen, doch dieser Prozess hat monströse Schattenseiten: Statt einer Aufwertung des ländlichen Raums und der Förderung von umweltschonenden Wirtschaftsweisen, statt Bildung in peripheren Regionen, Emanzipation der Frauen und ökonomischer Besserstellung der Kleinbäuer*innen wurden Millionen Menschen aus den ländlichen Gebieten vertrieben. Diese Vertreibungen ereigneten sich mittels direkter physischer Gewalt oder durch den stummen Zwang der Verhältnisse. Obwohl die Lebensbedingungen von Millionen Menschen auf diese Weise in manchen Aspekten verbessert wurden, schuftet ein großer Teil von ihnen jetzt auf der verlängerten Werkbank des Westens und produziert die Waren, die wir ohnehin längst nicht mehr brauchen und deren Konsum die Umwelt- und Klimakrise weiter verschärft.

Trotz ökonomischer Krisen geht es scheinbar stetig bergauf: So hat sich die weltweite Wirtschaftsleistung, also das globale Bruttoinlandsprodukt (BIP), zwischen 1990 und 2019 mehr als vervierfacht, das globale Handelsvolumen legte in diesem Zeitraum um mehr als das Fünffache zu. Von 3,5 Billionen US-Dollar stieg das Exportvolumen weltweit auf rund 19 Billionen US-Dollar an.[3] Doch in dieser Welt, die vor Reichtümern überquillt, leben noch immer Hunderte Millionen Menschen in Hunger und Elend.

Philip Alston, ehemaliger Sonderberichterstatter der Vereinten Nationen für extreme Armut und Menschenrechte, stellte am Ende seines Mandats im Sommer 2020 in seinem Bericht ernüchtert fest, dass es »im Kampf gegen die globale Armut kaum Fortschritte« gebe.[4] Dass Autor*innen wie Schröder und die Roslings dennoch eine Aufwärtsentwicklung sehen, hängt unter anderem damit zusammen, wie sie »extreme Armut« definieren. Grund genug, sich die Indikatoren, auf die sie sich beziehen, näher anzusehen.

Die von der Weltbank festgelegte internationale Armutsgrenze, nach der Menschen als »extrem arm« gelten, liegt bei 1,90 US-Dollar pro Kopf und Tag. Die Anzahl »extrem armer« Menschen sank dieser Definition zufolge von 1,9 Milliarden im Jahr 1990 auf 736 Millionen Menschen 2015 und damit von etwa 36 auf zehn Prozent der Weltbevölkerung. Laut UN-Sonderberichterstatter Alston ist diese Armutsgrenze aber viel zu niedrig angesetzt, sie liege weit unter jeder vernünftigen Vorstellung von einem Leben in Würde. Das zeigt sich nicht zuletzt daran, dass die 1,90-US-Dollar-Grenze in praktisch allen Ländern der Welt unter den jeweils nationalen Armutsgrenzen liegt. Während zum Beispiel in Thailand im Sinne der internationalen Armutsgrenze null Prozent der Menschen als extrem arm gelten, sind es laut nationalem Maßstab knapp zehn Prozent, in Südafrika sind es 19 Prozent gegenüber 55 Prozent.[5] Hinzu kommt, dass der Fokus auf die Armutsgrenze der Weltbank sowohl Gender-Unterschiede verschleiert, da Ressourcen in Familien oft zu Ungunsten von Frauen verteilt sind, als auch ganze Gesellschaftsgruppen wie Wanderarbeiter*innen oder Geflüchtete ausblendet.

Bezogen auf eine noch immer niedrig angesetzte Armutsgrenze von 5,50 US-Dollar pro Tag hat die globale Armut kaum abgenommen. Zwischen 1990 und 2015 sank die Anzahl der Menschen, die mit weniger als 5,50 US-Dollar pro Tag auskommen mussten, gerade einmal von 3,5 auf 3,4 Milliarden oder von 67 Prozent auf 46 Prozent.[6] Die aktuellen Strategien zur Beseitigung von Armut sind also weder nachhaltig noch zielführend, vielmehr ist davon auszugehen, dass die Armut in den kommenden Jahren wieder zunehmen wird – infolge der Corona-Krise, des Kriegs in der Ukraine und nicht zuletzt aufgrund der Klimakrise.[7]

Aber wie kann es sein, dass bei steigender Produktivkraft der Arbeit und entsprechend steigendem globalen BIP Armut nicht längst aus der Welt geschafft ist? Ein zentraler Grund ist die ungleiche Verteilung des gesellschaftlichen Reichtums bzw. seine Umverteilung von unten nach oben. Zwischen 1980 und 2016 flossen 27 Prozent des globalen Einkommenszuwachses auf die Konten des reichsten einen Prozents. Dieses eine Prozent vereinte 2017 sogar 82 Prozent des gesamten neu erwirtschafteten Vermögens auf sich. Gleichzeitig wuchs das Einkommen der Ärmsten langsamer als das BIP. Alston folgert daraus, dass für die Beseitigung der Armut gerechte steuerliche Maßnahmen entscheidend sind. Leider geschieht das Gegenteil: Im Jahr 2015 verlagerten multinationale Unternehmen schätzungsweise 40 Prozent ihrer Gewinne in Steuersümpfe. Die weltweiten Unternehmenssteuersätze sanken von durchschnittlich 40,4 Prozent im Jahr 1980 auf 24,2 Prozent im Jahr 2019.[8] Jason Hickel von der Universität London argumentiert:

> »Während es im Jahr 1990 10,5 Prozent des weltweiten BIP gekostet hätte, alle Armen über eine menschenwürdige Armutsgrenze von 7,40 Euro pro Tag zu heben, waren es im Jahr 2013 nur 3,3 Prozent.«[9]

Was fehlt, ist der politische Wille, dies auch zu tun.

Als im April 2017 im Südsudan, in Somalia, im Norden Kenias und im Jemen eine Hungersnot herrschte, traf ich in Wien mit dem bekannten Schweizer Soziologen Jean Ziegler zusammen. In diesen Tagen waren dort 23 Millionen Menschen unmittelbar vom Hungertod bedroht. Sie litten nicht nur an Hunger, es fehlte auch am Zugang zu sauberem Trinkwasser. Hinzu kam, dass Südsomalia und der Südsudan von einer fürchterlichen Cholera-Epidemie heimgesucht wurden. Ich bohrte nach: Warum können die internationalen Hilfsorganisationen nichts dagegen tun?

»Das WFP, das Welternährungsprogramm, ist praktisch gelähmt«, erwiderte Ziegler.

> »Ich war acht Jahre lang Sonderberichterstatter für das Recht auf Nahrung; ich kenne die sogenannten Pledging-Konferenzen in- und auswendig. Sie finden entweder in Rom statt, wo die FAO [die UN-Ernährungs- und Landwirtschaftsorganisation; A. B.] ihren Sitz hat, oder in Genf. Dabei erklären die Verantwortlichen des World Food Program die Situation und verkünden, welche Hilfeleistungen in welchen Ländern gebraucht werden. Die Industriestaaten sagen dann, wie viel sie geben wollen. Auf der Konferenz vom 23. März hat das WFP vier Milliarden US-Dollar für die Zeit bis September 2017 gefordert. Dies war die minimale Summe, die für den Abwurf der Hilfsgüter mit Fallschirmen sowie für die Lieferung mit Lastwagen gebraucht worden wäre.«

Welche Summe wurde dem WFP letztendlich zu Verfügung gestellt?

> »Insgesamt 262 Millionen US-Dollar. Das Todesurteil für Millionen von Menschen ist also am 23. März gefallen.«[10]

Jean Ziegler brachte diesen seit Jahrzehnten andauernden, himmelschreienden Skandal bereits im Titel seines 2013 erschienenen Buchs auf den Punkt: »Wir lassen sie verhungern.«

Und die Dinge verändern sich nicht zum Besseren: Viele Staaten im globalen Süden sind von Weizenimporten abhängig, die zu einem erheblichen Teil aus der Ukraine und Russland stammen. Mehr als die Hälfte des Getreides, die das WFP in Krisenregionen verteilt, stammt eigenen Angaben zufolge aus der Ukraine.[11] Nach dem Angriff der russischen Armee auf die Ukraine im Februar 2022 ist die Versorgungslage in vielen afrikanischen Ländern nun akut bedroht. Dies zeigt einmal mehr, wie gefährlich das globale Freihandelsregime ist, das viele Länder nach der Zerstörung ihrer lokalen Märkte in die Abhängigkeit von Lebensmittelimporten getrieben hat. Vielen Hundert Millionen Menschen, die gerade der absoluten Armut entkommen sind, droht bei der nächsten Krise ein Rückfall.

Shalini Randeria ist Sozialanthropologin und Rektorin der Central European University in Wien. Bezugnehmend auf den indischen Nobelpreisträger Amartya Sen und sein Buch *Development as Freedom* definiert sie Entwicklung als den Prozess, der zur Vergrößerung menschlicher Freiheiten führt, und zwar in allen Bereichen. Dazu gehört nicht nur die Verfügung über ein Einkommen, das vor Armut schützt, sondern auch die Garantie der wirtschaftlichen, sozialen und kulturellen Menschenrechte sowie das Recht, in einer intakten Umwelt zu leben.

Randeria übt in diesem Zusammenhang Kritik an den sogenannten Sustainable Development Goals der Vereinten Nationen. Die SDGs, also die Ziele für nachhaltige Entwicklung, wurden in Anlehnung an die Millenniums-Entwicklungsziele entworfen und traten 2016 in Kraft. Erreichen wollen die Unterzeichnerstaaten die SDGs bis zum Jahr 2030. Neben der Beseitigung von Armut und Hunger beinhalten die 17 SDGs auch die Bekämpfung der Klimakrise. Shalini Randeria meint:

> »Die SDGs haben einen inneren Widerspruch: Auf der einen Seite soll Entwicklung ökologisch nachhaltig gestaltet werden – auch die sozialen Aspekte sollen berücksichtigt werden. Auf der anderen Seite wird das kapitalistische Wirtschaftsmodell nicht infrage gestellt. Für die sogenannten unterentwickelten Länder wird ein Wirtschaftswachstum von sieben Prozent propagiert. Natürlich müssen Länder die Chance haben, ihre Wirtschaft weiterzuentwickeln.

> Doch die Frage ist: Ist sieben Prozent Wirtschaftswachstum nachhaltig? Welcher Ressourcenverbrauch liegt diesem Wirtschaftswachstum zugrunde?«[12]

Der Kuchen wächst also beständig, er wird aber auf Kosten der Umwelt und des Klimas erwirtschaftet und immer ungleicher verteilt. Randeria ergänzt:

> »Weil ich aus Indien komme, kommt mir immer wieder Mahatma Gandhis Satz in den Sinn, der gesagt hat: ›Die Welt hat genug für unsere Bedürfnisse, aber nicht für unsere Gier.‹ Man muss also die Kritik am hohen Ressourcenverbrauch und an der Profitgier ins Zentrum einer nachhaltigen Entwicklungspolitik stellen – und das tun die SDGs nicht.«[13]

Wirtschaftswachstum und technologischer Fortschritt allein führen nicht zur Beseitigung von Armut. Weil Ressourcen rücksichtslos übernutzt werden, stehen viele emanzipatorische Errungenschaften wie zum Beispiel die Verringerung der Kindersterblichkeit oder die Steigerung der Lebenserwartung auf tönernen Füßen. Angesichts des drohenden ökologischen Kollapses scheint es, dass sich die kapitalistische Dynamik zu Tode siegt.

In denjenigen Ländern des globalen Südens, in denen der Mittelstand durch Exportorientierung und Freihandel zum Teil stark angewachsen ist, geht der sogenannte Fortschritt auf Kosten von indigenen Gemeinschaften, von Klimaschutz, Wäldern und Biodiversität und somit auch von wichtigen CO_2-Senken. Die ungleiche Verteilung von Ressourcen ist auch ein enormer Risikofaktor für den gesellschaftlichen Zusammenhalt. Zahlreiche Beispiele für diese Entwicklung finden sich vor allem in Lateinamerika. Dort ist in vielen Ländern ein breiter Mittelstand entstanden, doch der Preis dafür ist hoch: Der kapitalistische Entwicklungspfad, den auch linke Regierungen mitunter forciert haben, hat die Gesellschaften immer weiter gespalten. Die Aufstiegs- und Konsumversprechen für einen Teil der Bevölkerung haben Konkurrenzdenken und Vereinzelung hervorgerufen und erweisen sich nun als ein politischer Bumerang sondergleichen – gesellschaftliche Solidarität und sozialer Zusammenhalt werden damit untergraben. Indiz dafür ist die Wahl des extrem rechten Präsidentschaftskandidaten Bolsonaro in Brasilien 2018.

Auch in vielen anderen Ländern des globalen Südens ist ein brutaler Klassenkampf im Gange. Die nationale Bourgeoisie bedient die Interessen transnationaler Konzerne. Kurzfristig kann sie sich dabei zwar auf eine wachsende Mittelschicht stützen, die ihre imperiale Lebensweise absichern will. Doch der hegemoniale Entwicklungspfad – ob staatsinterventionistisch wie in China oder neoliberal wie in Brasilien – ist zutiefst zerstörerisch und wird Ressourcenkonflikte in Zukunft weiter verstärken. Er gefährdet damit letztlich die Versorgungssicherheit aller Menschen.

Es ist also an der Zeit, die fortschrittsoptimistischen Bekundungen der Schröders und Roslings einer gründlichen Kritik zu unterziehen.[14] Denn Gesellschaftsanalyse bedeutet nicht, lediglich (zweifelhafte) Indikatoren zu messen und zu vergleichen, sondern auch, gesellschaftliche Entwicklungstendenzen zu beschreiben und einen Zusammenhang zwischen den unterschiedlichen Dynamiken herzustellen.

Die neoliberale Konterrevolution: Geldflüsse in die falsche Richtung

Wenn wir gesellschaftliche Verhältnisse als menschengemacht betrachten, erscheinen viele vermeintliche Sachzwänge als das, was sie in Wirklichkeit sind: Machtstrategien, denen wir uns entgegenstellen können. Ende der 1970er-Jahre setzten die britische Premierministerin Margaret Thatcher und der US-amerikanische Präsidenten Ronald Reagan den Neoliberalismus als politisches Programm durch. Als wissenschaftliche Lehre existiert er schon viel länger: Über Jahrzehnte hinweg festigten einflussreiche neoliberale Thinktanks die Ideologie des sogenannten freien Markts: Das organisatorische Rückgrat der »Neoliberalen Internationale« bildete die Mont Pèlerin Society, ein Netzwerk, das 1947 von Friedrich Hayek und 36 Gleichgesinnten in Genf am Fuße des Mont Pèlerin gegründet wurde und dem heute rund 700 Mitglieder weltweit angehören. In Deutschland ist das entsprechende Flaggschiff die Bertelsmann-Stiftung, in Österreich sind es das Hayek-Institut oder die Agenda Austria.

Historiker*innen wie Quinn Slobodian datieren die Geburtsstunde des organisierten Neoliberalismus allerdings nicht – wie meist angenommen – auf das Jahr 1947, sondern verorten sie im Wien der 1920er-Jahre. In seinem viel beachteten Buch *Die Globalisten. Das Ende der Imperien und die Geburt des Neoliberalismus* bezeichnet Slobodian den Stubenring 8–10 in der Wiener Innenstadt – den damaligen Sitz der Wiener Handelskammer – als Geburtsort des Neoliberalismus.[15] Denn zeitgleich mit dem Zusammenbruch der Donaumonarchie, dem starken Rückgang der bis 1914 dynamischen Expansion des globalen Freihandels, dem Hereinbrechen von Revolution und sozialen Gleichheitsforderungen, dem generellen Erstarken der Arbeiter*innenbewegungen sowie der Durchsetzung von allgemeinem Wahlrecht und Massendemokratie entwickelte sich rund um Friedrich Hayek eine reaktionäre Bewegung, die sich als Gegenentwurf zum Roten Wien verstand.[16]

Auch der Versuch der gewaltvollen Durchsetzung des Neoliberalismus Ende der 1970er-Jahre ist als Antwort auf die Arbeiter*innenbewegungen und die sozialen Bewegungen weltweit zu verstehen – insbesondere die Dekolonisierungsbewegungen im globalen Süden. In dieser Zeit übten die Sowjetunion und die Staaten, die dem Sowjet-Einfluss unterlagen – die meisten von ihnen degenerierte und korrupte Polizeistaaten –, zudem einen gewissen Druck auf den Westen aus, den gröbsten Ungleichheiten einen Riegel vorzuschieben. Neoliberale Ansätze hatten es schwerer als heute. Zu groß war die Angst, dass auch im Westen linke oder gar revolutionäre Kräfte allzu viel Macht erlangen könnten. So wurden weitgehende Zugeständnisse an die Lohnabhängigen gemacht. Gewerkschaften waren in einer vergleichsweise starken Position, Lohnerhöhungen konnten regelmäßig durchgesetzt werden. Obwohl bereits in den 1970er-Jahren Schritte unternommen wurden, um die Finanzmärkte zu deregulieren, war die Ungleichentwicklung der Gehälter und Vermögen damals bei Weitem nicht so groß wie heute. Erst in den 1980er-Jahren begannen sich marktradikale Ideologien weltweit durchzusetzen.

Die Konzentration der Vermögen

Der kapitalistischen Produktionsweise wohnt eine unglaublich produktive Wachstumsmaschine inne. Wie ich bereits dargestellt habe, steigt die Produktivkraftentwicklung unaufhörlich und materielle Not könnte längst aus der Welt geschafft sein. Doch sogar im globalen Norden hat sich die Situation der Lohnabhängigen seit Beginn der neoliberalen Konterrevolution vergleichsweise verschlechtert: Von der ungeheuren Produktivkraftentwicklung profitieren hauptsächlich Vermögende und Gutverdiener*innen. Das weist der *World Inequality Report 2018* nach, den eine Gruppe von Ökonom*innen rund um Thomas Piketty verfasst hat. So sind zum Beispiel in den USA zwar die Realeinkommen, also die um die Inflation bereinigten Einkommen, zwischen 1980 und 2014 insgesamt um 60 Prozent gestiegen – doch die Einkommen der unteren 50 Prozent stagnierten. Am meisten haben diejenigen profitiert, die schon reich waren: Das durchschnittliche Realeinkommen im obersten Prozent, immerhin 2,3 Millionen US-Amerikaner*innen, hat sich im genannten Zeitraum auf jeweils 1,3 Millionen US-Dollar pro Jahr verdoppelt. Die obersten 0,0001 Prozent haben ihr Realeinkommen von 1980 bis 2014 im Durchschnitt sogar mehr als versechsfacht. Diese 2.344 US-

Amerikaner*innen kamen 2014 auf ein jährliches Durchschnittseinkommen in Höhe von jeweils 125 Millionen US-Dollar.[17]

Oxfam, ein Zusammenschluss mehrerer Hilfsorganisationen, stellt Jahr für Jahr vor Beginn des Weltwirtschaftsforums (WEF) im schweizerischen Davos seine Zahlen zur Kluft zwischen Armen und Reichen vor. Einige Zahlen aus dem Bericht von 2019: Seit der Finanzkrise 2007 ff., also in rund zehn Jahren, hat sich die Anzahl der Milliardär*innen weltweit nahezu verdoppelt. Das Gesundheitsbudget Äthiopiens entsprach etwa einem Prozent des Vermögens von Amazon-Chef Jeff Bezos, der zu diesem Zeitpunkt 112 Milliarden US-Dollar besaß.

Oxfam geht davon aus, dass die Milliardär*innen in Deutschland ihr Vermögen zwischen 2007 und 2019 um 20 Prozent steigern konnten – das liegt deutlich über dem weltweiten Durchschnitt bei Milliardär*innen von zwölf Prozent.[18] Eine Studie des Deutschen Instituts für Wirtschaftsforschung (DIW) belegt außerdem, dass in Deutschland das reichste Zehntel zwei Drittel des gesamtgesellschaftlichen Reichtums besitzt, während auf die untere Hälfte lediglich ein Prozent entfällt. Groteske Spitze des Eisbergs: Die BMW-Haupteigentümer*innen Susanne Klatten und Stefan Quandt erhielten allein für 2019 zusammen fast 800 Millionen Euro Dividende.[19]

Auffallend und besonders empörend ist, dass die Konzentration privater Vermögen gerade in einem so wichtigen Bereich wie der Lebensmittelversorgung so außerordentlich skandalöse Ausmaße angenommen hat: So ist Dieter Schwarz, der Eigentümer der Schwarz-Gruppe, zu der unter anderem Lidl und Kaufland gehören, 2022 der reichste Deutsche. Er besitzt aktuell Vermögen im Wert von 43,2 Milliarden Euro. Beate Heister und Karl Albrecht junior, die Besitzer*innen von Aldi Süd, liegen mit 33,7 Milliarden Euro auf Platz drei, Theo Albrecht junior und Familie, die Aldi Nord besitzen, mit 17,2 Milliarden Euro auf Platz sieben.[20] Während die Profite der Supermarkt- und Discounterbetreiber*innen weiter steigen, werden die Arbeiter*innen immer mehr ausgepresst. Für die 50.000 Angestellten von Aldi allein in Deutschland und die Beschäftigten in den Zulieferfabriken sind die Arbeitsbedingungen oft miserabel.

> »Wir kommen früher zur Arbeit, verzichten auf unsere Pause, gehen später nach Hause und lassen uns während dieser Zeit bis an die Schmerzgrenze zu Höchstleistungen hetzen«,

beschreibt eine langjährige Aldi-Verkäuferin ihren Arbeitsalltag.[21] Und selbstverständlich gäbe es nicht solche Riesenprofite, wenn für den Billigverkauf von Waren bei Aldi oder Lidl nicht Arbeiter*innen und Umwelt in anderen Erdteilen ausgebeutet werden würden.

Ein wesentlicher Grund für die enorme Ungleichverteilung der Vermögen ist der Gewinnsteuersatz für Kapitalgesellschaften, also die Körperschaftssteuer: Im Durchschnitt der 28 Staaten der Europäischen Union ist sie zwischen 1995 und 2016 von rund 35 Prozent auf knapp über 22 Prozent gefallen – also um deutlich mehr als ein Drittel. Auf diese Weise werden öffentliche Kassen und der Sozialstaat ausgehungert. Erhöht werden Steuersätze dort, wo es die Reichen nicht hart trifft, dafür aber die breite Masse der Prekären und Armen, nämlich bei den Umsatzsteuern, die den täglichen Konsum betreffen. So sind die Umsatzsteuersätze im Durchschnitt der EU-28 zwischen 1995 und 2014 um über 11 Prozent gestiegen. Diese Steuern sind allerdings besonders unsolidarisch, weil sie die unteren Einkommensschichten, die den Großteil ihres Einkommens für ihre Lebenserhaltungskosten aufwenden müssen, überproportional belasten.[22]

Finanzmarktgetriebenes Akkumulationsmodell

Mehr als vier Jahrzehnte Neoliberalismus haben dazu geführt, dass heute riesige Summen auf den internationalen Finanzmärkten zirkulieren. Auf der Suche nach der größtmöglichen Rendite zieht dieses Geld marodierend über den Planeten. Karl Marx zitiert im *Kapital* den englischen Gewerkschafter Thomas Dunning:

> »Das Kapital hat einen Horror vor Abwesenheit von Profit oder sehr kleinem Profit, wie die Natur vor der Leere. Mit entsprechendem Profit wird Kapital kühn. Zehn Prozent sicher, und man kann es überall anwenden; 20 Prozent, es wird lebhaft; 50 Prozent, positiv waghalsig; für 100 Prozent stampft es alle menschlichen Gesetze unter seinen Fuß; 300 Prozent, und es existiert kein Verbrechen, das es nicht riskiert, selbst auf Gefahr des Galgens. Wenn Tumult und Streit Profit bringen, wird es sie beide encouragieren. Beweis: Schmuggel und Sklavenhandel.«[23]

Justin Pemberton zeigt in seinem Dokumentarfilm *Das Kapital im 21. Jahrhundert* von 2019, dass heute rund 85 Prozent des Kapitals großer Finanzinstitutionen rein spekulativen Zwecken dienen. Während 1970 Finanz- und Realwirtschaft noch gleichauf waren, führte die Finanzwirtschaft 1990 schon 2 : 1, im Jahr 2000 bereits 3 : 1. Das Finanzvermögen der Welt lag 2018 bei rund 300 Billionen US-Dollar.[24] Das weltweit erwirtschaftete Bruttoinlandsprodukt, das heißt der Gesamtwert aller hergestellten Waren und erbrachten Dienstleistungen, lag im selben Jahr allerdings nur bei etwa 84,9 Billionen US-Dollar.[25] Die Schere zwischen Spekulation und realer Wertschöpfung geht also immer weiter auseinander.

Auch der breite Mittelstand ist mittlerweile strukturell fest mit den Finanzmärkten verwoben, und zwar selbst in Ländern wie

Kanada, wo eine vergleichsweise soziale Politik vorherrscht. Besonders bitter ist, dass die kanadischen Finanzmärkte aufs Engste mit dem extraktivistischen Sektor verknüpft sind. Über Jahrzehnte hinweg wurden in Kanada entsprechende Gesetze und Richtlinien erlassen, die den Raub von indigenem Land und dessen Transformation in handelbare Ressourcen ermöglichen. Kanada wendet dieses Modell nun in aller Welt an – beispielsweise im Ostkongo, wo die kanadische Firma Banro Gold abbaut und damit massive Menschenrechtsverletzungen in Kauf nimmt.[26] Fast jede Person in Kanada, die etwas Geld gespart hat, ist hier Komplizin: Denn die allermeisten Pensionsfonds, Banken und anderen Produkte des Finanzmarkts sind untrennbar mit dem Toronto Stock Exchange (TSX) und somit mit der extraktiven Industrie verbunden.[27] Unser heutiger Wohlstand beruht auf der Missachtung der Menschenrechte und der Zerstörung des Planeten und ist somit zutiefst unsolidarisch.

Steuerflucht in gigantischem Ausmaß

Zu der ungebremsten Wettbewerbsdynamik des finanzmarktgetriebenen Kapitalismus gehört auch der Steuerwettbewerb zwischen den Staaten. In den 2010er-Jahren häuften sich internationale Skandale rund um Datenlecks zu sogenannten Schattenfinanzplätzen, die verharmlosend »Steueroasen« genannt werden: Ihre klingenden Namen sind Offshore-Leak, LuxLeaks, Swiss Leaks, Panama Papers, Paradise Papers oder zuletzt die Pandora Papers im Jahr 2021.

Von welchen Summen sprechen wir? Laut OECD sind es weltweit Jahr für Jahr 100 bis 240 Milliarden US-Dollar, die den Staaten durch die Steuervermeidung von Unternehmen entgehen; für Deutschland wird der Betrag auf 17 Milliarden US-Dollar jährlich geschätzt.[28] Bei jeder Enthüllung wird aufs Neue deutlich, wie gigantisch das Geschäft mit der Steuerhinterziehung ist. Der auf Schattenfinanzplätze spezialisierte Ökonom Gabriel Zucman von der Universität Berkeley schätzt, dass acht Prozent des weltweiten Finanzvermögens in Steueroasen liegen – 80 Prozent davon vor irgendeinem Fiskus versteckt.[29] Thomas Gebauer von medico international hat darauf hingewiesen, dass in Deutschland jedem Euro Sozialmissbrauch fast 1.400 Euro an Steuerhinterziehung gegenüberstehen.[30] Das ist Geld, das fehlt, um Kindergärten und Schulen zu bauen, angemessene Renten zu zahlen oder die Klimakrise zu bewältigen.

Viele revolutionäre Bewegungen sind entstanden, weil die Steuerlast als ungerecht empfunden wurde und für die Mehrheit der Bevölkerung untragbar geworden war – so die Französische Revolution, die losbrach, weil die Menschen gegen die ungerechte Steuerpolitik des Königs rebellierten. Die erste Russische Revolution von 1905 entzündete sich an den ungerechten Steuern, die erhoben wurden, um die stetig steigenden Staatsschulden zurückzuzahlen, die der Zar im Verlauf der Kriege, die sein Regime führte, angehäuft hatte.[31]

Jüngst stimmten über 70 Prozent der US-Amerikaner*innen dem Vorschlag der linken US-Demokratin Alexandria Ocasio-Cortez zu, den Spitzensteuersatz auf 80 Prozent zu erhöhen. Wir sehen: Nicht selten haben wir bei Forderungen nach sozialer Gerechtigkeit und progressiven Steuern die Mehrheiten der Menschen bereits auf unserer Seite. Im vierten Kapitel werde ich eine Reihe von Strategien vorschlagen, die für die tatsächliche Umsetzung der sozial-ökologischen Transformation wichtig sein könnten.

Fest steht, dass Regierungen weltweit heute keine Antworten auf die zentralen gesellschaftlichen Fragen haben: Klimakrise, globale Ungleichheit, erzwungene Migration, Krise der Demokratie – all diese Problemfelder werden nicht oder kaum bearbeitet. Stattdessen konzentriert sich die monetäre, gesellschaftliche und politische Macht immer mehr in den Händen Weniger und verfestigt zutiefst unsolidarische globale Verhältnisse. Entgegen den Verschwörungserzählungen der neuen Rechten handelt es sich hier jedoch nicht um obskure Machtcliquen und Geheimzirkel.

Vermögenskonzentration ist vielmehr ein Strukturmerkmal des Kapitalismus. Wenn nicht regulatorisch eingegriffen wird, verstärken sich diese Tendenzen weiter. Die Soziologin Brooke Harrington resümiert:

> »Ich glaube, wenn die Menschen wirklich verstehen würden, wie unfair der ökonomische Wettbewerb im modernen Kapitalismus ist, gäbe es einen Aufstand.«[32]

Fortgesetzte ursprüngliche Akkumulation: Der Wachstums- und Expansionsimperativ im Kapitalismus

Nicht nur die Verteilung der Güter ist auf unserem Planeten extrem ungerecht und irrational. Letztendlich ist es die Wachstumsmaschine Kapitalismus selbst, die heute an ihre Grenzen stößt – denn dass es auf einem Planeten mit endlichen Ressourcen unendliches Wachstum geben soll, ist letztlich unmöglich. Das betonte bereits Karl Marx im *Kapital*:

> »Die kapitalistische Produktion entwickelt daher nur die Technik und Kombination des gesellschaftlichen Produktionsprozesses, indem sie zugleich die Springquellen alles Reichtums untergräbt: die Erde und den Arbeiter.«[33]

Für ein angemessenes Verständnis des Wachstumsimperativs ist zunächst der Begriff der ursprünglichen Akkumulation zentral. Marx beschreibt sie als einen gewaltvollen Prozess, »worin große Menschenmassen plötzlich und gewaltsam von ihren Subsistenzmitteln losgerissen und als vogelfreie Proletarier auf den Arbeitsmarkt geschleudert werden«.[34] Nach Marx ist die ursprüngliche Akkumulation

> »nichts als der historische Scheidungsprozeß von Produzent und Produktionsmittel. Er erscheint als ›ursprünglich‹, weil er die Vorgeschichte des Kapitals und der ihm entsprechenden Produktionsweise bildet. [...] Die Expropriation [Enteignung; A. B.] des ländlichen Produzenten, des Bauern, von Grund und Boden bildet die Grundlage des ganzen Prozesses.«[35]

Nach Marx setzt die kapitalistische Produktion voraus, dass im doppelten Sinne »freie« Arbeiter*innen – also »frei«, ihre Arbeitskraft zu verkaufen, aber auch »frei« von Produktionsmitteln – auf Eigentümer*innen von Produktionsmitteln und Kapital treffen. Diese »doppelte Freiheit« wird erst durch den Prozess der ursprünglichen Akkumulation geschaffen.

Als prototypisches Beispiel für diese Entwicklung gilt seit Marx' Ausführungen zur ursprünglichen Akkumulation die Durchsetzung der Weidewirtschaft in England Ende des 15. und Anfang des 16. Jahrhunderts.[36] Grund und Boden, der vormals als Ackerland zur Subsistenzproduktion bzw. als Allmende zur Versorgung der lokalen Bevölkerung gedient hatte, sollte nun für die Schafzucht und somit für die Produktion von Wolle für die aufstrebende Textilindustrie verwendet werden. Das Land wurde eingehegt. Die Schafzucht der Großgrundbesitzer wurde zum Symbol für Verarmung und Hunger eines großen Teils der bäuerlichen Bevölkerung.

Darüber hinaus verweist Marx auf den großen Stellenwert derjenigen ursprünglichen Akkumulation, die durch imperialistische Expansion zustande kam:

> »Die Entdeckung der Gold- und Silberländer in Amerika, die Ausrottung, Versklavung und Vergrabung der eingebornen Bevölkerung in die Bergwerke, die Eroberung und Ausplünderung von Ostindien, die Verwandlung von Afrika in ein Geheg zur Handelsjagd auf [...] [Schwarze Menschen;

> A. B.], bezeichnen die Morgenröte der kapitalistischen Produktionsära. Diese idyllischen Prozesse sind Hauptmomente der ursprünglichen Akkumulation. Auf dem Fuß folgt der Handelskrieg der europäischen Nationen, mit dem Erdgrund als Schauplatz.«[37]

Die Schaffung von Reichtum in Europa durch die kapitalistische Produktionsweise beruht also laut Marx wesentlich auf brutalsten Enteignungsprozessen. Diese Akte der ursprünglichen Akkumulation fanden nicht nur innerhalb, sondern auch außerhalb des Kontinents statt: »Der außerhalb Europas direkt durch Plünderung, Versklavung und Raubmord erbeutete Schatz floß ins Mutterland zurück und verwandelte sich hier in Kapital.«[38]

Bis heute ist es in marxistischen Debatten ein Zankapfel, inwiefern der Kapitalismus und mit ihm die Prozesse der ursprünglichen Akkumulation eine notwendige historische Entwicklungsstufe auf dem Weg zur universellen Befreiung darstellen. Im *Kapital* ist Marx zumeist optimistisch, dass der Zerstörung des kleinbäuerlichen Eigentums und der Entwicklung der Produktivkräfte ein Moment von Befreiung innewohnt. Diesen Fortschrittsoptimismus haben unter anderem feministische Forscher*innen wie Silvia Federici scharf kritisiert, sowohl mit Verweis auf die fehlende Berücksichtigung von Reproduktionsarbeit als auch angesichts der Zerstörungskraft der industriellen Landwirtschaft.[39]

Der Siegeszug der industriellen Landwirtschaft

Eine Vielzahl von Autor*innen hat darauf hingewiesen, dass die ursprüngliche Akkumulation weder einmalig noch abgeschlossen ist. Rosa Luxemburg spricht von ursprünglicher Akkumulation als einem Element, das kapitalistischen Gesellschaften inhärent ist:[40] Der Wachstumszwang des Kapitals geht notwendigerweise mit der Expansion kapitalistischer Gesellschaften einher, die auf den Raub der Reichtümer in anderen Ländern sowie auf die »Freisetzung« von Arbeitskräften und die Erschließung neuer Absatzmärkte ausgerichtet ist.

Während auch Samir Amin den permanenten Charakter der ursprünglichen Akkumulation betont, legen feministische Wissenschaftler*innen wie Federici, Claudia von Werlhof, Maria Dalla Costa und Selma James den Fokus dabei vor allem auf die fortgesetzte Aneignung der nicht bezahlten Reproduktionsarbeit.[41] David Harvey spricht von »Akkumulation durch Enteignung« und versteht darunter Phänomene wie Landgrabbing und Ressourcenplünderung, aber auch die neoliberalen Strukturanpassungsprogramme, die den verschuldeten Ländern seit den 1980er-Jahren auferlegt wurden. Harvey zufolge ist es insbesondere seit dem Krisenjahr 2008 zu neuen Schüben von ursprünglicher Akkumulation gekommen, die sich gegen indigene Gemeinschaften und Bäuer*innen richteten.[42]

Die Prozesse der fortgesetzten ursprünglichen Akkumulation sind bei Weitem nicht abgeschlossen: Nach wie vor spielt die subsistenzorientierte Landwirtschaft für eine große Anzahl von Menschen eine mehr oder weniger zentrale Rolle. Von den etwa 3,37 Milliarden Menschen weltweit oder den 45 Prozent der Weltbevölkerung, die in ländlichen Gebieten wohnen, leben mehr als zwei Milliarden Menschen vorwiegend von der Landwirtschaft – die große Mehrheit von ihnen als Kleinbäuer*innen im subsaharischen Afrika, auf dem indischen Subkontinent, in Südostasien und Ostasien.[43]

Auch Europa war bis in die 1950er-Jahre sehr stark agrarisch geprägt: Noch am Vorabend des Zweiten Weltkriegs waren Großbritannien und Belgien die einzigen beiden Industrieländer, in denen weniger als 20 Prozent der Einwohner*innen direkt mit Landwirtschaft bzw. Fischerei zu tun hatten. Erst im Zeitalter des Spätfordismus ging die Anzahl der Bäuer*innen zumindest in westeuropäischen Gesellschaften auf unter zehn Prozent der Erwerbspersonen zurück: In Westeuropa konnte die massenhafte Freisetzung von Arbeitskräften aus der landwirtschaftlichen Produktion, die in den 1950er-, 1960er- und 1970er-Jahren stattfand, größtenteils durch die Einbindung der ehemaligen Bäuer*innen bzw. der jungen Generation aus bäuerlichen Familien in Strukturen des fordistischen Leistungs- und Wohlfahrtsstaates abgefedert werden. Die konjunkturelle Entwicklung ließ es zu, dass eine große Anzahl von Arbeitskräften in neuen Wirtschaftszweigen – vor allem dem industriellen Sektor – Beschäftigung fand. Die »freigesetzten« Arbeiter*innen wurden in der industriellen Produktion sogar dringend gebraucht. In Deutschland wurden zusätzliche Arbeitskräfte aus Ländern der Peripherie und Semi-Peripherie angeworben.

Im Unterschied dazu tobten im Süden des franquistischen und postfranquistischen Spanien bis in die 1980er-Jahre heftige Klassenkämpfe des Landproletariats, das durch Modernisierungs- und Maschinisierungsschübe im landwirtschaftlichen Sektor schlichtweg »überflüssig« gemacht werden sollte. Ein wesentliches Merkmal der Landwirtschaftspolitik in Spanien bestand in der Repression gegen Kleinbäuer*innen und Landarbeiter*innen. Beide Gruppen hatten im Spanischen Bürgerkrieg (1936 bis 1939) auf der Seite der republikanischen Truppen gestanden und kämpften auch nach dem Zweiten Weltkrieg – und zum Teil bis heute – für eine umfassende Bodenreform. Die Verhinderung dieser Bestrebungen und die Niederschlagung der dafür eintretenden Gruppen war ein wesentlicher Grund für die Entstehung und das Erstarken des faschistischen Regimes in Spanien. Nach der Zerschlagung dieser (agrar-)revolutionären Bewegungen wurden weite Teile des Landproletariats weiterhin in Armut gehalten und ihre gewerkschaftlichen Kämpfe wurden mit brutaler Repression verfolgt. Im fünften Kapitel werde ich mich einer wichtigen Protagonistin dieser Kämpfe widmen, und zwar der andalusischen Gewerkschaft SOC-SAT.

Bäuerliche Kämpfe sind rund um den Globus nach wie vor von zentraler Bedeutung. Denn Grund und Boden ist noch immer extrem ungleich verteilt. Kapital wird immer öfter in fruchtbarem Land angelegt. So berichtet die Hilfsorganisation Brot für die Welt, dass laut der internationalen Land-Matrix-Initiative weltweit mittlerweile über 62 Millionen Hektar Ackerfläche an Investoren verkauft oder ihnen in Aussicht gestellt wurden. Dies entspricht beinahe der Hälfte des Ackerlands in der Europäischen Union. Die Dunkelziffer dürfte jedoch noch um einiges höher liegen.[44] Dies sind moderne Erscheinungsformen der ursprünglichen Akkumulation – sie verfestigen die unsolidarische Weltordnung.

BIP als heilige Zahl

Wie bereits ausgeführt, schlägt sich der Wachstumszwang im Kapitalismus in einem stetig steigenden Bruttoinlandsprodukt nieder. Aber trotz der fortwährenden Steigerung der Produktivkräfte sind Armut und Elend bei Weitem nicht in die Geschichtsbücher verbannt. Das zeigt einmal mehr, dass das BIP kein geeigneter Indikator für gesellschaftlichen Wohlstand ist – auch wenn für viele liberale Ökonom*innen, insbesondere aber für Kapitaleigentümer*innen, das BIP das «Maß aller Dinge» zu sein scheint. Denn es lässt vollkommen außer Acht, wie die produzierten Güter und Dienstleistungen verteilt werden. Zunehmende Ungleichheit wird nicht erfasst. Zudem werden nur über den Markt vermittelte Tätigkeiten berücksichtigt: Unbezahlte Hausarbeit und die Betreuung von Kindern, Alten und Kranken spielen keine Rolle. Die gesamte informelle Ökonomie, die in vielen Ländern des globalen Südens nach wie vor bestimmend ist, wird nicht mit eingerechnet, ganz zu schweigen von der bäuerlichen Subsistenzarbeit. 2016 schätzte die Weltbank, dass jährlich zehn Billionen US-Dollar weltweit im informellen Sektor erwirtschaftet werden, das entsprach dem damaligen Bruttoinlandsprodukt von China.[45]

Hinzu kommt, dass das BIP kaum in der Lage ist, negative Auswirkungen unserer Wirtschaftsordnung auf Gesellschaft und Umwelt zu erfassen. Solange sie den unmittelbaren Profit nicht beeinträchtigen, haben Zerstörungsprozesse, die beispielsweise zu Artensterben führen, keinen Marktpreis. Umweltschädliche Aktivitäten und ihre Kollateralschäden tragen oft sogar zur Steigerung des BIP bei. Außerdem dokumentiert das BIP nicht nur die Herstellung von Waren und Dienstleistungen, die für das Leben der Menschen wichtig sind, sondern auch höchst destruktive Formen der Produktion, wie zum Beispiel die Herstellung von Waffen. Das BIP steigt auch, wenn umfassende Aufräumarbeiten notwendig sind, um die Verheerungen anderer Produktionszweige einzudämmen. Dazu zählen beispielsweise die Kosten für die Versorgung von psychisch überlasteten Menschen oder der Rettungseinsatz nach dem Unfall eines Öltankers.

Das BIP ist nicht nur die heilige Zahl, von der Wohl und Wehe unserer Gesellschaften abhängen. Schlimmer noch: Wir haben unsere Zukunft für viele Jahre an die weitere Steigerung des BIP verkauft. Wie ich im vorigen Kapitel bereits erläutert habe, ist die Entwicklung des BIP an Investitionen und Kredite und somit an Renditeerwartungen geknüpft, die viele Hunderte Millionen Menschen betreffen. Denn der größte Teil der weltweiten Pensionszahlungen wird nicht im Umlageverfahren organisiert, sondern an der Börse gehandelt. Werden die Wachstumserwartungen der großen Banken nicht erfüllt, stehen die Alterszahlungen sowie die Versicherungen von Abermillionen Menschen auf dem Spiel.

Die Finanzialisierung der globalen Ökonomie erreichte in den 1980er-Jahren eine neue Dimension. Wachstum sollte nun nicht mehr durch steigende Löhne und höhere Steuereinnahmen finanziert werden, sondern auf Pump. Die Bürger*innen sollten sich bei Banken und Kapitalgeber*innen verschulden, um zu konsumieren und das Wachstum anzukurbeln. Kreditkarten, Überziehungskredite und Hauskredite wurden ab den 1980er-Jahren zur Massenware.[46] Die Verfügbarkeit von Geld und das Angebot an Krediten explodierten förmlich. Wie David Graeber in seinem 2012 veröffentlichten Buch *Schulden. Die ersten*

5000 Jahre eindrücklich beschrieben hat, kurbelte die angebotsinduzierte Verbreitung von billigen Krediten den Konsum weiter an und generierte enorme Verschuldungsspiralen.

Ein Beispiel für die enorme Zerstörungskraft der Steigerung des BIP: Während 1972 weite Teile des Amazonas noch fast unberührt waren und der brasilianische Bundesstaat Matto Grosso fast ausschließlich von Indigenen bewohnt wurde, verschwinden heute geschätzte 35 Fußballfelder Regenwald pro Minute. Die Bundesstraße 163 Matto Grosso gilt als die Einfallsschneise ins Amazonasbecken und wird deshalb als »Soja-Highway« bezeichnet. Unzählige Lkw reihen sich aneinander, um Fracht zu den Überseehäfen zu bringen. Matto Grosso ist eine Boom-Region – hier sind Wachstumsraten von bis zu 20 Prozent möglich. Drei bis vier Ernten pro Jahr können eingefahren werden. Mit der Sojaproduktion für die globale Viehzucht ist die Region somit die wahrscheinlich größte Nahrungsmittelfabrik der Welt.

Die gigantische Zerstörung von Klima, Biodiversität sowie bäuerlicher und indigener Lebensgrundlagen schlägt sich in einer Steigerung des BIP nieder. Sie erzeugt Jubel bei Regierungen und an den Börsen. Als Maßstab für Wohlstand, für das Wohlergehen der Menschen und intakte Ökosysteme ist das BIP aber denkbar ungeeignet.

Der Seneca-Effekt

Der berühmte Club of Rome, der in den späten 1960er-Jahren von Wissenschaftler*innen gegründet wurde, warnte schon damals vor der Übernutzung der natürlichen Ressourcen des Planeten durch Raubbau und Ausbeutung. Der erste Bericht an den Club of Rome mit dem Titel *Die Grenzen des Wachstums* aus dem Jahr 1972 rief enorme Resonanz hervor. Zentrales Argument der Forscher*innen war, dass es nicht nur einen immanenten Widerspruch zwischen Kapital und Arbeit gibt, sondern auch einen zwischen Kapital und Natur: Ewiges Wachstum ist auf einem Planeten mit begrenzten Ressourcen nicht möglich. Externe Expert*innen oder Mitglieder des Clubs verfassen regelmäßig Berichte an den Club of Rome, die sich vor allem mit zukünftigen Entwicklungen befassen. Im Jahr 2017 legte der italienische Chemiker Ugo Bardi mit seinem Buch *Der Seneca-Effekt. Warum Systeme kollabieren und wie wir damit umgehen können* den 42. Bericht an den Club of Rome vor. Darin versucht er zu erklären, warum komplexe Systeme kollabieren. Bardi interessiert sich besonders für den Zusammenbruch des antiken Römischen Reichs und die Übertragbarkeit dieses historischen Ereignisses auf die heutige Zeit. Den titelgebenden römischen Philosophen Seneca zitiert Bardi mit dem denkwürdigen Satz: »Das Wachstum schreitet langsam voran, während der Weg zum Ruin schnell verläuft.« In einem langen Gespräch im November 2017 sagte mir Bardi ernüchtert:

> »Als die Arbeit des Club of Rome in den frühen 1970er-Jahren begann, waren die Möglichkeiten, die Wirtschaft zu bremsen, noch viel größer. Heute ist das ungleich schwieriger. Vom Standpunkt des Ressourcenverbrauchs wissen wir, dass es unmöglich ist, alle Menschen auf den europäischen Standard zu hieven. Gleichzeitig wollen die Europäer*innen nicht an ihrem Lebensstandard rütteln. Man sagt den Leuten, sie sollen für die Aufrechterhaltung ihres sogenannten Wohlstands immer weiter arbeiten … Wir rennen und rennen, bis irgendwann der ›Seneca-Effekt‹ eintritt und unser System kollabiert.«[47]

Europäisches Grenzregime und globale Apartheid[48]

Das von Ugo Bardi erforschte Kollabieren von Gesellschaftssystemen droht im Hinblick auf die Vielfachkrise der Gegenwart keinesfalls alle Menschen gleich hart zu treffen. Wir leben in einer Welt, in der Menschen aufgrund ihrer Herkunft, ihrer Hautfarbe, ihres Geschlechts sowie ihrer Klassen- und Staatsangehörigkeit höchst unterschiedlichen Zugang zu Ressourcen, Rechten, gesellschaftlicher Teilhabe und persönlicher Sicherheit haben. Ein weiteres Element der strukturellen Gewalt, das unsere Gesellschaften prägt und mit dem wir uns beschäftigen müssen, sind staatliche Grenzziehungen und die damit einhergehenden Zonierungen. Sie sind aufs Engste mit unserem Wirtschaftssystem verknüpft. Sie privilegieren Menschen, während sie andere ausschließen, abschieben, ertrinken lassen, an den Rand drängen, ausbeuten oder ihre materiellen Lebensgrundlagen zerstören. Wir leben in einer in sich zerrissenen Ordnung, die fortwährend Spaltungen produziert und reproduziert.

Vielfach wurde betont, dass die Grenze nicht nur ein Ort ist, sondern auch eine politische Methode, die auch im Inneren von Gesellschaften existiert, etwa in Form des Wahlrechts, durch den Zugang zu Sozialleistungen oder als Polizeischikanen. In diesem Sinne ist Rassismus ein gesellschaftliches Verhältnis, das Menschen in hierarchische Beziehungen zueinander setzt.[49]

Um Grenzen in ihrer Regulierungsfunktion im globalen Kapitalismus zu beschreiben, wurde in den letzten Jahren in antirassistischen Debatten oft der Begriff der globalen Apartheid verwendet.[50] Diese Bezeichnung ist dem südafrikanischen Apartheidregime entlehnt, das von rassistisch organisierten Zugangs- und Ausschlussmechanismen, von Abwehr bis Abkoppelung der Armutsghettos, von inneren Grenzziehungen und Zonierungen, nicht zuletzt zugunsten der gezielten Ausbeutung von migrantisierten Arbeiter*innen geprägt war. Wenn auch nicht unmittelbar vergleichbar, kopiert und forciert das aktuelle Migrationsmanagement diese Ausgrenzungs-, Kontroll-, Filter- und Rekrutierungsstrategien auf globaler Ebene.

Im Jahr 2021 jährte sich die Unterzeichnung der Genfer Flüchtlingskonvention zum 70. Mal. Im Gründungsjahr 1951 war es in den Reihen der internationalen Organisationen Common Sense, dass nach dem Zweiten Weltkrieg und dem Zivilisationsbruch der Shoah nie mehr Menschen, die Schutz vor Verfolgung brauchen, vor verschlossenen Grenzbalken stehen sollten. Nie wieder sollten Menschen schutzlos der Verfolgung ausgeliefert sein, nie mehr sollten sie rund um den Globus irren, um – vielleicht – Schutz gewährt zu bekommen.

Doch die europäischen Regierungen scheinen die Errungenschaften der Konvention heute vergessen zu haben. Seit Jahrzehnten hat nicht Schutz, sondern Abschottung vor Geflüchteten höchste Priorität in der Europäischen Union. Kontrolliert werden sollen nicht nur Fluchtbewegungen aus Ländern wie Syrien, Irak oder Afghanistan, sondern auch die Migration vom afrikanischen Kontinent. Die Europäische Union bedient sich dabei hochproblematischer Mittel und arbeitet unverhohlen mit Regimen zusammen, die schwere Menschenrechtsverletzungen begehen.

Im Folgenden steht die Kritik am europäischen Grenzregime im Vordergrund – im fünften Kapitel werde ich Widerstandsstrategien gegen rassistische Ausgrenzungsmethoden diskutieren.

Externalisierung des Grenzregimes

Eine vollkommen neue Dimension hat die Abschottung der EU mit der Vorverlagerung ihrer Grenzen auf den afrikanischen Kontinent erreicht. Dabei unterstützt sie Diktaturen, die ihrerseits Polizei und Armeen dafür ausbilden, Migrant*innen zu stoppen. Entwicklungshilfe wird nicht selten umgewidmet und an Bedingungen geknüpft. Diese Vorverlagerung, die sogenannte Externalisierung des Grenzregimes, wird so zu einem neokolonialen Hineinregieren in die afrikanischen Gesellschaften.

Die Hochrüstung der Grenzen mit Hightechgerät ist teuer, kaum ein afrikanischer Staat kann sie sich leisten. Hier ist die EU plötzlich großzügig – und sichert europäischen Rüstungs- und Sicherheitskonzernen profitable Aufträge. Die neuen Grenzanlagen sind somit auch ein Subventionsprogramm für Europas Waffenschmieden wie Airbus, Thales oder BAE Systems. Vertreten werden diese von der mächtigen Lobbygruppe EOS (European Organisation for Security).[51] Aufgrund all dieser mit europäischen Steuergeldern finanzierten Programme prognostizierten die beiden Journalist*innen Simone Schlindwein und Christian Jakob 2017 einen Anstieg des weltweiten Gesamtumsatzes mit Grenztechnologie von 15 Milliarden Euro im Jahr 2015 auf bis zu 29 Milliarden im Jahr 2022 – ein gewaltiger Markt.

Für ihre Migrationsabwehr hat sich die EU ausgerechnet den Sudan als ein zentrales Partnerland ausgewählt. Der drittgrößte Staat des Kontinents ist ein Haupttransitland für Flüchtende vom Horn von Afrika. Omar al-Baschir, der sich 1989 an die Macht putschte und am 11. April 2019 nach friedlichen Massenprotesten der Bevölkerung abgesetzt wurde, war der einzige Staatschef weltweit, gegen den ein internationaler Haftbefehl vorlag. Dennoch wurden an der Polizeischule in Sudans Hauptstadt Khartum auf Kosten der EU über Jahre hinweg Informationen über Migrationsbewegungen gesammelt und mit anderen Staaten Ostafrikas ausgetauscht. 46 Millionen Euro hat sich die Europäische Union bis 2019 den Versuch kosten lassen, die Migrationsroute aus dem Sudan in Richtung Europa zu kontrollieren.[52]

Sudans Innenminister schickte den Europäer*innen zudem eine Wunschliste mit den Gerätschaften, die für einen Stopp der Migration notwendig seien, darunter Internierungszellen, Zäune und Kampfhubschrauber für die Grenzpolizei. Eritreische Flüchtende, die im Sommer 2016 aus ihrer Heimat über die Grenze in den Sudan flohen, berichteten, dass sie hochgerüstete Spezialeinheiten gesehen hätten, die auf deutschen Armeelastwagen Patrouille fuhren. Heute gilt Eritrea als das »Nordkorea Afrikas« – rund 5.000 hauptsächlich junge Menschen fliehen Monat für Monat vor den Repressionen der Militärdiktatur. Der Hauptgrund für die Massenflucht der eritreischen Jugend ist der Wehrdienst, zu dem alle Männer und Frauen nach ihrem Schulabschluss eingezogen werden. Laut eritreischer Verfassung sollte er nur zwei Jahre dauern, tatsächlich kann aber ein halbes

Leben daraus werden. Viele der Soldat*innen leisten unter sklavenähnlichen Bedingungen Schwerstarbeit. Aufgrund der Politik der Europäischen Union ist Isaias Afwerki, ehemaliger Guerrillero und heute Diktator Eritreas, auf dem internationalen Parkett wieder salonfähig geworden: Nach einem Jahrzehnt der politischen Isolation ist sein Regime in den sogenannten Khartum-Prozess eingebunden, mit dem die EU die Länder Ostafrikas zur Kooperation in Sachen Flucht gewinnen will.

Filimon Mebrhatom ist einer der vielen jungen Menschen, die aus Eritrea geflohen sind. Filimon lebt heute in München und ist Rapper. Gemeinsam schrieben wir seine Fluchtgeschichte auf und veröffentlichten sie 2020.[53] In vielen Gesprächen erfuhr ich, was der heute 20-Jährige während seiner Flucht, die er im Alter von 14 Jahren antrat, erlebt hat. In einer Nacht im Januar 2014 floh Filimon über die südliche Grenze nach Äthiopien. Von dort führte ihn sein Weg durch den Sudan nach Libyen. Bei der Durchquerung der Sahara erlitt er furchtbare Gewalt. Er geriet in die Fänge von Dschihadisten, wurde eingesperrt, gefoltert und versklavt. Zu seinem großen Glück gelang ihm die Flucht. Auf einem Flüchtlingsboot konnte er gemeinsam mit Hunderten anderen der libyschen Hölle entkommen und wurde auf hoher See von einem Schiff der italienischen Marine gerettet. Knapp ein Jahr, nachdem er von zu Hause aufgebrochen war, im Dezember 2014, kam er schließlich in München an.

Im Sommer 2019 diktierte mir Filimon in einem Verlagshaus in München seine Anklage:

> »Die Menschen in Eritrea fühlen sich von der Welt im Stich gelassen: Europa interessiert sich mehr für die Abwehr der Flüchtenden als für eine wirkliche Bekämpfung der Fluchtursachen. […] Ich habe mir geschworen, mich mit all meinen Kräften dafür einzusetzen, dass sich die politische Situation in meinem Heimatland so bald wie möglich zum Positiven

verändert. Ich verließ Eritrea nicht ohne Grund: Ich wollte frei reden, ohne Angst. Ich wollte frei reisen. Ich wollte die Demokratie selbst erleben, anstatt immer nur von ihr zu hören. Und ich wollte mein Leben genießen. Egal welche Hautfarbe, welche Herkunft und welchen Glauben man hat, Mensch ist Mensch.«[54]

Frontex in Afrika

Die Verbrechen, die Filimon Mebrhatom in seinem Buch beschreibt, könnten in dieser Form nicht begangen werden, gäbe es die Grenzschutzagentur Frontex nicht. Von den 44 Agenturen, die die EU für bestimmte Politikbereiche eingerichtet hat, ist keine so schnell gewachsen und so üppig ausgestattet wie Frontex. Bei ihrer Gründung 2006 in Warschau verfügte sie über 45 Mitarbeiter*innen und einen Jahresetat von zwölf Millionen Euro. 2016 konnte Frontex 254 Millionen Euro ausgeben, 2020 waren es rund 320 Millionen Euro. Weniger als zehn Prozent bezahlen die Schengen-Staaten, mehr als 90 Prozent kommt von der EU-Kommission. Auch Frontex ist eine Art Geschäfts-Boost für Waffenhersteller: Im Jahr 2017 hielt Frontex vier Meetings mit entsprechenden Lobbyvertreter*innen ab, darunter Glock, Airbus und Heckler & Koch. Es ist das große Verdienst einer Reihe von engagierten Journalist*innen rund um Jan Böhmermann, diese Informationen unter dem Namen *Frontex Files* im Februar 2021 im Internet veröffentlicht zu haben.[55]

Im Zuge der Ausweitung des Europäischen Grenzregimes nach Afrika plant Frontex nun, vermehrt mit afrikanischen Geheimdiensten zusammenzuarbeiten. Dafür gründete die Grenzschutzagentur den europäisch-afrikanischen Geheimdienstbund AFIC (Africa-Frontex-Intelligence Community). Im Dezember 2021 vereinte der AFIC 29 afrikanische Staaten. Dabei gilt natürlich auch in Afrika: Je weniger sich ein Staat um Grund- und Menschenrechte kümmert, desto wichtiger ist der Geheimdienst als Stütze der Macht.

Es ist von großer Bedeutung, die Machenschaften der EU, die sogenannten Grenzschutzabkommen sowie Finanzflüsse zu den afrikanischen Staaten zu analysieren und ans Licht der Öffentlichkeit zu bringen. Aber es stellen sich noch viel grundsätzlichere Fragen: Wie kann es überhaupt möglich sein, dass eine Behörde, die europäische Grenzen bewachen soll, deutsche Polizist*innen, rumänische Zöllner*innen und finnische Passfälschungsexpert*innen um die halbe Welt schickt? Mit welchem Recht setzt die EU sie weit außerhalb ihres Hoheitsgebiets ein? Noch beunruhigender: Das Arsenal ihrer Überwachungsgerätschaften soll demnächst auch Schallkanonen, Drohnenschwärme, Unterwasserboote und fahrende Vehikel umfassen – »verdächtiges« Verhalten soll so automatisiert erkannt werden.[56]

Der sogenannte Grenzschutz führt keineswegs dazu, dass Menschen sich nicht mehr auf den Weg nach Europa machen. Hochgerüstete Grenzen haben vielmehr zur Folge, dass Flüchtende und Migrant*innen immer gefährlichere Routen auf sich nehmen. So starben in den vergangenen 30 Jahr mindestens 44.764 Menschen beim Versuch, nach Europa zu gelangen.[57] Dies ist aber nur die dokumentierte Zahl, die Dunkelziffer ist viel höher.

Nicht mehr geben, sondern aufhören zu stehlen

Oft ist in den letzten Jahren von der Bekämpfung von Fluchtursachen die Rede. Doch die EU blendet die strukturellen Ursachen für Flucht und Migration weiterhin aus. Mit ihrer Handelspolitik verschärft sie oftmals genau die Fluchtgründe, die sie vorgibt, eindämmen zu wollen. Handelsabkommen zwingen afrikanische Staaten dazu, ihre Märkte für europäische Produkte zu öffnen, obwohl weithin bekannt ist, dass diese Politik in großem Stil Arbeitsplätze vernichtet – vor allem in der Landwirtschaft.

Europa soll weiterhin mit Öl aus Nigeria, dem für die Produktion von Smartphones wichtigen Coltan aus dem Kongo oder Kakao aus der Elfenbeinküste versorgt werden. Große europäische

Molkereiunternehmen wie Arla, FrieslandCampina und Danone tragen – abgesichert durch die extrem ungleich verteilten Agrarsubventionen – dazu bei, dass Afrika zur »Resterampe für EU-Exporte« wird und Kleinbäuer*innen ihre Existenzgrundlage verlieren. Die ökonomische Abhängigkeit der afrikanischen Staaten droht durch die sogenannten Economic Partnership Agreements (EPAs) weiter festgeschrieben zu werden.

Außerdem entgehen den afrikanischen Staaten laut Internationalem Währungsfonds pro Jahr rund 175 Milliarden Euro an Steuereinnahmen – das ist schätzungsweise dreimal so viel, wie an Entwicklungshilfe in die Länder des Kontinents fließt. Die Steuerverluste kommen zu einem großen Teil durch den Steuerbetrug internationaler Konzerne zustande. In den Worten von Jean Ziegler: Es geht nicht darum, den armen Ländern mehr zu geben, sondern darum, damit aufzuhören, sie zu bestehlen.

Europa aber tut alles dafür, den billigen Zugang zu Afrikas Rohstoffen nicht zu verlieren. Denn gäbe es kein günstiges Uran aus dem Niger, einem bitterarmen Sahelstaat, der den vorletzten Platz im Human Development Index der Vereinten Nationen belegt, würden in Frankreich buchstäblich die Lichter ausgehen. Die Despoten des Clans rund um Omar Bongo, dem sein Sohn Ali Bongo als Präsident des Erdölstaats Gabun nachfolgte, sind seit 1967 ohne Unterbrechung an der Macht. Der Erdölkonzern Total bestimmt die Geschicke des Landes maßgeblich mit. Autoritäre Regime sind für den Westen oftmals willkommenere Partner als Staaten, die den Anspruch verfolgen, ihre natürlichen Ressourcen demokratisch zu verwalten. Dadurch ist Europa mitverantwortlich für die Situation in diesen Ländern, die die Menschen zur Flucht zwingt, wie Sabine Eckart von der Hilfsorganisation medico international betont:

> »Die sogenannte ›Krise der Migration‹ verweist auf strukturelle Krisen, für die Europa und seine Mitgliedsstaaten eine bedeutende Mitverantwortung tragen.

Sie sind vor allem Ausdruck einer Krise der Solidarität zwischen Europa und verarmten Bevölkerungen in der Welt, die oft von korrupten Autokraten oder Clans regiert werden – und das allzu oft im Einvernehmen mit europäischen Staaten oder gar mit deren Unterstützung.«[58]

Öko-imperiale Spannungen und Klimaflucht

Die Auswirkungen der Erderhitzung sowie die sich weiter verschärfenden geopolitischen und öko-imperialen Spannungen[59] werden zunächst dazu führen, dass die Binnenmigration enorm zunehmen wird. Dies vor dem Hintergrund, dass die ärmsten Teile der Bevölkerung in den jeweiligen Gesellschaften am stärksten von der Umwelt- und Klimakrise betroffen sind.[60] Ihnen fehlen meist schlicht die Mittel und Möglichkeiten, sich auf lange Migrationsrouten zu begeben. Laut einer Studie der Weltbank könnte die Klimakrise bis zum Jahr 2050 rund 216 Millionen Menschen innerhalb ihres Landes zur Flucht zwingen.[61] Ein Grund dafür ist, dass weltweit immer mehr Menschen in Gebieten leben, die von Überflutung betroffen sein könnten, also an Flussläufen oder in Küstenregionen. Beth Tellman vom Earth Institute an der Columbia University in New York und ihre Kolleg*innen schreiben, dass die Anzahl der Menschen, die in entsprechenden Regionen leben, seit der Jahrtausendwende um schätzungsweise 86 Millionen Menschen zugenommen hat.[62] Adil Najam ist Umweltforscher und Experte für Klimaforschung an der Boston University. Er war einer der Hauptautor*innen des 3. und 4. Berichts des Weltklimarats und erhielt dafür als Teil des Forscher*innenteams 2007 den Friedensnobelpreis. Auch er argumentiert, dass die Klimakrise längst nicht mehr nur eine Herausforderung von morgen ist – denn für viele Menschen ist sie bereits heute eine Realität, die es zu bewältigen gilt.[63] Ein Argument mehr, Solidarität auf keinen Fall partikular auf eingegrenzte geografische Räume zu beziehen.

Doch während die Menschen im globalen Norden eine Art »Mobilitätsmonopol« genießen, können die meisten Menschen im globalen Süden nur davon träumen zu reisen, obwohl Bewegungsfreiheit ihr Überleben sichern könnte. Mit der aktuellen Migrationsabwehr unternimmt die EU eine gewaltige und kostenintensive Anstrengung, die globalen Ungleichheiten aufrechtzuerhalten und die verbleibenden Wohlstandsinseln militärisch abzuriegeln. Doch dies wird nicht gelingen. Denn solange in unserem globalen wachstumsgetriebenen Wirtschaftssystem die Profitinteressen von privaten Konzernen und die Partikularinteressen von einzelnen Staaten und Machtblöcken mehr gelten als die Wahrung der Menschenrechte und der Erhalt der Umwelt, werden sich die »unbewohnbaren Zonen« auf der Welt weiter vergrößern. Folglich wird der Druck auf viele Menschen steigen, die Orte, an denen sie leben, zu verlassen, weil an ihnen kein menschenwürdiges Leben möglich ist. Sie werden aus politischen, ethnischen, religiösen oder eben wirtschaftlichen Gründen vertrieben – und sie werden sich weiterhin auf den Weg machen. Ein grundlegendes Verständnis der Zusammenhänge zwischen imperialer Lebens- und Produktionsweise auf der einen und Flucht und Migration auf der anderen Seite ist eine der wesentlichsten Voraussetzung für eine gelingende Praxis globaler Solidarität.

In diese Richtung zielt auch die Studie *Das Recht, nicht gehen zu müssen* von Sonja Buckel und Judith Kopp, die – im Gegensatz zu bekannten Migrationsforscher*innen wie Gerald Knaus, der an den vorherrschenden globalen Ungleichheiten und Privilegienunterschieden im Grunde nichts ändern will – die neoliberale Globalisierung systematisch ins Visier nehmen:

> »Es geht darum, denjenigen etwas entgegenzusetzen, die versuchen, Asyl- und Migrationspolitik aus dem globalen Zusammenhang zu reißen, nationalistisch engzuführen und die Sicherung des nationalen Wohlstands über rassistisch

> begründete Versprechen zu suggerieren. Stattdessen gilt es, Migrationspolitik als Moment der globalen Gerechtigkeitsfrage zu begreifen – und zu adressieren.«[64]

Zu dieser Perspektive gehört es auch, den historischen Zusammenhang mitzudenken, denn aus der kolonialen Vergangenheit erwächst eine Verantwortung Europas, wie Olaf Bernau, Aktivist im Netzwerk Afrique-Europe-Interact, in seinem 2022 erschienenen Buch *Brennpunkt Westafrika. Die Fluchtursachen und was Europa tun sollte* betont.

Die imperiale Lebensweise: Eskalierender Konsum statt guter Versorgung

Um die sozial-ökologische Krise zu verstehen und um zu begreifen, wie das Universum struktureller Gewalt entstanden ist, in dem wir leben, ist es sinnvoll, sich dem mittlerweile viel zitierten Begriff der imperialen Lebensweise anzunähern.[65] Er besagt im Wesentlichen, dass die meisten Menschen im globalen Norden, also in den reichen, westlichen Industrienationen, sowie eine wachsende Anzahl von Menschen in den sogenannten Schwellenländern auf Kosten des größten Teils der Menschheit sowie auf Kosten des Klimas und der Umwelt leben. Die imperiale Lebensweise produziert und festigt zudem die wachsende Ungleichheit innerhalb der Länder des globalen Nordens. Ulrich Brand und Markus Wissen beschreiben die imperiale Lebensweise als

> »Hegemonie von global nicht verallgemeinerbaren ›fossilistischen‹, also auf der Verbrennung von fossilen Energieträgern beruhenden, Produktions- und Konsummustern sowie die Externalisierung der sozial-ökologischen Kosten, die diese verursachen«.[66]

Seit dem Erscheinen ihres Buchs 2017 gibt es ein vitales, anhaltendes Interesse an der Diskussion rund um die imperiale Lebensweise: Unzählige Kolloquien und Symposien wurden abgehalten, im Radio und Fernsehen, in Zeitungen, auf Blogs und in sozialen Medien wird er diskutiert – kurz: Der Begriff ist heute aus der öffentlichen Debatte, die weit über akademische und aktivistische Kreise hinausgeht, nicht mehr wegzudenken. Er hat sich durch die Aneignung der Vielen produktiv verselbstständigt: Forscher*innen, Aktivist*innen, Journalist*innen und Lehrende arbeiten heute mit dem analytischen Handwerkszeug, das der Begriff der imperialen Lebensweise bereitstellt.[67]

Dass das Buch und der Begriff so erfolgreich sind, hängt mit Sicherheit damit zusammen, dass sie den Nerv eines gesellschaftlichen Unbehagens im globalen Norden getroffen haben. Denn der Begriff der imperialen Lebensweise ist in der Lage, die Zerrissenheit der Individuen in ihrem Alltag zu beschreiben: Obwohl das Bewusstsein für Klimakrise, ökologische Zerstörung und globale Ungleichheit zunimmt, gelingt es bislang kaum, wirksam gegenzusteuern. Der Gang in den Supermarkt, der Griff zum Smartphone oder die Fahrt mit dem Auto ist für viele Menschen Teil ihres Alltags. Die imperiale Lebensweise ist nicht nur tief in unsere Gewohnheiten im globalen Norden eingelassen, mehr noch, sie ist durch vielfältige politische, ökonomische und rechtliche Maßgebungen sowie durch Infrastrukturen, Steuersysteme und Bildungsangebote institutionell abgesichert. Sich der imperialen Lebensweise individuell zu entziehen ist nur sehr schwer möglich: Ein großer Teil unserer Versorgungsinfrastrukturen, seien es Energie, Wohnraum, Lebensmittel oder Mobilität, ist strukturell mit ihr verknüpft.

Hegemonie und passive Zustimmung

Zentral für Brand und Wissen ist der Hegemoniebegriff von Antonio Gramsci. Was hat es damit auf sich? Hegemonie haben herrschende Gruppen und Klassen dann inne, wenn sie ihre eigenen

Interessen als Allgemeininteressen darstellen und vermitteln können. Großunternehmen, Wirtschaftsverbänden und Parteien gelingt es, mittels Schüren von Abstiegsängsten, ökonomischem Zwang, Einflussnahme auf Arbeitsmarktpolitik, Infrastrukturpolitik, durch Werbung und vieles mehr glaubhaft zu machen, dass konsumgetriebenes Wirtschaftswachstum für unsere Gesellschaften wie Luft zum Leben sei. Sie wiederholen mantraartig, dass uns ein Abweichen von diesem Pfad in Chaos und Not stürzen würde. Die passive Zustimmung zu dieser Politik wird erkauft durch das oft trügerische Versprechen, am Konsumkapitalismus partizipieren zu können – versinnbildlicht durch Flugreisen, den Besitz des neuesten Smartphones oder des größten SUVs.

Dies führt dazu, dass relevante Teile der Bevölkerung den herrschenden Verhältnissen zustimmen und sie als alternativlos empfinden. Endloses Wirtschaftswachstum, die Ausbeutung von Mensch und Natur sowie die Entwicklung ständig neuer Konsumgüter gelten als Garanten für Wohlstand, Prosperität und Sicherheit. Über das anzustrebende Konsumniveau herrscht ein weitreichender gesellschaftlicher Konsens: Es gilt als wünschenswert und normal, dass eine mittelständische Familie eines oder mehrere Autos besitzt, aus Modegründen regelmäßig neue Kleidung kauft oder mit dem Flugzeug in den Urlaub fliegt. Wer dies nicht tut, dem fehlen in der Regel die Mittel dafür – nur eine Minderheit reduziert aus freier Entscheidung das eigene Konsumniveau.

Die Menschen im globalen Norden genießen durch die imperiale Lebensweise viele Vorteile – auf Kosten der Menschen im globalen Süden. Doch auch wir im globalen Norden zahlen einen Preis: Die teuflische Spirale aus Lohnarbeit und Konsum, die die Umwelt und das Klima zerstört, stürzt einen nicht unwesentlichen Teil der Lohnabhängigen wahlweise in Überarbeitung, Burn-outs und Abhängigkeiten oder in Arbeitslosigkeit und Isolierung.

Noch sind die externalisierten Probleme wie Dürren, Überschwemmungen, vergiftete Gewässer und fruchtlose Böden im globalen Süden zu weit weg, um sie mit unserem Tun im globalen Norden in Verbindung zu bringen. Doch in absehbarer Zeit wird es – vor allem angesichts der Klimakrise – einen Bumerang-Effekt geben. Alles Externalisierte wird mit einer ungeahnten Wucht in die Gesellschaften des globalen Nordens zurückkehren. Die Überflutungen in Westdeutschland im Sommer 2021 bezeugen dies – es handelt sich um Ereignisse, die mit der sich verschärfenden Erderhitzung mit Sicherheit häufiger eintreten werden als in der Vergangenheit – »desaster is coming home«.[68]

Vor diesem Hintergrund kommt auch die Ausbreitung des neuartigen Corona-Virus nicht von ungefähr. Sie kann, wie Aktivist*innen vom oppositionellen chinesischen Blog der Zeitschrift *Chuang* betonen, nicht unabhängig vom kapitalistischen Wirtschaftsgeschehen analysiert werden.[69] Vielmehr führt eine direkte Linie vom strukturellen Wachstums- und Expansionszwang des Kapitalismus hin zur Corona-Krise. Zahlreiche Forscher*innen haben darauf hingewiesen, dass die Zerstörung der Biodiversität und die Zurückdrängung der Wälder die Wahrscheinlichkeit für die Übertragung von Viren von Wildtieren auf den Menschen enorm erhöhen.[70]

Zur Zerstörung von natürlichen Lebensräumen und Biodiversität kommt die Gefahr hinzu, die von der industriellen Tierhaltung ausgeht. Auch sie verursacht die Verbreitung von gefährlichen Viren. Darauf hat nicht zuletzt der Evolutionsbiologe Rob Wallace hingewiesen. Er hat 2016 mit seinem Buch *Big Farms make Big Flu* einen wichtigen Eckpfeiler in der Debatte eingeschlagen. Seine zentrale These: Die grenzenlose Ausbreitung der Massentierhaltung auf der ganzen Welt – sei es in den USA, in China oder in Europa – erhöht die Gefahr der Ausbreitung von gefährlichen Viren um ein Vielfaches.

Berühmte Vorläufer

Der Ansatz der imperialen Lebensweise ist nicht neu – er hat berühmte Vorläufer. Einen Vorläufer finden wir in Lenins bekannter Schrift *Der Imperialismus als höchstes Stadium des Kapitalismus.* Hier tauchen zwei Elemente auf, die auch für die heutige Analyse der imperialen Lebensweise zentral sind: erstens die Ausbeutung der Länder des globalen Südens durch das Instrument des ungleichen Tauschs (Industriegüter gegen Rohstoffe) in Kombination mit kolonialer bzw. neokolonialer Gewalt. Zweitens betonte Lenin, dass die »kolonialen Extraprofite« zu einem Teil dazu verwendet werden würden, die Arbeiter*innenbewegung in den Industrieländern durch sozialpolitische Zugeständnisse zu befrieden. Lenin polemisierte gegen die »Arbeiteraristokratie« und analysierte das Verhältnis zwischen dem britischen Proletariat und der kolonisierten Arbeiter*innenklasse Irlands, das bereits von Marx und Engels beschrieben worden war. Auch Rosa Luxemburg verwies energisch darauf, dass die Arbeiter*innen imperialistischer Länder vom Raub aus den Kolonien mitprofitieren würden, was ihr objektives Interesse an revolutionären Veränderungen stark einschränke.

Samir Amin und Immanuel Wallerstein, zwei bekannte Vertreter der Dependenztheorie, können ebenfalls als Vorläufer der Theorie der imperialen Lebensweise gelten. Ohne die feministischen Theorien von Silvia Federici oder den Bielefelder Feministinnen rund um Claudia von Werlhof, Maria Mies und Veronika Bennholdt-Thomsen wäre der Begriff der imperialen Lebensweise nicht zu denken. Die von ihnen entwickelte Subsistenztheorie stellt einen zentralen Beitrag zur Debatte dar. Ihre Forschungen in Mexiko, vor allem im Bundesstaat Juchitan, sind unverzichtbar. Generationen von Studierenden und Aktivist*innen, vor allem mit Bezug zur Landwirtschaft, konnten mithilfe ihrer Bücher die Bedeutung von lokalen Märkten für sozial und ökologisch nachhaltige Produktionsweisen erkennen. Die Bielefelder Feministinnen rekurrierten dabei unter anderem auf das Hauptwerk von Karl Polany, *The great transformation*. Weitere wichtige Imperialismustheorien stammen aus der Feder von Birgit Mahnkopf, Antonio Negri und Michael Hardt, David Harvey oder Vandana Shiva.

In der Debatte ist in den letzten zehn Jahren der Begriff der Externalisierungsgesellschaft wichtig geworden, den Stephan Lessenich maßgeblich prägte. Lessenich argumentiert, dass die globalen Mittel- und Oberschichten über die Verhältnisse gewissermaßen einen »Schleier des Nicht-Wissens oder Nicht-Wissen-Wollens« legen.[71] Dies gelingt, weil die Menschen, die einen hohen Ressourcenverbrauch zu verantworten haben, meist in den saubersten Gegenden der Welt leben. Sie merken nichts von den Auswirkungen ihres Handelns. Menschen, die einen Bruchteil des CO_2 der Reichen verbrauchen, leben hingegen an Orten, die laut, verdreckt oder gar unbewohnbar geworden sind – sei es im globalen Norden oder im globalen Süden.

Harald Welzer führte den Begriff der mentalen Infrastrukturen ein – er besagt, dass Menschen aus den Industriegesellschaften die Umwelt – noch – als weitgehend intakt erleben: Flugzeuge fliegen, die Supermärkte sind voll und die Straßen sind sauber. Diese scheinbar heile Außenwelt übersetzt sich auf unser Denken, das uns eine insgesamt heile Welt vortäuscht.

Doch Vorsicht: Die bloße Unterteilung in Menschen im globalen Norden als »Gewinner« und Menschen im globalen Süden als »Verlierer« ist unzureichend und letztlich irreführend. Denn auch innerhalb der Industrieländer tragen die Armen weit weniger zur Umweltzerstörung bei als die Reichen. Gleichzeitig ist in vielen Ländern des globalen Südens eine kaufkräftige Mittel- und Oberschicht entstanden. Die individuelle Höhe der CO_2-Emissionen und des Ressourcenverbrauchs korrelieren allerorts mit der Höhe von Einkommen und Vermögen, worauf ich noch ausführlicher eingehen werde.

Während aber der Ressourcenverbrauch innerhalb der reichen Länder bereits enorm aufgefächert ist, so ist der Unterschied zwischen den Wohlhabenden in den reichen Ländern und dem Durchschnitt in den ärmsten Ländern noch viel größer.

Angebotsinduzierter Konsum

Die Entwicklung der imperialen Lebensweise muss angebotsinduziert verstanden werden. Das bedeutet, dass es niemals Konsument*innen waren, die Äpfel aus Australien, Erdbeeren im Winter, noch schnellere Autos, leistungsfähigere Smartphones oder Billigflugreisen gefordert hätten. Es sind stets die wachstums- und profitgetriebenen Unternehmen, die die Revolutionierung der Konsumgewohnheiten vorangetrieben haben und weiter vorantreiben, um am Markt bestehen zu können. Möglich wird dies durch astronomisch hohe Werbebudgets und die Aufrechterhaltung der Lohnarbeit-Konsum-Spirale. Am laufenden Band werden durch Werbekampagnen neue Bedürfnisse kreiert, die mitunter auch groteske Züge annehmen. Wer hätte es noch vor wenigen Jahrzehnten für möglich gehalten, dass Millionen Menschen heute für ein Wochenende von London nach Madrid oder von Amsterdam nach Rom fliegen, um am darauffolgenden Montag wieder im Büro zu erscheinen? Wer hätte noch vor wenigen Jahren gedacht, dass bald Millionen von Tourist*innen die Innenstädte rund um den Globus mit Selfie-Sticks unsicher machen würden?

Doch mit der imperialen Lebensweise werden nicht nur Menschen ausgebeutet und Biodiversität und Klima zerstört. Viele Konsumartikel gefährden auch die Gesundheit und die Sicherheit derjenigen, die sie nutzen. So zeitigt der viel zu hohe Fleischkonsum in den Industrieländern massive Gesundheitsschäden. Nicht wenige Konsumgüter weisen gar einen handfesten Suchtcharakter auf. Dazu zählen übermäßig fett- und zuckerhaltige Nahrungsmittel genauso wie das Social-Media-Angebot, das auf Smartphones konsumiert wird.

Widerstand

Globale Solidarität bedeutet, die imperiale Lebensweise zu überwinden. Ziel muss es sein, der Klimakrise und der sozialen Ungleichheit in breit aufgestellten sozialen Protesten und Praxen eine solidarische Lebensweise entgegenzustellen. Je mehr individuelle Abwehrstrategien im globalen Norden um sich greifen, desto höher wird man die Zäune und Mauern ziehen müssen, um die Wohlstandsinseln abzuschotten. Dass im Zuge der weltweiten Klimabewegungen Hunderttausende Jugendliche aus Ländern des globalen Nordens auf die Straßen gehen, um gegen die Klimapolitik ihrer Regierungen zu protestieren, zeigt, dass es auch enormes Widerstandspotenzial unter denjenigen gibt, die objektiv von der herrschenden Weltordnung profitieren und vorteilhaft in die Modi der imperialen Lebensweise eingebunden sind. Mit ihrem Aktivismus öffnen sich neue Bündnismöglichkeiten, auf die ich im vierten Kapitel näher eingehen werde.

Die Klimakrise als Brandbeschleuniger aller anderen gesellschaftlichen Krisen

Alle Krisen, die uns heute beschäftigen – seien es soziale, ökonomische, ökologische Krisen oder kriegerische Auseinandersetzungen – werden durch die Klimakrise enorm zugespitzt. Wenn wir über die strukturelle Gewalt sprechen, die unsere Weltordnung kennzeichnet, muss also ein spezieller Fokus auf die menschengemachten Klimaveränderungen und die Strategien zu ihrer Eindämmung gelegt werden. Dafür möchte ich zunächst kurz auf den Status quo der internationalen Klimaforschung eingehen und diejenigen gesellschaftlichen Kräfte benennen und kritisieren, die diesen wissenschaftlichen Kenntnisstand heute noch immer in Zweifel ziehen. Globale Solidarität beinhaltet zweifelsohne, die Klimawissenschaften zu verteidigen und daraus Strategien für den Kampf um Klimagerechtigkeit abzuleiten.

Klimawissenschaften und die Front der Klimaleugner*innen

Klimawissenschaftler*innen stehen in der Regel nicht im Verdacht, umstürzlerische Ideen zu vertreten. Doch mittlerweile können die Forscher*innen nicht anders, als die herrschende Politik offen infrage zu stellen. Am 28. Februar 2022 veröffentliche der Weltklimarat IPCC mit dem zweiten Teil des 6. Sachstandsberichts einen weiteren dringenden Aufruf zu handeln. Der Bericht stellt den aktuellen naturwissenschaftlichen Kenntnisstand dar – es ist der »Goldstandard« der Klimaforschung. Ein weiteres Mal schlug diese Instanz der kritischen Vernunft also Alarm. Die zentrale Aussage, die bereits im ersten Teil des Berichts vom 9. August 2021 zu lesen war: Wenn nichts Grundlegendes passiert, wird die Erwärmung der Erde um 1,5 Grad gegenüber dem vorindustriellen Zeitalter bereits 2030 erreicht – zehn Jahre früher als bisher angenommen.[72] Bei einer Erderwärmung von zwei Grad gehen die Expert*innen davon aus, dass 420 Millionen Menschen zusätzlich dem Risiko von Hitzewellen ausgesetzt wären. Bis zum Jahr 2050 erwarten sie eine Zunahme des Hungerrisikos für zusätzliche acht bis 80 Millionen Menschen.[73]

Seit einigen Jahrzehnten offenbart sich also, dass in der Klimafrage empirisch arbeitende Naturwissenschaftler*innen allein aufgrund der wissenschaftlichen Evidenzen die Grundlage dafür bilden, dass soziale Bewegungen radikal handeln und die von den Regierungen vorgeschlagenen schlechten Kompromisse bekämpfen. Einige dieser Wissenschaftler*innen, wie beispielsweise James Hanson, ehemaliger Direktor des Goddard Institute for Space Studies (GISS) der NASA und Professor für Erd- und Umweltwissenschaften an der Columbia University, Friederike Otto vom Environmental Change Institute der University of Oxford oder Stefan Rahmstorf vom Potsdam Institut für Klimafolgenforschung (PIK), sind heute aufgrund ihrer öffentlichen Stellungnahmen in der Debatte zu regelrechten Ikonen der Klimabewegung geworden.[74] Doch ihre Erkenntnisse werden bei Weitem nicht von allen Menschen anerkannt.

Die Gegner*innen der Klimagerechtigkeitsbewegungen sind schon länger global organisiert. Für sie ist die Leugnung oder Relativierung der Klimakrise durchaus funktional: Dadurch kann die Hegemonie der imperialen Lebensweise stabilisiert werden. Denn alles soll so bleiben, wie es ist, und die Privilegien der Menschen im globalen Norden sollen auf keinen Fall infrage gestellt werden.

Donald Trump, die österreichische FPÖ oder die AfD haben deshalb immer wieder versucht, die Klimakrise als »Irrlehre« darzustellen. Ein Beispiel von vielen: AfD-»Umweltpolitiker« Karsten Hilse rühmte sich im März 2018 bei einer Debatte im Deutschen Bundestag, dass seine Partei »hier und heute der Irrlehre des von Menschen gemachten Klimawandels den Kampf« ansagen würde.[75] Hilse verlangte bei der Sitzung den »Ausstieg aus allen diesbezüglichen nationalen und internationalen Verträgen und Gremien«. Erkenntnisse über die Erderhitzung sowie Grenzwerte für Stickoxide und Feinstaub seien »nur ideologisch begründet« und hätten nur »die Enteignung von Millionen von Autofahrern« zum Ziel.

Das Spektrum der Klimakrisenleugner*innen ist breit. Während Positionen wie die der AfD in Europa mittlerweile eher Randphänomene sind, sind das Herunterspielen der Problemlage und das Ausbremsen entschlossener Schritte zur Bekämpfung der Klimakrise weitverbreitet und kennzeichnen meist auch das Regierungshandeln.

Denn auch die Maßnahmen, die Regierungen ergreifen, die die Existenz des Klimawandels nicht bestreiten, reichen bei Weitem nicht aus, um die Erderhitzung effektiv einzudämmen. Das Klima lässt sich nicht auf Kompromisse ein, wie das in der sogenannten Realpolitik der Fall ist. Der Klimaaktivist Tadzio Müller formuliert pointiert:

»Weil ›das Klima‹ (genauer: das komplexe globale Klimasystem) eben weder Umweltverband noch Gewerkschaft ist, weil es eine materielle, physische Logik hat, die sich fundamental von einer Verhandlungslogik unterscheidet, entzieht sich das Klima dem Zugriff der Politik als Interessenausgleich.«[76]

Wenn bestimmte Kipppunkte erreicht werden, können Versäumnisse nicht einfach nachgeholt werden. Die Klimakrise sowie der Biodiversitätsverlust unterscheiden sich insofern radikal von anderen gesellschaftspolitischen Krisen.

Dabei lagen bereits in den 1970er-Jahren die Fakten auf dem Tisch: Nicht nur die wissenschaftlichen Erkenntnisse, sondern auch konkrete Ideen für eine Energie-, Industrie- und Verkehrspolitik ohne fossile Brennstoffe waren da. Erdölkonzerne wie Shell und Exxon wussten schon in den 1960er-Jahren um die Klimaveränderung, die durch die Verbrennung von fossilen Energieträgern verursacht wird, und betrieben damals selbst Klimaforschung.[77] In den 1970er-Jahren starteten Erdölkonzerne, allen voran Exxon, Desinformationskampagnen, auf denen die »Klimaskepsis« von heute aufbaut.[78] Milliardäre wie die Brüder Charles und David Koch, die zeitgleich erheblichen Einfluss auf die weit nach rechts rückende Republikanische Partei gewannen, finanzierten entsprechende Kampagnen. Ihre perfiden Strategien werden ihnen nicht verziehen: Heute gibt es die Initiative »Exxonknew« – eine Anspielung darauf, dass der Konzern trotz seines Wissens um die katastrophalen Klimaauswirkungen sein zerstörerisches Geschäftsmodell weiterführte. Städte fordern daher nun von Shell und Exxon Schadensersatz, um damit Schutzmaßnahmen gegen die Erderhitzung zu finanzieren.[79]

Im Jahr 2015 einigte sich die internationale Staatengemeinschaft in Paris darauf, die globale Erderwärmung auf deutlich unter zwei Grad Celsius, möglichst jedoch auf 1,5 Grad im Vergleich zum vorindustriellen Zeitalter zu begrenzen. Das Pariser Abkommen wurde frenetisch gefeiert, aber auch scharf kritisiert. Zwar ist das Abkommen ein wichtiger Referenzpunkt für die weltweiten Klimakämpfe, doch folgten aus der Einigung bislang keine wirklich konkret bindenden Maßnahmen.[80] Außerdem fehlen im Abkommen jegliche Sanktionsmechanismen. Seit Paris stockt der globale Ausstieg aus den fossilen Energieträgern Kohle, Erdöl und Erdgas, an vielen Orten ist die Förderung sogar noch weiter intensiviert worden. Zwischen 2015 und 2019 haben die G20-Staaten fossile Energie und Infrastruktur mit rund 3,3 Billionen US-Dollar (2,5 Billionen Euro) subventioniert. Der Krieg in der Ukraine und die zögerlichen und viel zu langsamen Schritte, die Abhängigkeit von russischem Öl und Gas zu reduzieren, zeigen, wie unentwirrbar die kapitalistische Wirtschaft und somit auch die Staatsapparate mit dem fossilen Sektor verwoben sind. Über 80 Prozent des Weltenergiebedarfs werden nach wie vor durch fossile Energieträger gedeckt.[81] Dem Ernst der Lage werden die Maßnahmenpakete der Regierungen trotz Bekenntnis zur Einhaltung des 1,5-Grad-Limits auf internationaler Ebene nicht gerecht. Klimagipfel um Klimagipfel verstreicht, ohne dass sich substanziell etwas ändert.

Die Mast als eigene Schlankheitskur erleben

Wir haben es mit einem fossilistischen System zu tun, das tief in unsere Wirtschaftsstrukturen und unsere Konsumgewohnheiten eingegraben ist. Aufgrund der Externalisierung der sozial-ökologischen Kosten sind die enorm schädlichen Auswirkungen der fossilen Wirtschaft im globalen Norden kaum spürbar. Die Umwelt wird – noch – als mehr oder weniger intakt wahrgenommen und die ergriffenen Maßnahmen werden bisweilen sogar als Erfolg gewertet.

Diese Sichtweise begegnete mir auch im September 2018, als ich für den Österreichischen Rundfunk aus San Francisco vom »Global Climate Action Summit« berichtete, bei dem hochrangige Entscheidungsträger*innen aus Politik, Wirtschaft und Zivilgesellschaft zusammenkamen, um Maßnahmen zur Erreichung der Pariser Klimaziele vorzustellen.[82] San Francisco gehört zu den Städten, die sich Klimaschutz durch verbesserte CO_2-Bilanzen auf die Fahnen geschrieben haben. Bürgermeisterin London Breed, mit der ich während des Gipfels sprach, berichtete mir von den Fortschritten in ihrer Stadt: So sei es gelungen, die Treibhausgasemissionen von San Francisco um 30 Prozent im Vergleich zum Jahr 1990 zu senken, während die Wirtschaft im selben Zeitraum um 111 Prozent gewachsen sei. Die Menge der Abfälle sei um die Hälfte reduziert worden, bei einem gleichzeitigen Bevölkerungsanstieg um 20 Prozent. »Wir wissen, dass man mutige Umweltpolitik mit einer prosperierenden Wirtschaft verbinden kann«, bilanzierte Breed nicht ohne Stolz. Doch ihre Rechnung geht nicht auf, weil sie die Auslagerung von Umweltkosten in andere Erdteile vollkommen ausblendet. Eine Großstadt wie San Francisco verbraucht riesige Mengen Lebensmittel, Textilien, elektronische Geräte, Autos und unzählige andere Konsumgüter. Das hohe Konsumniveau basiert auf dem Raubbau an der Natur und der Ausbeutung von Arbeitskraft in anderen Bundesstaaten oder Ländern. Die Zahlen von Breed mögen stimmen. Aber die Fortschritte gelangen nur durch die Externalisierung der Kosten für Mensch und Natur. Dazu beigetragen hat auch die Tatsache, dass immer mehr Investor*innen mitsamt ihrem Kapital in Länder mit Steuerfreiheit, laxen Umweltgesetzen und billiger Arbeitskraft abgewandert sind.

Gerade bei den CO_2-Emissionen zeigt sich die institutionelle Absicherung der imperialen Lebensweise durch die systematische Externalisierung besonders deutlich. Denn die international anerkannte Berechnungsgrundlage für CO_2-Emissionen ist das sogenannte Territorialprinzip. Würden die Emissionen nach dem Konsumprinzip berechnet, sähen die Ergebnisse ganz anders aus. Dies trifft auch auf Deutschland zu, wo nach dem Territorialprinzip pro Kopf und Jahr rund 13,2 Tonnen Treibhausgase emittiert werden, nach dem Konsumprinzip jedoch 18,3 Tonnen. Ein noch drastischeres Beispiel ist Großbritannien: Zwischen 1990 und 2008/2009, also dem Ausbruch der Wirtschaftskrise, sanken die nach dem Territorialprinzip berechneten Emissionen um 25 Prozent, während die Emissionen, berechnet nach dem Konsumprinzip, um 27 Prozent stiegen.[83] Alfred Kollmeier schreibt deshalb in der Zeitung *Analyse & Kritik*: »Der Kapitalismus in den imperialen Zentren erlebt seine eigene Mast als Schlankheitskur.«[84]

Dabei sind die Emissionen auch innerhalb der reichen Länder extrem ungleich verteilt. Ein relativ kleiner Teil der Menschheit hat sich in den letzten 150 Jahren feudale Emissionsprivilegien geschaffen. Diese historische Ungleichheit der Emissionen verlangt nach ausgleichender Solidarität in Form von globalen Reparationszahlungen. Globale Solidarität ist deshalb notwendig, weil die reichsten zehn Prozent der Menschheit für 52 Prozent, also mehr als die Hälfte, des globalen CO_2-Ausstoßes verantwortlich sind. Das reichste eine Prozent der Menschheit verbraucht allein 15 Prozent, während die ärmere Hälfte der Weltbevölkerung nur für sieben Prozent verantwortlich ist.[85] Der individuelle CO_2-Ausstoß korreliert mit Einkommen und Vermögen – es ist eine Art CO_2-Adel entstanden.

Ein Punkt, der bei der Debatte rund um die Klimazerstörung oft unterbelichtet bleibt, ist die Rolle des militärisch-industriellen Komplexes. Der Angriffskrieg der russischen Armee auf die Ukraine im Februar 2022 zeigte ein weiteres Mal, dass ohne die hohen Einnahmen aus der Erdöl- oder Erdgasförderung viele Kriege in dieser Form wohl gar nicht finanzierbar wären. Die Forderung, fossile Energieträger dort zu belassen, wo sie sind, nämlich unter der Erde, ist somit stets auch eine friedenspolitische Forderung.

Die Klimakrise ist aufs Engste mit rassistischen Ausschlüssen verknüpft, die ich bereits beschrieben habe. Die verbleibenden Wohlstandsinseln werden zunehmend mit militärischer Gewalt vor Kriegsflüchtlingen, Armutsmigrant*innen und den Betroffenen der Erderhitzung abgeschottet. Jedes Jahr sterben Tausende Menschen auf ihren Fluchtrouten nach Europa oder in die USA.[86] Unsere Aufgabe in den solidarischen Bewegungen besteht darin, im öffentlichen Diskurs stets klarzumachen, dass nicht die Flüchtenden die Bedrohung darstellen, sondern die Umwelt- und Klimakrise selbst – verursacht durch eine zerstörerische Lebens- und Produktionsweise.[87] Wir müssen solidarische Wege aus der Krise finden, die niemanden zurücklassen.

2 Globale Solidarität gestern und heute

Im ersten Kapitel habe ich versucht, einige wichtige Aspekte der sozial-ökologischen Krise zu skizzieren. Die Dringlichkeit zu handeln ist unübersehbar. Ich möchte mich im Folgenden der Geschichte der Solidaritätsbewegungen zuwenden. Denn das Lernen aus der Geschichte dieser Bewegungen ist ein wichtiger Schlüssel zur Entwicklung von tragfähigen Strategien für das Jahrhundertprojekt der sozial-ökologischen Transformation. Die Missstände, von denen im ersten Kapitel die Rede war, werden seit langer Zeit von einer Vielzahl von Bewegungen bekämpft. Diese Bewegungen leisten Widerstand gegen Ausbeutung, Unterdrückung und Umweltzerstörung und schaffen praktische Alternativen. Die Kämpfe um Befreiung und für den Erhalt unserer Lebensgrundlagen verlaufen jedoch nicht linear, sondern sind stets von Fortschritten und Rückschlägen geprägt. Immer wieder sind neue Anläufe nötig.

Wenn wir von globaler Solidarität sprechen, erfinden wir das Rad also nicht neu. Im Gegenteil: Wir stehen auf den Schultern von Gigant*innen. Viele Generationen haben sich unter der Erbringung großer Opfer für weltumspannende Gerechtigkeit eingesetzt, sei es in mutigen, mitunter heroischen Kämpfen, sei es in alltäglichen, kaum sichtbaren Handlungen, die in ihrer Mannigfaltigkeit für die Nachwelt kaum rekonstruierbar sind.

Der Blick in die Geschichte ist auch deshalb so wichtig, weil wir uns damit der Frage annähern, welche Strategien zielführend waren und welche Ansätze aus welchen Gründen gescheitert sind. Wir können auf diese Weise ein besseres Verständnis für die Möglichkeiten und Grenzen von globalen Solidaritätsbewegungen entwickeln.

Auch in diesem Zusammenhang strebe ich mit meiner Darstellung keine Vollständigkeit an. Es geht um exemplarische Schlaglichter. Zu Beginn werde ich mich mit den internationalen Arbeiter*innenvereinigungen beschäftigen, deren Ursprünge einander zwar verwandt sind, die sich jedoch in unterschiedlichen, zum Teil in konträren und einander bekämpfenden Strömungen entwickelt haben. Zweitens möchte ich einen Blick auf die Geschichte der globalen Befreiungsbewegungen und Solidaritätsbewegungen nach dem Zweiten Weltkrieg werfen. Drittens möchte ich einige Thesen zur Wiederbelebung und Weiterentwicklung globaler Solidaritätsarbeit vorstellen und mich dann abschließend mit dem Begriff der Solidarität auseinandersetzen. Vieles kann hier nicht behandelt werden: Praxen und Motivationen von basisorientierten Solidaritätsbewegungen werden in diesem Kapitel nur am Rande gestreift. Die Etablierung von völkerrechtlichen Normen und transnationalen Organisationen wie des Völkerbunds oder der Vereinten Nationen, die sicherlich nicht ohne starke, auf globale Solidarität gerichtete politische Bewegungen denkbar sind, werden hier auch nicht behandelt. Im vierten Kapitel, in dem ich unter anderem über Lieferkettengesetze spreche, werde ich allerdings einige Aspekte globaler Institutionen genauer beleuchten.

Schafft ein, zwei, viele Internationalen?

Während im Zuge der Französischen Revolution zum ersten Mal der Anspruch formuliert wurde, dass alle Menschen frei und gleich an Rechten sind, blieben bestimmte Gruppen ausgeschlossen. Es waren die aufständischen Sklav*innen unter der Führung von Toussaint Louverture, die Ende des 18. Jahrhunderts in Haiti für eine antikoloniale und antirassistische Ausweitung der Errungenschaften der Französischen Revolution kämpften und an das uneingelöste Versprechen der Revolutionär*innen erinnerten.[1] Die Revolutionär*innen von Haiti waren wichtige ideelle Vorläufer der antikolonialen Befreiungsbewegungen des 20. Jahrhunderts. Doch auch in den metropoletanen Zentren wurden die in der Französischen Revolution proklamierten Prinzipien von Freiheit, Gleichheit und Solidarität nicht verwirklicht. Frauen blieben davon weitgehend ausgeschlossen. Es dauerte fast eineinhalb Jahrhunderte, bis das Frauenwahlrecht zum ersten Mal auf breiter Basis erkämpft werden konnte. *Freiheit* war in der Praxis die Freiheit der (männlichen) Kapitaleigner. *Gleichheit* und *Solidarität* blieben weitgehend auf der Strecke.

Die Arbeiter*innenbewegungen traten im 19. Jahrhundert mit dem Anspruch an, eine Reihe von nicht verwirklichten Ideen der Französischen Revolution in die Praxis umzusetzen. Sie waren von der Überzeugung geleitet, dass sich die normativen Forderungen der Französischen Revolution nur widerspruchsfrei verwirklichen lassen, wenn »die individuelle Freiheit nicht als eine private Interessenverfolgung, sondern als ein solidarisches Sich-Ergänzen etabliert werden kann«, wie es Axel Honneth formuliert.[2] Globale Solidarität wurde zu einem zentralen Kampfmotiv und -ziel. Der erste praktische Versuch, die Arbeiter*innenbewegung zu internationalisieren, bestand in der Gründung der Internationalen Arbeiterassoziation, die heute als Erste Internationale bekannt ist. Im Jahr 1864 auf Initiative von Karl Marx gegründet, war sie der Grundstein für eine Vielzahl zukünftiger, auf Emanzipation und Befreiung abzielender globaler Bewegungen.[3]

Die Erste Internationale war stark durch die Orientierung auf gewerkschaftliche Aktionen geprägt – sie organisierte Streiks oder vermittelte Streikgelder. Kaum zehn Jahre nach ihrer Gründung verlor sie aufgrund der Differenzen zwischen anarchistischen und kommunistischen Strömungen an Relevanz und löste sich schließlich 1876 auf. Ein weiterer wesentlicher Grund für das Scheitern der Ersten Internationale war, dass der wichtigste

Aufstandsversuch in Westeuropa zu jener Zeit, die Pariser Kommune, 1871 blutig niedergeschlagen wurde. Die radikaldemokratischen gewerkschaftlichen Bewegungen und die frühen Arbeiter*innenparteien wurden verfolgt und zerschlagen.[4]

Nach dem Ende der Ersten Internationale wurde sechs Jahre nach dem Tod von Karl Marx am 20. Juli 1889 in Paris die Zweite Internationale gegründet. Das Datum war nicht zufällig genau 100 Jahre nach dem Beginn der Französischen Revolution gewählt; in der Tradition der Zweiten Internationale steht die noch heute existierende Sozialistische Internationale.[5] Sie stellte den Versuch einer Wiedergründung dar und entstand infolge eines erneuten Aufschwungs der Arbeiter*innenbewegungen in den Industriestaaten sowie in den sich industrialisierenden Ländern Ende der 1880er-Jahre. In der Zweiten Internationale zeigte sich, dass sich die Arbeiter*innenbewegungen gewissermaßen nationalisierten: Denn in einzelnen Ländern gelangten sie zum ersten Mal in die parlamentarischen Vertretungen – wenn auch zu Beginn sehr stark gebremst durch das restriktive Wahlrecht. Bald aber konnten erste konkrete Reformerfolge in nationalstaatlichem Rahmen erzielt werden. Für diese politischen Prozesse war die Zweite Internationale während zwei Jahrzehnten ein wichtiger Debattenraum.

Doch bald darauf spitzte sich die imperiale Konkurrenz zwischen den europäischen Großmächten zu – das Säbelrasseln wurde immer lauter. Der Zweiten Internationale gelang es nicht, die Arbeiter*innenbewegungen zu vereinen – sie zerbrach am Ausbruch des Ersten Weltkriegs.

Der Sündenfall der deutschen Sozialdemokratie, die Zustimmung zu den Kriegskrediten für das deutsche Kaiserreich 1914, begrub jegliche Perspektive für globale Solidarität. Bis heute wirkt dieses Trauma nach. Zwar wurde die Sozialistische Internationale nach den Massakern des Ersten Weltkriegs 1923 neu gegründet, dies aber bereits unter Ausschluss der anarchistischen Strömungen und mit einem riesigen Verlust an Glaubwürdigkeit aufgrund der nationalistischen Wendung, insbesondere der deutschen Sozialdemokratie.

Nach der Katastrophe des Zweiten Weltkriegs und des Zivilisationsbruchs durch die Massenvernichtung im Faschismus wurde die (zweite) Sozialistische Internationale 1951 ein drittes Mal neu gegründet und umfasst heute 168 Parteien. Zwar gab es in der Nachkriegszeit einige Momente, in denen die Sozialistische Internationale einen gewissen Einfluss auf das politische Geschehen entwickeln konnte. So beispielsweise auf der iberischen Halbinsel beim Übergang von den spätfaschistischen Diktaturen hin zu demokratischen Regierungen oder Anfang der 1970er-Jahre bei der Unterstützung des sozialistischen Präsidenten Salvador Allende in Chile. Neben vielen anderen ist es auch Jean Ziegler zu verdanken, dass afrikanische sozialistische Parteien und Befreiungsbewegungen an die Sozialistische Internationale andocken konnten und zum Teil Gehör fanden.

In den 1980er- und 1990er-Jahren verlor die Sozialistische Internationale aber dramatisch an Bedeutung. So ließ die SPD ab 2013 ihre Mitgliedschaft faktisch ruhen und reduzierte ihren Beitrag von 100.000 auf 5.000 Britische Pfund. Auch die Britische Labour Party beschloss im selben Jahr, nur mehr einen Beobachterstatus einzunehmen. Mit der Progressive Alliance wurde zudem eine explizite Konkurrenzorganisation gegründet. All das führte dazu, dass die Sozialistische Internationale heute keine auch nur annähernd relevante Kraft für globale Solidarität ist. Niemand ruft sie an, niemand nimmt sie als wichtigen Akteur wahr.

Als die europäischen Arbeiter*innen 1914 die Waffen aufeinander richteten, traf sich ein Jahr später, im September 1915, im schweizerischen Ort Zimmerwald in der Nähe von Bern im Hotel »Beau Séjour« eine Gruppe von Revolutionär*innen. Die nur 37 Teilnehmer*innen aus zwölf Ländern beschlossen, die Kriegstreiberei, die von den Sozialdemokrat*innen mitgetragen wurde, nicht länger hinzunehmen. Doch auf der Konferenz traten massive Differenzen zwischen einem pazifistischen und einem radikalen Flügel zutage. Letzterer, mit Lenin an der Spitze, wollte den Weltkrieg durch einen revolutionären Sturz der kriegführenden Regierungen beenden. »Retournez les fusils«, also »dreht die Gewehre um«, war ihr Kampfspruch: Das Proletariat solle die Waffen gegen seine eigenen Unterdrücker*innen richten anstatt gegen die Soldat*innen fremder Armeen.[6]

Zwei Jahre später gelang in Russland die Revolution, wiederum zwei Jahre danach wurde in Moskau die Dritte Internationale gegründet, besser bekannt als Kommunistische Internationale oder kurz Komintern – gleichsam als radikaler Gegenentwurf zur sozialdemokratisch geprägten Sozialistischen Internationale.

Als Lenin am Abend des 2. März 1919 im Moskauer Kreml den Ersten Weltkongress der Kommunistischen Internationalen eröffnete, erhoben sich die Anwesenden zunächst im Gedenken an Rosa Luxemburg und Karl Liebknecht von ihren Plätzen. Nur eineinhalb Monate zuvor waren die beiden in Deutschland ermordet worden. Lenin hoffte auf eine Revolution in den kapitalistischen Zentren Deutschland und England als Türöffner für weitere Schübe revolutionärer Bewegungen rund um den Globus. Dieser Erwartung entsprechend sollte der Sitz der Komintern bald nach Westeuropa verlegt werden. Doch es kam ganz anders. In den ersten 15 Jahren entwickelte sich die Komintern zwar äußerst dynamisch: Knapp zehn Jahre nach ihrer Gründung versammelte sie 40 Parteien mit insgesamt 1,6 Millionen Mitgliedern. Im Jahr 1935 waren es bereits 61 Parteien mit 3,1 Millionen Mitgliedern.

Die Schweizer Historikerin Brigitte Studer hat mit ihrem Buch *Reisende der Weltrevolution* eine umfangreiche und eindrucksvolle Studie über die Komintern vorgelegt. Nach ihrer Einschätzung war die Komintern der

> »erste Versuch nicht nur einer straff organisierten antikapitalistischen Revolution, sondern einer zugleich globalen

> antikolonialistischen, antirassistischen und antiimperialistischen Politik. Nach dem Ersten Weltkrieg bot sie den verschiedenen nationalen Befreiungsbewegungen in den kolonialen und […] ›semikolonialen‹ Ländern eine Befreiungsideologie, aber vor allem organisationale, personale und materielle Ressourcen.«[7]

Denn die Komintern war keineswegs nur auf Europa beschränkt. Es handelte sich tatsächlich um einen authentischen und dynamischen globalen revolutionären Zusammenhang. Ihr gehörte auch eine Vielzahl an Kämpfer*innen aus dem globalen Süden an, beispielsweise Manabendra Nath Roy, den Lenin einmal »den orientalischen Marx« nannte. Oder George Padmore, dessen Buch *Afrika unter dem Joch der Weißen* auch im deutschsprachigen Raum große Verbreitung fand. Neben dem westeuropäischen Sekretariat in Berlin gab es das »Ost-Büro« in Irkutsk sowie temporäre Büros, beispielsweise in Taschkent. Komintern-Angestellte wurden an verschiedene Orte der Welt geschickt, um Informationen zu sammeln, Aktivist*innen zu mobilisieren, kommunistische Parteien zu gründen, Gewerkschaften zu beeinflussen oder aufzubauen, Zeitungen zu publizieren oder Geld zu transferieren.

Zur Komintern gehörten beeindruckende Persönlichkeiten wie beispielsweise Tina Modotti, die auch als Fotografin und Model Bekanntheit erlangte. Sie war in Mexiko und Russland für die Komintern aktiv, bevor sie in Spanien de facto die Rote Hilfe leitete. Eine weitere wichtige Komintern-Mitarbeiterin war Luise Geissler, die im Alter von 20 Jahren in der Münchner Räterepublik aktiv war, dann ausgewiesen wurde und später im Komintern-Auftrag in Russland, in den USA und China wirkte. Sie gehört zu den zahlreichen Frauen in der Komintern, deren Bedeutung noch immer unterbewertet wird, die aber für das Funktionieren der Organisation unverzichtbar waren. Brigitte Studer schreibt:

> »Mit seiner in der Komintern verkörperten emanzipatorischen und internationalistischen Weltsicht lieferte der Kommunismus vielen sozialen Gruppen (insbesondere den Arbeitern, aber auch den Frauen, Schwarzen und Jugendlichen) Identitäts-, Deutungs- und Handlungsangebote.«[8]

Die Gründung der Komintern traf also gewissermaßen den Nerv der Zeit. Die Anfangsjahre der Bewegung bieten auch zahlreiche Anknüpfungspunkte für globale Solidaritätsbewegungen von heute. Denn die Beteiligung war zu Beginn durchaus divers und plural. Brigitte Studer schreibt:

> »Am 2. Weltkongress der Komintern, der im Juli–August 1920 in Moskau zusammentrat, wollte außer den rechten Sozialdemokraten keine Kraft der Arbeiterbewegung fehlen oder wenigstens als Beobachterin dabei sein. Es kamen radikale Linke, antikolonialistische ›Terroristen‹, Feministinnen sowie Mitglieder nationaler Befreiungsbewegungen und anarchistischer Gruppen. 1920 war noch die Zeit der Verzauberung oder anders formuliert: der utopischen Sehnsucht nach Weltrevolution.«[9]

Wie bedeutend die Komintern war, lässt sich auch an dem Umstand ablesen, dass nach aktuellem Forschungsstand mindestens 30.000 Personen auf der ganzen Welt in der einen oder anderen Form zumindest eine Zeit lang für die Organisation arbeiteten.[10]

Während der Herrschaft Stalins wurde die Komintern rasch zum Instrument des sowjetischen Staates. Ein riesiges Projekt globaler Solidarität ging im Terror unter. Im dritten Kapitel werde ich mich den Hintergründen für das Scheitern der Russischen Revolution genauer widmen. Denn der stalinistische Terror steht exemplarisch für die krassesten und gewaltvollsten Irrungen ursprünglich emanzipatorischer und auf globale Solidarität zielender politischer Bewegungen.

Am 15. Mai 1943 löste Stalin die Komintern als Zugeständnis an die westlichen Alliierten sang- und klanglos auf. Jeglicher Anspruch, die Weltrevolution zu verwirklichen, war längst verschwunden. Von den rund 320 Komintern-Mitgliedern, die Brigitte Studer in ihrem Buch erwähnt, fand nahezu ein Drittel einen gewaltsamen Tod. Die Mehrheit von ihnen, genau genommen 58 Personen, kam vor 1945 in den stalinistischen Säuberungen um.[11]

Während die Komintern Schritt für Schritt unter die Räder des Stalinismus geriet und immer mehr Kader ermordet wurden, wurde am Vorabend des Zweiten Weltkriegs, am 3. September 1938, die antistalinistische Vierte Internationale gegründet. Dieser Zusammenschluss ging aus der von Leo Trotzki initiierten und geführten Internationalen Linken Opposition innerhalb der Komintern hervor. Ausgehend vom Konzept der »permanenten Revolution« hielt sie im Gegensatz zu Stalin am Ziel der Weltrevolution fest – zumindest dem Anspruch nach.

Trotzkistische Strömungen und Organisationen spielten in verschiedenen Ländern und zu verschiedenen Zeitpunkten trotz ihrer relativen Marginalität eine signifikante Rolle im politischen Geschehen – zum Beispiel in Großbritannien und Frankreich, aber auch in Ländern wie Sri Lanka, Bolivien oder Argentinien.[12] Formell existieren Nachfolgeorganisationen der Vierten Internationale ebenso wie die Sozialistische – Zweite – Internationale noch heute. Im Gegensatz zur Zweiten Internationale repräsentiert sie zwar keine Parteien, die im kapitalistischen Normalbetrieb aufgegangen sind. Doch auch ihre Bedeutung ist äußerst begrenzt. Die Vierte Internationale ist heute in verschiedene Fraktionen aufgesplittert und nur in sehr eingegrenzten subkulturellen Politmilieus aktiv.

Neben den vier internationalen sozialistischen bzw. kommunistischen Arbeiter*innenassoziationen war in der Zwischenkriegszeit die anarchosyndikalistische Internationale Arbeiter*innen-Assoziation (IAA) mit deutlich mehr als einer Million Mitgliedern unter der Führung der spanischen Anarchist*innen eine bedeutsame Kraft für solidarische Ansätze. Nicht nur der sich ausbreitende Faschismus schwächte die anarchistischen Organisationen maßgeblich: Auch hier hatte Stalin wesentlichen Anteil an der Verfolgung und Liquidierung ihrer Kader.

Die verschiedenen Internationalen des 19. und 20. Jahrhunderts sind heute entweder verschwunden oder nahezu bedeutungslos. Und dennoch: Die Arbeiter*innenbewegungen, aus denen sie hervorgegangen sind, haben einen zentralen, kaum zu überschätzenden Beitrag dazu geleistet, dass an den Werten Freiheit, Gleichheit und Solidarität festgehalten wurde und dass sie in manchen Ländern in einklagbare Rechte gegossen und somit auch teilweise verwirklicht werden konnten.[13] Errungenschaften wie die Begrenzung der Arbeitszeit, das Frauenwahlrecht oder Gewerkschaftsfreiheit erscheinen uns heute in den meisten Ländern des globalen Nordens als Selbstverständlichkeit. Diese Normen wurden aber unter der Erbringung großer Opfer erkämpft. Nicht nur Parteien hatten daran ihren Anteil. Ab Ende des 19. Jahrhunderts organisierten sich Arbeiter*innen auch über ihre Fachgewerkschaften transnational und richteten Büros ein. Im Jahr 1913 wurde die International Federation of Trade Unions (IFTU) gegründet, nach dem Zweiten Weltkrieg gruppierten sich die großen internationalen Verbände in einer westlich orientierten und einer staatssozialistisch orientierten Organisation. Parallel dazu existieren die internationalen Gewerkschaftssekretariate, also die Zusammenschlüsse von einzelnen Branchenverbänden und Vertretungen von Berufsgruppen. Das berühmteste dieser Gewerkschaftssekretariate ist die IndustriAll Global Union mit Sitz in Genf. In ihr sind etwa 50 Millionen Mitglieder in insgesamt 197 Einzelgewerkschaften organisiert.

Ein entscheidender Gradmesser für den Erfolg der verschiedenen Internationalen war stets die Frage, inwieweit auch Frauen in ihnen eine aktive Rolle spielen konnten und inwieweit patriarchale Muster in ihren Organisationsformen überwunden wurden. Bereits 1868, also vier Jahre nach der Gründung der Ersten Internationale, wurde die Internationale Frauenassoziation gegründet. Ihre Ziele waren neben der Emanzipation von Frauen aus allen sozialen Klassen das allgemeine Wahlrecht, gleiche Bezahlung, Zugang zu Bildung und vieles mehr. Dabei saßen Frauen, die sich für Selbstbestimmung, Emanzipation und gleiche Rechte einsetzten, oftmals zwischen den Stühlen, wie die Historikerin Susan Zimmermann betont. Denn in der internationalen Arbeiter- und Gewerkschaftsbewegung sahen sie sich einer sehr stark männerdominierten Organisationsform und politischen Ausrichtung gegenüber. In den Organisationen der klassenübergreifenden Frauenbewegung, in denen Fraueninteressen im Zentrum standen, waren sie wiederum aufgrund ihrer Parteinahme für die Interessen der arbeitenden Frauen marginalisiert.[14]

Auch in der Dritten Internationale – der Komintern – wurden bei Weitem nicht alle Ungleichheiten beseitigt, wie die Historikerin Brigitte Studer betont. So seien oftmals die technischen und administrativen Aufgaben Frauen zugeteilt worden, während die politischen Aufgaben Männer übernahmen. Trotz aller Programmatik der Gleichberechtigung wurden also Frauen auch in der Dritten Internationale keine verantwortungsvollen Positionen überlassen. In dieser Hinsicht, so Studer, seien die Komintern-Mitglieder sehr stark Repräsentant*innen der bürgerlichen Epoche geblieben.

Die Frauenbewegungen innerhalb der verschiedenen Internationalen waren von Beginn an auch stets Friedensbewegungen. Der Internationale Frauentag entstand in erster Linie als Kampftag für das Frauenwahlrecht aus der Initiative sozialistischer Organisationen wenige Jahre vor Ausbruch des Ersten Weltkriegs. Er fand zum ersten Mal am 19. März 1911 statt. Im Jahr 1921 wurde das Datum dann durch einen Beschluss der zweiten internationalen Konferenz kommunistischer Frauen im Rahmen des Treffens der Komintern in Moskau auf den 8. März gelegt. Es gibt drei historische Ereignisse, die – je nach Quelle – als Grund für die

Wahl dieses Datums genannt werden: Am 8. März 1857 streikten Textilarbeiterinnen in New York. Als am 8. März 1908 ein weiteres Mal New Yorker Textilarbeiterinnen in den Streik traten, wollten die Fabrikbesitzer und Aufseher die Solidarisierung anderer Abteilungen verhindern und sperrten die Streikenden ein; ein Feuer brach aus und mehr als 100 Frauen starben. Am 8. März 1917 – nach dem russischen (julianischen) Kalender der 23. Februar – streikten Arbeiterinnen in St. Petersburg. Dieses Datum gilt heute als Beginn der sogenannten Februarrevolution.

All diese historischen Eckpfeiler sind für soziale Bewegungen rund um den Globus auch heute noch von großer Bedeutung. Dabei geht es aber nicht um das museale Feiern vergangener Kämpfe, sondern vielmehr darum, die Bedingungen ausfindig zu machen, unter denen globale solidarische Vernetzungen heute sinnvoll sind. Natürlich sollte die Rolle, die organisierte Zusammenhänge bei gesellschaftlichen Veränderungsprozessen spielen können, nicht überschätzt werden – denn oftmals sind es die zähen und beharrlichen tagtäglichen Aktionen von nicht formell organisierten Menschen sowie spontane Bewegungen und Protestzyklen, die mehr in Bewegung bringen als die jahrelange disziplinierte und hartnäckige Arbeit formeller Organisationen. Dies betont auch David Featherstone in seiner Geschichte der verborgenen Internationalismen. Er begreift Solidarität nicht nur als Verknüpfung von bereits Bestehendem, sondern als verändernde Verbindung (»transformative relation«) und betont auf diese Weise ihren offenen, prozesshaften Charakter.[15]

Und dennoch: Globale Zusammenschlüsse von Arbeiter*innen, Bäuer*innen, feministischen Gruppen, Befreiungsbewegungen, Umwelt- und Klimabewegungen und vielen anderen bilden bis heute eine wichtige Grundlage für soziale Veränderungen. Dass diese internationalistische Praxis aber anders aussehen muss, als wir sie aus der Geschichte der Arbeiter*innenbewegung kennen, betont Boris Kanzleiter von der Rosa-Luxemburg-Stiftung:

»Vor dem Hintergrund der bestehenden sehr heterogenen Akteurslandschaft scheint es nicht sinnvoll zu sein, die Gründung einer ›5. Internationale‹ anzustreben, die den Anspruch hat, eine ›Weltpartei‹ zu bilden. Die homogenisierende Forderung nach einer ›Weltpartei‹ widerspricht dem politischen Anspruch nach Dezentralität, Selbstbestimmung und Partizipation, den die meisten sozialen Emanzipationsbewegungen artikulieren.«[16]

Vielmehr sollte es darum gehen, so Kanzleiter, »zwei, drei, viele neue Internationalen«, zu schaffen. Denn in den sozialen Bewegungen rund um den Globus kämpfen Millionen Menschen gegen die Ideologie der »freien Märkte«, die das Recht des Stärkeren durchsetzen wollen und Millionen Menschen in Not und Elend stürzen. Sie kämpfen gegen patriarchale und rassistische Zumutungen und gegen Umwelt- und Klimazerstörung. Es handelt sich um die konkreten und widersprüchlichen Bewegungen, die das Ziel verfolgen, »alle Verhältnisse umzuwerfen«, wie Karl Marx es formulierte, »in denen der Mensch ein erniedrigtes, ein geknechtetes, ein verlassenes, ein verächtliches Wesen ist«.[17]

Die Absage an eine Fünfte Internationale enthebt uns aber nicht der Frage, wie es gelingen kann, dass die vielfältigen Bewegungen, die heute für globale Solidarität einstehen, ihre Kräfte bündeln und ihre Forderungen nach einer umfassenden sozialökologischen Transformation in bleibende Erfolge ummünzen können. Im vierten Kapitel möchte ich mich dieser Frage näher widmen.

Notizen zur Nord-Süd-Solidarität nach dem Zweiten Weltkrieg[18]

Die Geschichte der Internationalismusbewegungen, die nach dem Zweiten Weltkrieg entstanden sind, ist heute weitgehend in Vergessenheit geraten. Umso wichtiger ist es, sich genauer mit ihr zu beschäftigen. Denn aus ihr sind viele soziale Bewegungen, die heute aktiv sind, hervorgegangen – unter anderem jene transnational orientierten Zusammenhänge, die auch in der Umwelt- und Klimabewegung sowie in den antirassistischen Bewegungen eine wichtige Rolle spielen. Orientierung kann der leider viel zu früh verstorbene Autor Josef (Moe) Hierlmeier geben, der in einem kleinen Bändchen die Geschichte der Internationalismusbewegungen zwischen den 1960er- und 1990er-Jahren rekonstruiert hat.[19]

1968 ist die Chiffre für den Aufbruch der neuen Solidaritätsbewegungen. Oft werden die Bewegungen rund um das Jahr 1968 auf die Revolten der Studierenden in Paris oder Frankfurt reduziert. Doch viel prägender für diesen Zeitraum waren die globalen antikolonialen Befreiungsbewegungen, die bereits nach dem Zweiten Weltkrieg entstanden sind: Im April 1955 fand in der indonesischen Stadt Bandung die erste Asiatisch-afrikanische Konferenz statt. Im Januar 1966 folgte in Havanna die Trikontinentale-Konferenz, die mit Delegierten aus 82 Ländern all jene Bewegungen Afrikas, Asiens und Lateinamerikas versammelte, die kurz zuvor die Unabhängigkeit erlangt hatten oder sich noch immer im antikolonialen Kampf befanden. Der erste Präsident der Trikontinentale, der marokkanische Gewerkschaftsführer Ben Barka, war wenige Monate zuvor in Paris entführt und ermordet worden. Die Umstände seines Todes sind bis heute nicht aufgeklärt, obwohl die Vermutung naheliegt, dass Ben Barka von französischen und marokkanischen Geheimdiensten umgebracht wurde. Nach der Befreiung vom französischen Kolonialjoch war die algerische Hauptstadt Algier in den 1960er-Jahren Anziehungspunkt für Revolutionär*innen weltweit. Die Black Panthers brachten ihre von der Verhaftung bedrohten Kader hierher, Vertreter*innen zahlreicher Befreiungsbewegungen aus aller Welt versammelten sich in der Stadt. Was Moskau zu Beginn der 1920er-Jahren war, war Algier in den 1960er-Jahren. Hier wurde nicht nur die panafrikanische Idee mit Leben gefüllt, vielmehr sollten mittels globaler Solidarität Kolonialismus, Rassismus und Unterdrückung ein für alle Mal aus der Welt geschafft werden. Von hier aus, so schien es, würde nun der gesamte afrikanische Kontinent – und wer weiß, vielleicht alle Länder des globalen Südens – dekolonisiert werden. Im fünften Kapitel werde ich mich exemplarisch mit einem dieser antikolonialen Befreiungskämpfe auseinandersetzen, nämlich dem Unabhängigkeitskampf im Kongo.

Die Solidarität mit antikolonialen Befreiungsbewegungen, die spätestens mit dem Algerienkrieg Ende der 1950er-Jahre an Dynamik gewann, spielte mindestens 30 Jahre lang eine wichtige Rolle in den internationalistischen Basisbewegungen. Solidarisches Engagement ging außerdem nicht unwesentlich von postkolonialen antikapitalistischen Ländern wie Kuba aus, ebenso wie von der Sowjetunion und China – dies eingebettet in geostrategische Hegemoniekämpfe im Kalten Krieg, mitunter also auch mit zweifelhaften Motiven. In der Zivilgesellschaft am vergleichsweise breitesten verankert waren die Solidaritätsaktionen gegen den Militärputsch in Chile, für den Aufbau des sozialistischen Projekts in Nicaragua oder die diversen (Boykott-)Kampagnen gegen das südafrikanische Apartheidsregime in den 1980er-Jahren. Transnationale Solidaritätsnetzwerke mit Arbeiter*innen, Bäuer*innen und Marginalisierten in Ländern des globalen Südens haben indes nach dem Jahr 1989, also nach dem Ende der Blockkonfrontation, immens nachgelassen – dies gilt insbesondere für den afrikanischen Kontinent. Solidarität verwandelte sich weitgehend in karitatives Handeln. Umso erfreulicher ist es, dass sich das Blatt allmählich zu wenden scheint. So sind in den vergangenen Jahren mehrere Kontakte und Kooperationen zwischen sozial-ökologischen Basisinitiativen in Afrika und Europa entstanden – auf eine dieser Initiativen, das Netzwerk Afrique-Europe-Interact, werde ich im fünften Kapitel näher eingehen.

Zu keinem Zeitpunkt waren die Internationalismusbewegungen in den westlichen Ländern in der zweiten Hälfte des 20. Jahrhunderts ein homogenes Gebilde:[20] Stets gab es unterschiedliche, sich vielfältig überlappende Gruppierungen – von moskautreuen Traditionskommunist*innen über kirchliche Initiativen bis hin zu autonomen oder sozialrevolutionären Strömungen. Wichtige Bündelungspunkte im deutschsprachigen Raum waren lange Zeit die Zeitung des Informationszentrum Dritte Welt *iz3w* sowie der Bundeskongress Internationalismus (BUKO), der 1977 gegründet wurde und damit eines der ältesten internationalistischen Basisnetzwerke in Deutschland ist.

Trotz aller Fortschritte, die linke Bewegungen und Parteien in Ländern des globalen Südens erreichen konnten, muss dennoch zur Kenntnis genommen werden, dass es in verschiedenen Ländern, in die die Internationalismusbewegungen große Hoffnungen gesetzt hatten, zu monströsen Fehlentwicklungen gekommen ist: So wurde etwa in den 1970er-Jahren in Ländern wie Kambodscha oder Äthiopien hinreichend deutlich, wozu scheinbar progressiv ausgerichtete Befreiungsbewegungen in der Lage sind – oft schon während des Befreiungskampfes, spätestens aber nach Erlangung der staatlichen Macht: Vormalige emanzipatorische Bewegungen verwandelten sich in Terrorapparate. Frantz Fanon, der nicht zuletzt als Theoretiker der Algerischen Revolution in die Geschichte eingegangen ist, scheint mit seiner Kritik an den postkolonialen nationalistischen Eliten die Gefahren solcher Verirrungen bereits zu Beginn der 1960er-Jahren vorweggenommen zu haben.

Viele weitere Beispiele für in den letzten Jahrzehnten weitgehend gescheiterte Versuche, in Ländern des globalen Südens durch Erringung der Staatsmacht die Gesellschaft grundlegend zu verändern, verdeutlichen, dass sich Akteur*innen globaler Solidarität heute aus guten Gründen verstärkt an Basisbewegungen orientieren. Parolen für den »Sieg im Volkskrieg« sind passé. Der Begriff der transnationalen oder globalen Solidarität stellt einen Versuch dar, die alleinige Fokussierung auf die Erringung der Regierungsmacht zu überwinden, die im Begriff der »internationalen Solidarität« angelegt ist. Transnationale oder globale Solidarität legt den Fokus auf die weltweite Vernetzung zivilgesellschaftlicher Gruppierungen und sozialer Basisinitiativen, die den nationalstaatlichen Rahmen als wichtigstes normatives Gerüst infrage stellen.

Linke Regierungsprojekte sollten solidarisch, aber kritisch begleitet werden. Dieter Müller, langjähriger Mitarbeiter von medico international und zuständig für Projekte in Zentralamerika, kritisiert, dass europäische Solidaritätsbewegungen etwa in Bezug auf Nicaragua viel zu lange die Augen verschlossen hätten, auch als die sandinistische Regierung bereits systematisch Frauenrechte unterdrückte, die politische Macht in einer kleinen Clique bündelte und Oppositionelle verfolgte.[21]

Mit den spektakulären Protesten von Seattle im November und Dezember 1999 gegen die Ministerkonferenz der Welthandelsorganisation (World Trade Organization, WTO) begann ein neuer Zyklus sozialer Proteste gegen die zerstörerischen Auswirkungen der neoliberalen Globalisierung. Ohne den Aufstand der Zapatistas im mexikanischen Chiapas am 1. Januar 1994 sind die Ereignisse von Seattle und die Dynamik der globalisierungskritischen Bewegungen der darauffolgenden Jahre allerdings kaum zu erklären. Wichtig war in dieser Zeit das von den Zapatistas initiierte »Erste Intergalaktische Treffen gegen den Neoliberalismus und für die Menschheit«, das 1996 im lakandonischen Urwald stattfand und an dem rund 3.000 Menschen aus ganz Lateinamerika und Europa teilnahmen. Zahlreiche weitere Treffen und eine wahre Flut an aktivistischen und akademischen Publikationen folgten. Eine *Internationale der Hoffnung* – so der Titel eines damals erschienenen Sammelbands aus dem Jahr 1997 – war entstanden. Im Jahr darauf fand ein zweites intergalaktisches Treffen statt, diesmal an fünf verschiedenen Orten in Spanien. Wieder kamen rund 5.000 Aktivist*innen zusammen, um über basisdemokratische Politikmodelle, linke Perspektiven, bäuerliche Selbstverwaltung, Feminismus, Autonomie in den Städten und vieles mehr zu diskutieren.[22] Diese wichtigen Initiativen zur Globalisierung der Solidarität und das globale Echo, das diese auslösten, kamen nun nicht mehr aus Europa, wie zur Zeit der Ersten bis Vierten Internationale, sondern aus dem globalen Süden.

Dies zeigt auch die Sozialforenbewegung, die als »Internationale« des ersten Jahrzehnts nach der Jahrtausendwende bezeichnet werden kann. Das erste Weltsozialforum tagte im Januar 2001 im brasilianischen Porto Alegre. An ihm nahmen circa 12.000 Menschen und mehr als 1.000 Organisationen von allen Kontinenten teil. Ein halbes Jahr später, im Juli 2001, fand der G8-Gipfel in Genua statt. Dieser wohl wichtigste der zahlreichen Gipfelproteste wurde von brutaler Repression überschattet, bei der der junge Aktivist Carlo Giuliani von einem Polizisten erschossen wurde und Hunderte Personen verletzt wurden. Zum ersten Europäischen Sozialforum im November 2002 in Florenz kamen 50.000 Menschen, an der Abschlussdemonstration, die im Zeichen der Proteste gegen den sich ankündigenden Irakkrieg stand, nahmen mehr als eine halbe Million Menschen teil.

Die Sozialforenbewegung verlor nach einigen Jahren an Dynamik – die großen Proteste gegen den Gipfel der G8 im Jahr 2007 in Heiligendamm waren Ausdruck der letzten transnationalen Mobilisierung dieses Bewegungszyklus. Vielfach wurde angemerkt, dass die globalisierungskritischen Bewegungen der Jahrtausendwende ironischerweise daran scheiterten, dass sie im Gegensatz zu ihren Vorgänger*innen, die sich allzu sehr auf die Erringung der Staatsmacht konzentriert hatten, dieses Handlungsfeld zu stark aussparten. Ihnen gelang es deshalb kaum, ihre Forderungen in nationalen oder transnationalen Gesetzen und institutionellen Gefügen festzuschreiben. Der berühmte Wahlspruch der Bewegung, »die Welt verändern, ohne die Macht zu übernehmen«,[23] führte zwar bei Gruppen mit regionalem Wirkungsgrad wie den Zapatistas zu partiellen Erfolgen, im Großen und Ganzen brachte die beeindruckende Dynamik der globalisierungskritischen Bewegungen aber keine dauerhaften Errungenschaften mit sich. Vor ähnlichen Dilemmata standen die globalen Occupy-Bewegungen, die sich zu Beginn der 2010er-Jahre mit Platzbesetzungen insbesondere gegen die Macht des Banken- und Finanzsektors richteten. Die Auswirkungen ihres Scheiterns waren sehr unterschiedlich: Während die Aktivist*innen in den Ländern der Peripherie und der Semiperipherie eine extrem brutale Repression traf, gingen die Platzbesetzer*innen von New York oder Frankfurt nach dem Abflauen ihrer Bewegung einfach wieder nach Hause. Der sogenannte Arabische Frühling in Syrien, Ägypten und vielen anderen Ländern, der im selben Zeitraum stattfand, dessen Hintergründe aber kaum mit den Protesten rund um Occupy vergleichbar sind, wurde in Blut erstickt und hinterließ tiefe kollektive Traumata.

Die jüngste Welle globaler Revolten, die 2018 mit der sogenannten Gelbwestenbewegung in Frankreich begann, wird vielfach als Fortführung der Platzbesetzungen und der Anti-Austeritätsproteste von 2011 angesehen, auch wenn Uneinigkeit über die Rolle der Rechten bei den Protesten in Frankreich besteht. Eine Reihe dieser Revolten brach nach einer Erhöhungen der Lebenskosten los, sie weiteten sich aber schnell aus und nahmen die autoritäre Regierungsführung, die Korruption oder den Klientelismus in den jeweiligen Ländern ins Visier – so beispielsweise bei den Massenerhebungen im Sudan, in Ecuador, Chile, Haiti, dem Libanon, in Ägypten und im Irak.[24] Die Ursachen für diese Proteste sind in den meisten Ländern mit Sicherheit nicht beseitigt und es ist zu erwarten, dass weitere Protestzyklen folgen werden.

Einige Veränderungen geben Anlass zur Hoffnung: Im neoliberalen Musterland Chile drehte sich im Herbst 2019 der Wind – ein Aufstand brachte das System ins Wanken und stieß einen Verfassungsprozess an. Im Dezember 2021 wurde der fortschrittliche Kandidat Gabriel Boric in das Präsidentenamt gewählt.[25] Auch in Peru gibt es nach der Wahl des Lehrers und Gewerkschaftsführers Pedro Castillo neue Hoffnung. Juni 2022: Mit Gustavo

Petro bekommt Kolumbien als eines der konservativsten Länder Lateinamerikas zum ersten Mal ein linksgerichtetes Staatsoberhaupt. Die Umweltaktivistin und Preisträgerin des Umwelt-Nobelpreises Francia Márquez wird als erste afro-kolumbianische Frau Vizepräsidentin.

Feministische Bewegungen wie Ni Una Menos, die in erster Linie gegen Femizide als schlimmste Form patriarchaler Gewalt mobilisieren, sowie anti-rassistische Bewegungen rund um Black Lives Matter waren in den vergangenen Jahren wichtige Bezugspunkte für soziale Bewegungen.

Wie in der Vergangenheit so wird auch in der Zukunft eine entscheidende Frage darin bestehen, wie das Spannungsverhältnis zwischen sozialen Bewegungen und Institutionen sowie zwischen spontanen Erhebungen und bleibenden gesellschaftlichen Vereinbarungen gelöst wird, sodass Veränderungsimpulse weder autoritär erstickt werden noch verpuffen – dazu mehr im vierten Kapitel.

Globale Solidarität neu beleben

Ich habe argumentiert, dass relevante Adressat*innen für globale Solidaritätsarbeit heute nicht mehr vorrangig Regierungen sind, sondern vielmehr staatsunabhängige soziale Bewegungen: Rund um den Globus kämpfen Menschen für politische, zivile und soziale Rechte und sind dabei vielfältig organisiert – sei es, um sich für einen freien Zugang zu Land, Wasser, gesundheitlicher Versorgung oder politischer Teilhabe starkzumachen, sei es, um sich gegen antigewerkschaftliche Repression, Privatisierungen, Freihandelsabkommen, Klimazerstörung oder die Zulassung von gentechnisch manipuliertem Saatgut zur Wehr zu setzen. Die Forderungen der sozialen Bewegungen müssen allerdings in Gesetze und andere institutionelle Formen gegossen werden, damit letztlich nicht alles beim Alten bleibt. Nicht nur politisch artikulierte Kämpfe verdienen unsere Aufmerksamkeit – auch individuelle Aneignungsstrategien, wie sie beispielsweise in den Kämpfen der Migration zutage treten, sollten ernst genommen werden.[26]

Was die antirassistische Solidaritätsarbeit betrifft, so stand lange Zeit nur die Situation in den sogenannten Aufnahmeländern im Fokus, sodass strukturell aus dem Blick geriet, welche Ursachen für Flucht und Migration bestimmt werden können. In migrationspolitischen Zusammenhängen zwischen Europa und Afrika änderte sich das in den letzten Jahren insofern, als dass sich der Slogan »Wir sind hier, weil ihr unsere Länder zerstört«, diskursiv durchzusetzen begann, der bereits in den 1990er-Jahren geprägt worden war. Denn ob es um das massiv zunehmende Land Grabbing in der Demokratischen Republik Kongo, die Überfischung der Küstengewässer vor dem Senegal durch europäische Fischfangflotten, die Zerstörung ganzer Landstriche durch die Rohstoffindustrie, die Steuervermeidung und das Abziehen von Profiten durch transnationale Konzerne, vom Internationalen Währungsfonds diktierte Strukturanpassungsprogramme, Billigimporte von Lebensmitteln aus der Europäischen Union oder um die Auswirkungen der Klimakrise auf die kleinbäuerliche Produktion geht: Es ist mehr als naheliegend, dass die imperiale Lebensweise Fluchtursachen stetig verstärkt und neu hervorruft. Hier steuern zahlreiche kleinteilig organisierte bäuerliche Vereinigungen gegen, die sich häufig im Spannungsfeld zwischen sozialer Überlebensstrategie und politischer Artikulation bewegen.

Die bei Weitem wichtigste »Internationale«, die heute aktiv ist, kommt bemerkenswerterweise nicht aus der Arbeiter*innenbewegung, sondern aus der Bewegung von Bäuer*innen. Gemeint ist der weltweite Zusammenschluss Via Campesina (Der bäuerliche Weg). Gegründet im Jahr 1992, vereint die Via Campesina heute Millionen Kleinbäuer*innen, Landarbeiter*innen, Fischer*innen, Landlose und Indigene aus über 80 Ländern.[27] Wie wichtig die Via Campesina ist, zeigt sich vor allem an der Tatsache, dass Bäuer*innen und indigene Aktivist*innen aus dem globalen Süden heute an vorderster Front der Kämpfe für Klimagerechtigkeit stehen, während ihr Engagement oft mit brutaler Repression beantwortet wird.[28]

Von großer Bedeutung sind außerdem nach wie vor die breit wahrgenommenen Kampagnen zur Entschuldung der Länder des globalen Südens. Hier sind kirchliche Organisationen sowie die traditionsreiche Organisation CADTM zu nennen (Comité pour l'abolition des dettes illégitimes, Komitee zur Abschaffung illegitimer Schulden). Die Schulden des globalen Südens sind in der Tat meist illegitime Schulden: Sie wurden von politischen Eliten aufgenommen, die sich selbst bereichert und gegen die Interessen ihrer eigenen Bevölkerungen gehandelt haben.

Ein weiterer zentraler Baustein für die neuen »Internationalen« sind die global vernetzten feministischen Bewegungen, wie sie Verónica Gago in ihrem Buch *Für eine Feministische Internationale – wie wir alles verändern* beschreibt. Denn fast überall auf der Welt haben in den letzten Jahren große feministische Mobilisierungen patriarchale gesellschaftliche Verhältnisse und repressive Gesetzgebungen ins Wanken gebracht. Ein wesentliches Element waren dabei die feministischen Streiks, zu denen 2020 in mehr als 50 Ländern aufgerufen wurde. Diese Streikaktionen berufen sich oftmals auf die Auseinandersetzungen rund um Reproduktions- und Hausarbeit, für die feministische Theoretikerinnen wie Mariarosa Dalla Costa oder Silvia Federici wichtige Anregungen gaben. Dabei ist auch klar, dass sich feministische Ansätze nicht auf einzelne Handlungsfelder begrenzen lassen, sondern stets sämtliche Aspekte globaler Solidarität berühren.

Obwohl durch den Ausbruch der Covid-19-Pandemie deutlich gebremst, gehören die globalen Klimabewegungen zurzeit mit Sicherheit zu denjenigen sozialen Bewegungen, die am stärksten wahrgenommen werden. Ihre Slogans wie »System change – not climate change!« oder »There is no planet B« sind weltweit bekannt. Anders als noch vor einigen Jahrzehnten steht heute fest, dass Klima und Umweltschutz im Mittelpunkt von Fragen globaler Solidarität stehen müssen. Jede soziale Bewegung mit globalem Anspruch muss ihnen höchste Priorität einräumen.

Der Begriff der Solidarität

Solidarität ist ein schillernder Begriff. Er hat eine lange Geschichte und ist mit unterschiedlichsten Bedeutungen aufgeladen. Obwohl es mir nicht vordergründig darum geht, eine Philosophiegeschichte der Solidarität zu schreiben, möchte ich dennoch offenlegen, welches Verständnis von Solidarität ich vertrete und wie es sich von anderen Definitionen abhebt.

Solidarität kann eine Praxis meinen, aber auch Strukturen und Institutionen bezeichnen. Er ist Analysebegriff, aber auch Wert- und Kampfbegriff.[29] Eine der bekanntesten Definitionen, nämlich die des Soziologen Émile Durkheim (1858–1917), knüpft an den Begriff der Solidarität die Vorstellung von sozialem Zusammenhalt: Mit zunehmender gesellschaftlicher Entwicklung würden die Menschen immer solidarischer und der soziale Zusammenhalt würde dadurch immer dichter werden. Das Denken von Durkheim ist an eine Vorstellung von gesellschaftlichem und moralischem Fortschritt gekoppelt, die ganz offensichtlich widerlegt ist: Unsere Weltordnung ist von zunehmender sozialer Spaltung und strukturellen Gewaltverhältnissen gekennzeichnet, die ich im ersten Kapitel exemplarisch beschrieben habe.

Häufig wird unter Solidarität zweitens schlicht eine Form der gemeinschaftlichen Praxis verstanden: Menschen helfen einander, weil sie einander kennen oder sich als zusammengehörig begreifen. An seine Grenze stößt dieses Konzept bzw. schlägt in sein Gegenteil um, wenn die Homogenisierung der eigenen Gruppe dazu führt, dass als vermeintlich anders Wahrgenommene ausgeschlossen werden – sei es in einem Dorfverband, einem Unternehmen oder einer sogenannten Nation.

Wenn über den Begriff der Solidarität gesprochen wird, ist drittens oftmals das in Verfassungen und Gesetze gegossene Recht auf sozialstaatliche Ausgleichsmaßnahmen gemeint: öffentliches Gesundheitswesen, staatliche Renten, Arbeitslosengeld und Sozialhilfe, Bildung, kurz: all das, was den Sozialstaat und den Bereich der öffentlichen Dienstleistungen und Infrastrukturen betrifft. In diese Richtung argumentiert auch Heinz Bude, der den Sozialstaat als eine Form institutionalisierter Solidarität versteht.[30]

Auch dieser Begriff von Solidarität greift aus meiner Sicht aus mehreren Gründen zu kurz. Solidarität wird hier als Tauschverhältnis im staatlichen Gefüge konzipiert: Hilfe in Form von sozialen Leistungen wird nur deshalb gewährt, weil diejenigen, die sie empfangen, auch dazu angehalten werden, bestimmte Leistungen zu erbringen.[31] Diese Rahmenbedingungen werden über den Arbeitsmarkt, die Steuer- oder Wehrpflicht geregelt und auch sanktioniert.

Die Errungenschaften des Sozialstaats sind die Ergebnisse langer und entbehrungsreicher sozialer Kämpfe. Doch sie erodieren zunehmend und weichen in den letzten Jahrzehnten immer mehr einer repressiven Verwaltung von Armut – sozialstaatliche Maßnahmen gehen nicht selten mit Stigmatisierung, Ausgrenzung und Verarmung einher, Stichwort Hartz-Gesetze.[32] Wenn man den Maßstab der *globalen* Solidarität anlegt, ist es noch viel offensichtlicher, dass die Errungenschaften des Sozialstaats höchst ambivalent sind: Sie beruhen auf der Ausbeutung anderer und greifen stets nur in begrenzten – in der Regel nationalstaatlichen – Gefügen. Meist profitieren nur Staatsangehörige in Ländern des globalen Nordens davon – sie waren und sind exklusiv. Zugang zu sozialstaatlichen Leistungen erhält nur, wer im Besitz der richtigen Papiere ist. Auf globale Solidarität zielende sozial-ökologische Bewegungen kritisieren deshalb die damit einhergehenden systematischen Ausschlüsse immer wieder aufs Neue. Freiheit, Gleichheit und Solidarität müssen im Sinne des »Rechts auf Rechte« überall, für alle Menschen gelten.[33]

Globale Solidarität beruht – meinem Verständnis nach – also geradezu auf Differenz. Kurt Bayertz zufolge ist sie zur »Kampf-Solidarität« zu zählen, die sich auf materielle und symbolische Hilfe für jene bezieht, die für ihre Rechte kämpfen.[34] Diese Kampf-Solidarität ist nicht zwingend an gemeinsame Erfahrungen oder Lebensrealitäten gebunden, wie auch Lea Susemichel und Jens Kastner betonen. Solidarität bestehe nicht in erster Linie

> »in der Parteinahme für die Gleichen und Ähnlichen, sondern darin, sich mit Menschen zu solidarisieren, mit denen man gerade nicht die Fabrik und das Milieu, das Geschlecht oder die ethnische Zuschreibung teilt. […] Statt von Gemeinsamkeiten auszugehen, die nur wachgerufen werden müssen, und fertigen Einheiten (wie ›Völkern‹), die sich berühren und in Beziehung zueinander treten, sollte Solidarität gerade an den Differenzen und am Unfertigen ansetzen.«[35]

Solidarität besteht also weder ausschließlich in der Beziehung zwischen Menschen in gleichen oder zumindest ähnlichen Situationen und Positionen noch in paternalistischer Wohltätigkeit oder sozialstaatlicher Verwaltung von Armen, Schwachen und Ausgegrenzten. In diesem Sinne legt auch medico international ihrer Arbeit einen Begriff von Hilfe zugrunde, den sie mit »Beyond Aid« beschreibt:

> »Wohlwissend, dass die Welt nicht an zu wenig Hilfe leidet, sondern an Verhältnissen, die immer mehr Hilfe notwendig machen, verfolgt medico das Ziel, Hilfe zugleich zu verteidigen, zu kritisieren und zu überwinden.«[36]

Hilfe und Solidarität sind nicht dazu da, die Unterdrückungsverhältnisse und Asymmetrien festzuschreiben, sondern sie abzuschaffen im Kampf für gleiche und umfassende Rechte für alle, bei gleichzeitiger Anerkennung der Verschiedenartigkeit, ohne dass »die anderen« in die eigene soziale Gruppe integriert werden müssen.[37]

Besonders wichtig ist, dass wir uns einem exklusiven Begriff von Solidarität aktiv widersetzen, wie er in Krisensituationen von politischen Eliten instrumentalisiert wird, um einen sogenannten nationalen Schulterschluss zu beschwören und andere auszugrenzen. Kaum ein Begriff wurde während der Corona-Pandemie so strapaziert wie der Begriff der Solidarität – dabei wurde er im besten Fall zur bloßen Floskel, manchmal wurde er aber sogar mit aggressivem nationalistischem Denken aufgeladen. Globale Impfstoffsolidarität blieb ein hohles Schlagwort und ein leeres Versprechen.

Solidarität besteht nach meinem Verständnis in der Parteinahme für die Unterdrückten, Marginalisierten und Entrechteten, und zwar weltweit. Solidarisches Handeln führt im besten Fall dazu, dass sich zwischen Menschen aus verschiedenen sozialen Zusammenhängen verbindliche und egalitäre Beziehungen entwickeln und dass sich in diesem Prozess auch die Subjektivität der Handelnden verändert: Nach einer ermutigenden Demonstration für die Rechte von Geflüchteten gehen alle ein Stück weit verändert nach Hause. Noch stärker ist diese Veränderung, wenn finanzielle Ressourcen, Wohnraum oder Wissen dauerhaft geteilt werden, Freund*innenschaften entstehen oder gemeinsame politische Kampagnen angestoßen werden. Die Transformation des Alltäglichen muss aber noch viel weiter gehen: Die Arbeitsteilung zwischen Kopf- und Handarbeit, zwischen unsichtbarer Care- und sichtbarer politischer Arbeit, die nach vergeschlechtlichten und rassistischen Zuschreibungen erfolgt, muss überwunden werden. Nur so können sich solidarische Beziehungen herausbilden.

Solidarität kann sich dabei nicht auf die Hoffnung auf Gegenleistung gründen, weder im moralischen noch im vertragsrechtlichen Sinne. Das bedeutet, sich auch für Veränderungen zu engagieren, die mit keinem unmittelbaren Nutzen für diejenigen verbunden sind, die die Solidarität ausüben. Solidarität ist insofern immer auch eine »solidarity without garanties«, sie muss stets erkämpft und neu artikuliert werden.[38] Sie ist deshalb kaum anders denkbar denn als permanente, kollektive Beziehungsarbeit.

Es wäre zwar illusorisch anzunehmen, dass Privilegienunterschiede, die entlang von patriarchalen, rassistischen und materiellen Spaltungslinien verlaufen, durch solidarisches Handeln einfach »abgeschafft« werden könnten. Sie können aber durchaus vermindert werden – es können Räume geschaffen werden, die egalitärer, inklusiver und tatsächlich solidarischer sind.

Dabei kommt es laut Jens Kastner wesentlich auf eine bestimmte Haltung an, die die Voraussetzung dafür ist, dass solidarische Beziehungen entstehen. Denn »die in linken Bewegungen immer wieder gehegte Vorstellung, die eigene Unterdrückung mache aufmerksamer für das Leiden anderer«, sei historisch leider »tausendfach widerlegt« worden.

> »Unterdrückte Industriearbeiter sind nicht automatisch sensibler für die Unterdrückung von Frauen, weiße Feministinnen haben oft keinen Blick für Rassismen gehabt, Antirassismus kann durchaus mit Antisemitismus einhergehen usw.«[39]

Die niederländische Feministin Anja Meulenbelt stellte bereits in den 1980er-Jahren fest: »Unterdrückung macht niemanden verständnisvoller.«[40]

Solidarität ist im besten Fall eine transformative Praxis – sie verändert alle, die daran beteiligt sind. Sie ist deshalb offen für Bündnisse und, wie Kastner betont, nicht hermetisch abgeschlossen. Sie muss nicht auf gleicher Betroffenheit beruhen, sonst wäre beispielsweise Seenotrettung keine solidarische Praxis, sondern bloß Hilfe. Entscheidend ist die gemeinsame Haltung, dass eine solidarische Gesellschaft erstrebenswert ist und dass sie sich nur durch eine solidarische Praxis schaffen lässt. Kastner nennt dies einen »solidarischen Universalismus«.

Solidarische Beziehungsweisen sind nicht allein ein Mittel, um etwas zu erreichen, sie sind vielmehr ein zentrales Ziel gesellschaftlicher Veränderungsprozesse. Solidarität ist, wie Bini Adamczak schreibt, »dasjenige, um dessentwillen Revolutionen gemacht werden«.[41] Insofern zielt solidarisches Handeln auf eine solidarisch verfasste Gesellschaftsordnung, ohne die dem zutiefst menschlichen Bedürfnis nach sozialer Absicherung und Anerkennung nicht entsprochen werden kann.

Die Begriffe Freiheit, Gleichheit und Solidarität fügt Adamczak zu einem »normativen Dreieck« zusammen, das zeigt, dass stets alle drei Begriffe zusammen gedacht werden müssen:

> »Führt Freiheit ohne Gleichheit zu Ausbeutung und Unterdrückung, so führt Freiheit ohne Solidarität zu Individualisierung. Führt Gleichheit ohne Freiheit zu Zwangskollektivierung bzw. Homogenisierung, so führt Gleichheit ohne Solidarität zu Bindungslosigkeit bzw. Autoritarismus. […] Solidarität ohne Gleichheit führt in den Paternalismus, Solidarität ohne Freiheit in Loyalität und repressive Vergemeinschaftung.«[42]

Diese jeweiligen Beschränkungen können nur überwunden werden, indem all drei Begriffe als gleich wichtig und interdependent betrachtet werden – keiner darf fehlen.

Solidarität artikuliert sich nicht nur in den spektakulären Aktionen, die öffentliche Sichtbarkeit und soziales Kapital versprechen. Sie zeigt sich nicht nur in den »großen Würfen«, in vielbeachteten Reden und Fernsehinterviews, in schillernden Begriffen oder erfolgreichen Büchern. Vielmehr manifestiert sich Solidarität vor allem in der kaum sichtbaren und alltäglichen

Care-Arbeit, ohne die die sichtbare politische Arbeit nicht möglich ist: Gemeint sind die Fürsorge für Kinder und pflegebedürftige Personen, der Küchen- und Putzdienst in der Kommune, der Zusammenhalt und die gegenseitige Hilfe in der Nachbar*innenschaft im Stadtteil oder im Dorf. Sie artikuliert sich auch in der jenseits des Lohnschemas organisierten Begleitung bürokratischer Prozesse, wenn Geflüchtete Aufenthaltspapiere oder rechtliche Unterstützung benötigen. Solidarität kann auch bedeuten, Spendenbriefe für die nächste Aktion oder Protest- und Anwaltsbriefe nach Fällen von Polizeirepression zu schreiben.

Verschiedene Fallstricke und Probleme treten bei Praxen globaler Solidarität immer wieder auf. So wurde in den auf globale Befreiung zielenden Bewegungen oft die Frage laut, ob und unter welchen Bedingungen Privilegierte überhaupt für Unterprivilegierte sprechen dürfen: Brauchen die Kämpfenden im globalen Süden überhaupt wohlmeinende Fürsprecher*innen im globalen Norden? Bedienen »solidarische«, oft weiße Europäer*innen nicht eher ihre eigenen Projektionen als die Interessen derer, mit denen sie vorgeblich solidarisch sind?[43] Diese wichtigen Einwände bedürfen stetiger kritischer Reflexion. In den konkreten Praxisbeispielen im fünften Kapitel werde ich einigen dieser Fragen nachgehen.

Bleiben noch die Schwierigkeiten und Möglichkeiten, globale Solidarität institutionell zu verankern. Ich habe argumentiert, dass Forderungen und Praxen, die aus spontanen Rebellionen und Aktionen hervorgehen, über kurz oder lang in ein institutionelles Gefüge gegossen werden müssen, um nicht nach einer gewissen Zeit zu verblassen und zu verpuffen. Denn der euphorische Ausdruck von Solidarität während eines Streiks, einer Besetzung, eines Gipfelprotests oder einer Blockade lässt sich nur selten über mehrere Jahre hinweg aufrechterhalten – die Individuen ermüden daran. Neben der Etablierung neuer Beziehungsweisen müssen also auch gesellschaftliche Garantien für soziale und ökologische Normen erkämpft werden.

Gleichzeitig darf die in institutionelle Formen gegossene Solidarität nicht erstarren und zur bürokratischen und autoritären Vorschrift werden. Genau in dieser Dialektik bewegt sich das komplizierte Spannungsverhältnis zwischen sozialen Bewegungen und der Institutionalisierung bzw. Verrechtlichung von Solidarität (etwa in Form von Lieferkettengesetzen), auf die ich im vierten Kapitel noch näher eingehe.

Fest steht, dass wir Solidarität universell und global denken müssen. Wie bereits ausgeführt, macht es Sinn, den alten Begriff der internationalen Solidarität durch den Begriff der transnationalen oder globalen Solidarität zu ersetzen, der die Ziele einer universellen Emanzipation stärker verdeutlicht als ein Solidaritätsbegriff, der die Existenz von Nationen bestätigt und fortschreibt.

Wichtige strategische Fragestellungen sind nach wie vor offen: Welche Art von Arbeitsteilung und wechselseitiger Stärkung kann zwischen den unterschiedlichen Akteur*innen globaler Solidarität erwachsen? Welche unterschiedlichen Aktionsebenen sind relevant?

Bevor ich im vierten Kapitel auf diese Fragen genauer eingehe, möchte ich im nächsten Kapitel einige Ansätze beschreiben, die vorgeben, globale Ungerechtigkeiten zu überwinden, die allerdings bei näherer Betrachtung der sozial-ökologischen Transformation im Wege stehen und die ich deshalb als falsche Alternativen bezeichne.

3 Falsche Alternativen

Damit Alternativen zum Kapitalismus glaubwürdig sind und breiten Rückhalt finden können, ist es notwendig, die gescheiterten Versuche emanzipatorischer Aufbrüche aus der Vergangenheit gewissenhaft zu untersuchen und zu reflektieren. Nur so können wir das Jahrhundertprojekt der sozial-ökologischen Transformation in Angriff nehmen.

Wie ich gezeigt habe, ist Solidarität ein alter Begriff: Viele Generationen haben sich für universelle Freiheit, Gleichheit und Geschwisterlichkeit eingesetzt, waren dabei Gewalt und Verfolgung ausgeliefert und haben ihr Leben aufs Spiel gesetzt. Weitreichende emanzipatorische Errungenschaften wurden so erkämpft. Doch gemessen an ihren Ansprüchen sind die drei großen gesellschaftlichen Entwürfe des 19. und 20. Jahrhunderts, die mit dem Begriff der globalen Solidarität verknüpft sind – Sozialdemokratie, Anarchismus und Kommunismus –, auf ihre jeweils eigene Art gescheitert: Die Sozialdemokratie wurde vom kapitalistischen System kooptiert und ging in ihm auf. Der Anarchismus hat stets verweigert, die Machtfrage zu stellen, und blieb deshalb (mit Ausnahme der Spanischen Republik in den 1930er-Jahren) meist auf sehr eingegrenzte Milieus und geografische Räume beschränkt. Kommunistische Ansätze glitten in korrupte, autoritäre und mörderische Regime ab. Wie ich im zweiten Kapitel erläutert habe, fiel die Komintern dem stalinistischen Terror zum Opfer, die noch bestehenden internationalen Arbeiter*innenassoziationen sind heute weitgehend bedeutungslos.

Voraussetzung dafür, die Bedingungen für unser Handeln heute diskutieren zu können, ist also die kritische Auseinandersetzung mit der Geschichte dieser Bewegungen. Denn die Liste der Irrungen und Wirrungen emanzipatorischer Aufbrüche ist lang. Oft meinen wir vorschnell, »im Feind unseres Feindes unseren Freund zu erkennen«. Im Glauben, einen wie auch immer gearteten Hauptwiderspruch zu bekämpfen, lassen wir uns dazu verleiten, zu autoritären Mitteln zu greifen, die einem sogenannten höheren historischen Zweck dienen sollen. Dieses Denken ist fatal und kann in mörderische Sackgassen führen, wie die Geschichte der Linken im 20. Jahrhundert vielfach gezeigt hat.[1]

Alternativen zum Kapitalismus haben es heute relativ schwer, weil die Katastrophen, die mit dem Versuch einer grundlegenden Neuordnung der Gesellschaft einhergingen, im 20. Jahrhundert so dermaßen monströs waren. Viele Menschen haben deshalb verständlicherweise Vorbehalte gegenüber radikalen Experimenten. Denn in der Vergangenheit handelte es sich dabei vielfach um Menschheitsverbrechen im Gewand von Erlösungsutopien. Vom Kommunismus lernen, so drückte es der Schweizer Theaterregisseur Milo Rau aus, »das klingt heutzutage wie die Aufforderung, in einem seit Jahren nicht mehr gewarteten Pool zu baden, in dem eventuell ein Hai lauert«.[2] Wir dürfen die Verbrechen, die im Namen der linken Befreiungsideologien begangen worden sind, nicht kleinreden, banalisieren oder relativieren. Für die Analyse dieser Zusammenhänge möchte ich die Russische und die Äthiopische Revolution heranziehen. Sie scheinen mir für die oben beschriebene Fragestellung in besonderem Maße beispielgebend zu sein.

Manès Sperber und das Erbe des autoritären Kommunismus

Für die Analyse der autoritären Irrwege und Verfehlungen, die im Zuge der Russischen Revolution geschehen sind, ist die autobiografisch geprägte Trilogie *Wie eine Träne im Ozean* von Manès Sperber ein Schlüsselroman. Dafür lohnt es sich, zunächst einige biografische Eckdaten aus dem Leben des Literaten zu nennen. Manès Sperber wird am 12. Dezember 1905 im ostgalizischen Schtetl Zabłotów geboren und wächst in einer bürgerlichen jüdischen Familie in der Tradition des Chassidismus auf, einer religiös-mystischen Strömung des orthodoxen Judentums. Im Sommer 1916, mitten im Ersten Weltkrieg, flieht die Familie vor antijüdischen Pogromen nach Wien. Dort schließt sich Sperber der linkszionistischen Jugendbewegung Hashomer Hatzair an und wird Schüler des Psychoanalytikers Alfred Adler. In der Hauptstadt der kollabierenden Doppelmonarchie erlebt Sperber Jugendtage voll revolutionärem Elan. In seinem Buch *Die vergebliche Warnung* schreibt er:

> »Am 1. Mai 1920 strömten Hunderttausende von Arbeitern und Angestellten, das ganze werktätige Volk von Wien, aus allen Bezirken zum Ring, der die Innere Stadt umschließt. Die Demonstranten, Männer, Frauen und Kinder, die Kleinsten auf den Schultern ihrer Väter, zogen mit Fahnen, Wimpeln und Blumen zum ›roten‹ Rathaus. [...] Ich erlebte da etwas, was sonst nur in Büchern vorkam: Meine Augen füllten sich mit Tränen, Tränen des Glücks darüber, dass es desgleichen geben konnte, und darüber, dass ich zu diesen Menschen gehörte.«[3]

Die Hoffnungen des jungen Manès Sperber werden damals von unzähligen Menschen geteilt: »Im Sommer 1920 sah es so aus, als ob die proletarische Revolution über Warschau den Weg nach Berlin und dann – wer weiß? – vielleicht bis nach Paris finden sollte …«[4] Sein revolutionärer Optimismus zieht Sperber wenige Jahre später nach Berlin, wo er der Kommunistischen Partei Deutschlands (KPD) beitritt.

Diese Jahre erlebt Sperber in euphorischer Stimmung: Der Raum ist noch offener, die Revolution in Russland ist noch wenig konsolidiert und die Vielfalt der Bewegungen existiert noch. Doch auch ein Jahrzehnt später, in der ersten Hälfte der 1930er-Jahre, bleibt die Mitgliedschaft in der KPD für Sperber Pflicht und Notwendigkeit. Denn der Aufstieg des Faschismus drängt ihn dazu, die Verfehlungen, zu denen es in der Zwischenzeit in der Sowjetunion gekommen ist, zu verleugnen und zu verschweigen. Eine ungleich größere Gefahr ist entstanden: Hitler bedroht Europa und wird bald versuchen, den gesamten Kontinent zu unterwerfen. Stalins Sowjetunion steht als Bollwerk gegen die faschistische Bedrohung. Wer, wenn nicht die globale kommunistische Bewegung, könnte dem Faschismus die Stirn bieten? Im Frühjahr 1934 übersiedelt Sperber auf Befehl der Partei nach Paris, um dort am »Institut zum Studium des Faschismus« mitzuarbeiten, das im Auftrag der Komintern gegründet worden war.

Doch Sperber muss bald feststellen, dass sich die Russische Revolution innerhalb von nur 20 Jahren in ihr Gegenteil verwandelt hat. Mit den ersten beiden großen Schauprozessen gegen vermeintliche »Feinde der Sowjetunion« in Moskau und der Verfolgung der nicht kommunistischen Linken in Spanien ist für Sperber die Grenze der Selbstverleugnung erreicht. Nach langem Ringen und Qualen tritt Sperber 1937 aus der KPD aus. Der große, endgültige Vertrauensbruch, der mit dem Hitler-Stalin-Pakt im August 1939 manifest wird, nimmt in Sperbers Romantrilogie einen zentralen Platz ein. »Die Revolution«, so Sperber schließlich ernüchtert, »wird von denen gemacht, die leidenschaftlich das Recht wollen. Sie bringt jene an die Macht, die leidenschaftlich die Macht wollen.«[5] Dabei ist klar, dass die Fehlentwicklungen bereits weit vor Stalin einsetzten, etwa mit Lenins Terror gegen die Bäuer*innen und gegen die Aufständischen von Kronstadt.

Manès Sperber blieb zeitlebens dem Ziel einer umfassenden Befreiungsperspektive verpflichtet. Kaum jemand hat die Kritik an den eingesetzten Mitteln zur Erreichung dieser Ziele jemals besser herausgearbeitet als Sperber in seinem großen literarischen Werk *Wie eine Träne im Ozean*. Gegen Ende seines Lebens schrieb er:

> »Die Ziele, für die ich von Anbeginn hatte kämpfen wollen, schienen mir auch weiterhin durchaus erstrebenswert, aber seit Jahren war mir offenbar, dass der Weg, den ich wie zahllose andere eingeschlagen hatte, zum Irrweg geworden war. In der Wahl des Übels, das ich bekämpfen wollte, hatte ich mich so gut wie nie geirrt, aber oft genug in der Wahl dessen, wofür ich mich einsetzte, und am schlimmsten war ich in der Wahl jener fehlgegangen, an deren Seite ich in das ›letzte Gefecht‹ zu ziehen glaubte.«[6]

Manès Sperbers Lebenstrauma war es, sich zu spät vom Stalinismus getrennt zu haben, obwohl ihm viele seiner Genoss*innen bereits zum Opfer gefallen waren.

Um uns den heutigen Möglichkeiten für globale Solidarität anzunähern, kann es hilfreich sein, Traditionslinien aufzugreifen, die vom autoritären Kommunismus verschüttet worden sind – für diese Traditionslinien stehen neben vielen anderen Emma Goldman, Victor Serge oder Alexander Berkman.[7] Ihnen gelang es, ökonomische Gerechtigkeit und individuelle Freiheit zusammen zu denken und nicht gegeneinander auszuspielen. Sie organisierten sich in den Grauzonen zwischen Unterstützung der Bolschewiki und anarchistischer Dissidenz und wandten sich oftmals enttäuscht und angewidert vom Bolschewismus ab – viele ihrer Genoss*innen wurden im Zuge des Stalinismus ermordet.

Die Berliner Autorin Bini Adamczak, mit der ich Vorträge und Lesungen zu Sperbers Roman veranstaltet habe, hat sich intensiv mit den Verbrechen des Stalinismus auseinandergesetzt.[8]

Eine Vielzahl weiterer Autor*innen hat sich der Frage von Gewalt und Moral sowie der Zweck-Mittel-Debatte gewidmet und dabei auch andere historische Beispiele herangezogen.[9] Denn der stalinistische Terror war nicht die einzige Erscheinungsform autoritärer und mörderischer Wendungen linker Politik im 20. Jahrhundert.

Der »rote Terror« des Derg

Auch viele Befreiungsbewegungen im globalen Süden mutierten, einmal an der Macht, zu schieren Terrorapparaten. Ein viel zitiertes Beispiel sind die Befreiungsbewegungen in Äthiopien und Eritrea. Auch hier kam es zu einer Pervertierung von ursprünglich sozialistischen, auf Freiheit, Gleichheit und Solidarität abzielenden politischen Ideen.

Als Co-Autor seines Buchs *Ich will doch nur frei sein* führte ich zahlreiche, stundenlange Gespräche mit dem jungen Eritreer Filimon Mebrhatom, den ich bereits im ersten Kapitel vorgestellt habe.[10] Ich transkribierte seine Berichte und brachte seine Manuskripte ins Reine. Um Filimons Fluchtgeschichte zu erzählen, war es unumgänglich, auf die Geschichte Äthiopiens und Eritreas einzugehen.

Bereits zu Beginn der 1950er-Jahre regte sich Widerstand gegen den äthiopischen Kaiser Haile Selassie. Ab den späten 1960er-Jahren wurde dieser Widerstand in erster Linie von der gesamtäthiopischen sozialistischen Bewegung Meison getragen. Gegründet wurde die Meison im Wesentlichen von Studierenden, die sowohl in der Hauptstadt Addis Abeba als auch in Europa und Nordamerika lebten, und reihte sich in ihrer Programmatik in die Zielsetzungen der linken antikolonialen Befreiungsbewegungen ein. Das feudale System von Kaiser Selassie sollte überwunden werden. Vorrangig ging es um Freiheit und soziale Gerechtigkeit, um eine grundlegende Bodenreform, die den armen Bäuer*innen zugutekommen sollte, sowie um bessere Bildungschancen für die Jugend. Infolge von Massenprotesten und -streiks gelang am 12. September 1974 das Unwahrscheinliche: Kaiser Haile Selassie wurde gestürzt. Im März 1975 war die Monarchie Geschichte. Äthiopien – und mit ihm das angegliederte Eritrea – wurde zu einer sozialistischen Volksrepublik und der sogenannte Derg – eine von der Sowjetunion unterstützte Militärjunta – übernahm die Macht.

Anführer des Derg war der charismatische, aber autoritär herrschende Mengistu Haile Mariam, der Äthiopien bis 1991 regierte. Statt eine Gesellschaft zu etablieren, in der die proklamierten Ziele von Freiheit, Gerechtigkeit und Solidarität verwirklicht worden wären, errichtete der Derg eine brutale Gewaltherrschaft. Die Zeit des sogenannten Roten Terrors begann und Äthiopien versank in einer blutigen Diktatur. Obwohl der Derg behauptete, eine klassenlose Gesellschaft ohne jede Herrschaft errichten zu wollen, wurden Zehntausende Oppositionelle und Gegner*innen des Regimes verhaftet, gefoltert und exekutiert.[11] Wie auch in Russland ein halbes Jahrhundert zuvor richtete sich die Gewalt des Derg auch gegen viele Revolutionär*innen aus den eigenen Reihen. Der äthiopische Regisseur Haile Gerima hat das Scheitern des äthiopischen Sozialismus in seinem eindrucksvollen Spielfilm *Teza* (*Morgentau*, 2008) thematisiert.

Sei es der Derg in Äthiopien, Maos Kulturrevolution, die Roten Khmer in Kambodscha oder die Guerillabewegung Leuchtender Pfad in Peru – immer wieder sind linke Bewegungen im 20. Jahrhundert in die gleichen autoritären und mörderischen Sackgassen geraten, deren Strukturprinzipien sich oftmals ähneln: Ausschluss und Verleumdung vermeintlicher »Abweichler*innen«, häufig mithilfe der erpresserischen Methode der sogenannten Kritik und Selbstkritik; moralische Einschüchterung; die oft paranoide Suche nach »inneren Feind*innen« sowie die Unterordnung der Menschenrechte und jeglicher ethischer Prinzipien unter einen vermeintlich höheren revolutionären Zweck.

In seinem oft zitierten Gedicht *An die Nachgeborenen* vom Juni 1939 bittet Bertolt Brecht angesichts der stalinistischen Verbrechen, die er selbst lange Zeit geleugnet und relativiert hatte, um Nachsicht: »Auch der Haß gegen die Niedrigkeit / Verzerrt die Züge. / Auch der Zorn über das Unrecht / Macht die Stimme heiser.« Brecht klagt: »Ach, wir / Die wir den Boden bereiten wollten für Freundlichkeit, / Konnten selber nicht freundlich sein.«[12] Nicht ohne Reue spricht er aus, dass auch er wohl das Gute wollte, doch das Schlechte da akzeptierte, wo es dem Guten vermeintlich dienen sollte.

Wenn wir das Trauma, das mit dem gewaltvollen Scheitern transformatorischer und revolutionärer Prozesse verbunden ist, in Zukunft vermeiden wollen, müssen wir uns der riesigen Herausforderung stellen, uns über längere Zeit auf tatsächlich breite, inklusive und offene Prozesse einzulassen, die den Nachteil haben, zuweilen schwerfällig und langwierig zu sein – demokratisch geführte Debatten brauchen in der Regel Zeit. Dies ist insofern besonders herausfordernd, da Zeit gerade zu denjenigen Ressourcen gehört, die angesichts der rasanten Dynamik der Klimakrise nicht mehr unbegrenzt zur Verfügung stehen. Deshalb muss es uns gelingen, in kurzer Zeit Mehrheiten hinter Forderungen nach ordnungspolitischen Eingriffen zu versammeln, die die aktuell vorherrschende imperiale Lebensweise grundlegend verändern: Kontingentierungen für Flugreisen bei gleichzeitigem massivem Ausbau des öffentlichen Verkehrs, Vergesellschaftung und radikaler Rückbau von fossilen Energiekonzernen, spürbare Besteuerung der Fleischproduktion, Besteuerung der Reichen, Verbot von SUVs, um nur einiges zu nennen. All diese Maßnahmen werden auf eine wahre Maschinerie der Gegenpropaganda stoßen, die rechte Boulevardzeitungen und Parteien, konservative Thinktanks und Unternehmerverbände aufbauen werden. Sie werden die Gespenster aus dem 20. Jahrhundert heraufbeschwören und gegen uns in Stellung bringen.

Auf all das sollten wir vorbereitet sein und mutig vorangehen. Gleichzeitig dürfen wir in diesen kommenden historisch heiklen Situationen, in denen es, wie es scheint, »auf alles ankommt«, nicht dem Autoritarismus verfallen. Manès Sperbers Warnungen sollen nicht ungehört bleiben. Das 20. Jahrhundert und die Aufarbeitung der stalinistischen Verbrechen in seinem Jahrhundertwerk stoßen uns auf unausweichliche Fragen: Welche Mittel sind politisch, ethisch und moralisch zulässig, um die sozial-ökologische Transformation durchzusetzen? Wie weit dürfen wir mit Maßnahmen der Gegengewalt gehen, um die strukturelle Gewalt zu bekämpfen, die der imperialen Lebensweise innewohnt?[13] Der Grundsatz, dass bereits die angewandten Mittel im Großen und Ganzen auch tatsächlich den eigentlichen Zielen umfassender und globaler Gerechtigkeit und Solidarität entsprechen müssen, sollte für uns stets Handlungsmaßstab sein. Mehr dazu im vierten Kapitel.

Methodischer Nationalismus: Der Sündenfall der Sozialdemokratie

Was die historische Sozialdemokratie betrifft, so hat sie zwar einen riesigen, kaum zu überschätzenden Beitrag dazu geleistet, nach entbehrungsreichen Kämpfen die Interessen der Arbeiter*innen in das westliche Fortschrittsmodell einzubinden. Solidarität ist von jeher einer ihrer zentralen Grundpfeiler gewesen. Doch die Sozialdemokrat*innen haben mit dem Übergang ins 20. Jahrhundert zunehmend darauf verzichtet, ein inter- oder besser antinationalistisches Bewusstsein von Solidarität zu fördern und zu entwickeln. Die bereits im zweiten Kapitel beschriebene Zustimmung zu den Kriegskrediten in Deutschland zu Beginn des Ersten Weltkriegs stellt eine schwere Zäsur dar. Die Sozialdemokratie verletzte damit die Idee einer gemeinsamen, unteilbaren Welt und Humanität. Ihre zögerliche und ambivalente Haltung zog sich durch verschiedene Phasen des Weltkriegs, bis Gustav Noske schließlich auf streikende Arbeiter*innen schießen ließ: Als Reichswehrminister trug er die Verantwortung für die Niederschlagung der Berliner Märzkämpfe im Jahr 1919, bei denen etwa 1.200 Menschen getötet wurden.

Nach dem Zivilisationsbruch von Nationalsozialismus und Shoah und der Befreiung durch die Alliierten gelang es vielen sozialdemokratischen Parteien in der zweiten Hälfte des 20. Jahrhunderts zwar, den Klassenkompromiss zu institutionalisieren und somit die Teilhabe der Arbeiter*innenklasse an Wohlstand und Konsum sicherzustellen. Sie verstärkten damit jedoch nolens volens die Idee des Nationalstaats und seine identitäre Bindung: Die Sozialdemokratie half dabei, ein exklusives Wohlstandsmodell aufzubauen, und festigte somit auch einen exklusiven Begriff von Solidarität.

Heute fehlt in den Gesellschaften des Westens weitgehend ein internationalistisches, ja globales Bewusstsein für Solidarität. Mehr noch: Für die Aufrechterhaltung der Konsumgesellschaften in den westlichen Ländern sind im Gegenteil die neokoloniale Zurichtung der Länder des globalen Südens, die Ausbeutung ihrer Ressourcen und die Zerstörung des Klimas notwendige Voraussetzungen. Logisches Resultat ist die Blockade eines weltumspannenden Klasseninteresses. Auch die Gewerkschaften sind im methodischen Nationalismus gefangen. Bündnisse wie IndustriAll versuchen zwar, sich der nationalistischen Orientierung zu widersetzen, werden jedoch ihren Aufgaben kaum gerecht.

Die Spaltung der globalen Arbeiter*innenklasse wird durch die Ideologie des Rassismus noch vertieft. So schrieb auch Jean Ziegler in seinem 2014 erschienenen Buch *Ändere die Welt!*: »Die Integration der europäischen Arbeiter in das imperialistische Projekt war der Tod aller Theorie, aller praktischen Solidarität mit den unterjochten Klassen der Dritten Welt.«[14]

Ein weiterer Grund, warum die Sozialdemokratie immer unglaubwürdiger wird, liegt darin, dass viele Menschen, deren politische Repräsentation sie eigentlich zu ihrer Sache machen müsste, kein Wahlrecht haben: In der Millionenstadt Wien betrifft dieser eklatante Missstand sage und schreibe ein Drittel der Bevölkerung im wahlfähigen Alter. Die Sozialdemokratie ist nicht in der Lage und offenbar auch nicht willens, das »Wahlrecht für alle nach einem Jahr Aufenthalt« sicherzustellen, wie es viele antirassistische Aktivist*innen seit Langem fordern.

Die traditionellen Strömungen der Linken im 19. und 20. Jahrhundert bieten zwar unzählige positive Anknüpfungspunkte – nicht zuletzt was das Thema Antifaschismus anbelangt. Doch für sich genommen sind sie nicht in der Lage, auf die tiefe sozial-ökologische Krise des Planeten adäquate Antworten zu geben. Gerade im Hinblick auf die Klima- und Umweltzerstörung müssen neue Konzepte und sinnvolle Arbeitsteilungen erprobt werden. Nicht selten steht die Sozialdemokratie hier sogar auf der anderen Seite der Barrikaden, wie die Klimakämpfe der letzten Jahre in Wien zeigen: Die regierende SPÖ gilt dort zu Recht als »Betoniererpartei«, die mit kostspieligen Autobahnprojekten die Profitinteressen der Bauindustrie bedient und die Mobilitätswende verhindert.[15]

Der Klassenausgleich, auf dem der Sozialstaat sozialdemokratischen Zuschnitts beruht, ist ein Geiseldrama: Sobald der Wachstumsmotor stockt und eine ökonomische Krise heraufzieht, kündigt das Kapital den Kompromiss auf, um die Profite zu sichern. Der starke Glaube an technischen Fortschritt und die Steigerung der Produktivkräfte, der in fast allen Strömungen der Linken im 19. und 20. Jahrhundert vorherrschend war und zum Teil noch immer ist, hat keine Zukunft. Er taugt nicht als Rezept zur Überwindung der Vielfachkrise. Darauf hat nicht zuletzt die immer mehr Zulauf gewinnende Degrowth-Bewegung hingewiesen, auf die ich im vierten Kapitel näher eingehen werde. Ihr geht es um gezielte Wachstumsrücknahme und um einen anderen Begriff von Wohlstand und Entwicklung. Auch unter soziologischen Erwägungen sind Eurozentrismus und Nationalismus in der Arbeiter*innenbewegung kurzsichtig. Denn 70 Prozent des weltweiten Industrieproletariats leben mittlerweile im globalen Süden. Über internationale Wertschöpfungsketten sind wir miteinander verbunden – nur gemeinsame Kämpfe machen Sinn. Der Historiker und Publizist Karl Heinz Roth sagt:

> »Wir sollten Abschied nehmen vom methodischen Nationalismus, der sich seit 1914 tief in die Arbeiter*innenbewegung eingegraben hat. Wir sollten auch vom Euro- und Atlantozentrismus Abschied nehmen, der sich in den 1950er- und 1960er-Jahren hier durchgesetzt hat und der sozusagen als Relikt des Kalten Kriegs weiter fortwirkt.«[16]

Die nationalistische Wendung der sozialen Frage ist der Sündenfall jeglicher sozialen Bewegung. Wenn nicht allen Menschen, woher sie auch stammen und egal in welchem Winkel des Planeten sie sich befinden, das Recht auf Rechte zugestanden wird, wird die sozial-ökologische Transformation nicht gelingen.

Von CO_2-Lagerung bis Emissionshandel: Die Fallstricke von Technikgläubigkeit und marktbasierten Strategien

Ich habe argumentiert, dass die großen Gegenströmungen des 19. und 20. Jahrhunderts, die angetreten waren, um kapitalistischen Wettbewerb, Ausbeutung und Umweltzerstörung zu überwinden, unter ihnen insbesondere die Sozialdemokratie, der Anarchismus und der Kommunismus, auf ihre jeweils eigene Art gescheitert sind. Und zwar nicht nur an ihren damaligen Ansprüchen, sondern vor allem an den Maßstäben, die wir im Lichte der Faktenlage zur Klima- und Umweltkrise heute an jedwede soziale Bewegung anlegen müssen. Soziale Bewegungen dürfen sich heute nicht mehr auf die Überwindung des Widerspruchs zwischen Kapital und Arbeit beschränken, sie müssen sich prioritär auch dem Widerspruch zwischen Kapital und Natur widmen.

Auch innerhalb des kapitalistischen Normalbetriebs wird für Konzepte geworben, die die Ausbeutung eindämmen und die drohende Klima- und Umweltkatastrophe abwenden sollen. Sie basieren einerseits auf der Annahme, dass Wirtschaftswachstum und CO_2-Emissionen voneinander entkoppelt werden könnten, etwa durch Effizienzsteigerungen oder durch technische und marktbasierte Innovationen zur Neutralisierung der Zerstörungen, die in 200 Jahren kapitalistischer Industrialisierung entstanden sind. Andererseits setzen sie auf individuelle Konsumveränderung und die freiwillige Selbstverpflichtung von Unternehmen mittels Labels und Zertifikaten. Mit beiden Ansätzen setze ich mich im Folgenden kritisch auseinander.

Die Illusion der Entkoppelung von Wirtschaftswachstum und Naturzerstörung

Die vorherrschende starke Fokussierung auf technische Weiterentwicklungen und Neuerungen hat zur Folge, dass wir uns ständig einen Schritt nach vorn und zwei Schritte zurück bewegen. Denn technische Entwicklungen können zwar die sozialen und ökologischen Verhältnisse, in denen wir leben, punktuell verbessern, in Bezug auf eine umfassende Eindämmung der Umwelt- und Klimakrise werden sie allerdings auf gefährliche Weise überschätzt. Wenn sich die gesellschaftlichen Naturverhältnisse oder – anders formuliert – die Art und Weise, wie wir leben und arbeiten, nicht grundlegend ändern, wird sich die weitere Zuspitzung der sozial-ökologischen Krise nicht aufhalten lassen.

Lange Zeit hat auch die Linke große Hoffnungen in Produktivkraftsteigerungen gesetzt, um Armut und Elend zu überwinden. Ich habe dargelegt, dass praktisch alle linken Strömungen des 19. und 20. Jahrhunderts von Fortschrittsoptimismus geprägt waren. Doch heute, in einer Welt, die vor Reichtum überquillt, ist ein Festhalten an diesen Prämissen schlicht absurd. Zudem verschleiert es, dass Wachstum eine der notwendigen Bedingungen unseres Wirtschaftssystems darstellt. Wachstum ist Selbstzweck und beschleunigt die Vielfachkrise, denn viele technische Innovationen drohen, die existierenden sozialen und ökologischen Probleme weiter zu verschärfen.[17]

Wie die meisten europäischen Großstädte ist auch die Millionenstadt Wien von bis zu achtspurigen Autobahnen durchzogen. Wo sie entlangführen, beeinträchtigen Lärm, Feinstaub und Abgase massiv die Lebensqualität der Menschen. Wie bereits erwähnt, sollen dennoch weitere überdimensionierte Straßenbauprojekte umgesetzt werden – unter Federführung der sozialdemokratisch geführten Stadtregierung. Einer dieser Pläne betrifft die sogenannte Lobauautobahn – ein 19 Kilometer langes Straßenprojekt mit einem acht Kilometer langen Tunnel durch den Nationalpark Donau-Auen mit geschätzten Kosten von 4,5 Milliarden Euro. Im Sommer 2021 nahmen die Proteste gegen den Lobautunnel an Fahrt auf: Klimagerechtigkeitsgruppen besetzten die Baustellen; im Herbst stoppte die Verkehrsministerin der Grünen dann gegen den Willen aller anderen Parteien die Baupläne. Der damals amtierende rechtskonservative Kanzler Sebastian Kurz wetterte: »Ich bin überhaupt nicht der Meinung, dass unser Weg zurück in die Steinzeit sein sollte. Ich halte weder [etwas; A. B.] von der ständigen Politik des erhobenen Zeigefingers noch von Fantasien, dass man irgendwie leben könnte wie im vergangenen Jahrhundert.«[18]

Eine Infragestellung der imperialen Lebens- und Produktionsweise ist für die herrschenden Eliten ausgeschlossen. Zu wirkmächtig sind die Profitinteressen, die mit den bestehenden Infrastrukturen des fossilen Kapitals zusammenhängen. Damit sind die Fronten klar: Denn es ist offensichtlich, dass der Bau neuer Autobahnen klimapolitischer Selbstmord ist. Die technischen Lösungen, die der damalige österreichische Bundeskanzler Kurz und viele andere Politiker*innen vorschlugen und -schlagen, werden bei Weitem nicht ausreichen, um die Klimakrise zu bewältigen – vor allem nicht im Bereich des Straßenverkehrs. Auch der Umstieg auf Elektroautos ist nicht geeignet, um die Problematik von Klimazerstörung, Versiegelung, Feinstaub, Staus und Lärm zu lösen.

Ganz ähnlich sieht es im Flugsektor aus. Auch dort wird am Status quo festgehalten, während man Agrartreibstoffe, Wasserstoff und andere vermeintlich grüne Antriebsstoffe fördern will.

Doch beim näheren Hinsehen verblasst die Strahlkraft dieser angeblich revolutionären Neuerungen: Zum Thema Wasserstoff liefert der Sachverständigenrat für Umweltfragen der Deutschen Bundesregierung (SRU) eine ernüchternde Analyse: Blauen Wasserstoff, der aus fossilen Brennstoffen wie Gas hergestellt wird, lehnt der SRU grundsätzlich ab. Aber auch der aus Wind- und Solarenergie gewonnene grüne Wasserstoff sei kein Allheilmittel, weil keineswegs klar sei, woher die großen Mengen an grünem Wasserstoff überhaupt kommen sollen. Ein Beispiel: Um in Deutschland alle Autos mit grünem Wasserstoff betanken zu können, müssten rund 160 Gigawatt Strom produziert werden – dafür müsste die Anzahl der Windräder, die bislang in Deutschland installiert sind, verdreifacht werden. Zu dieser Menge käme die Stromerzeugung für Stahl- oder Zementfabriken noch obendrauf. Wasserstoff, so die SRU-Vizevorsitzende Claudia Kemfert, wird ein knapper und kostbarer Energieträger bleiben.[19]

Verfechter*innen von Green Economy und technischen Lösungen zur Eindämmung der Klimakatastrophe gehen davon aus, dass Effizienzsteigerungen sowie ein Umstieg auf erneuerbare Energien zu einer Entkoppelung von Wirtschaftswachstum und Ressourcenverbrauch bzw. CO_2-Emissionen führen können. Genau genommen glauben sie an eine »absolute Entkoppelung«, also an eine Senkung von Ressourcenverbrauch und Emissionen bei gleichzeitiger Steigerung des Bruttoinlandsprodukts. Diese absolute Entkoppelung ist von einer »relativen Entkoppelung« zu unterscheiden, bei der Ressourcenverbrauch bzw. Emissionen zwar weiter steigen, allerdings weniger stark als das BIP. Längst steht aber fest, dass wir für die Erreichung der Klima- und Nachhaltigkeitsziele eine absolute Nettoreduktion der Treibhausgasemissionen auf null in den nächsten zwei bis drei Jahrzehnten brauchen. Die aktuellen Entkoppelungsstrategien werden dieser Notwendigkeit nicht gerecht.

Im September 2020 präsentierten wir im Rahmen des Wissenschaftsnetzwerks »Diskurs« eine bahnbrechende Studie:[20]

Wissenschaftler*innen der Universität für Bodenkultur Wien und der Wirtschaftsuniversität Wien haben gemeinsam mit einem internationalen Team aktuelle Forschungsergebnisse zum Zusammenhang zwischen Wirtschaftswachstum und Treibhausgasemissionen zusammengetragen. Die Pressekonferenz wurde online ausgerichtet, das journalistische Interesse war groß. Helmut Haberl von der Universität für Bodenkultur Wien berichtete, dass das internationale Team mehr als 11.000 wissenschaftliche Arbeiten zum Thema gesichtet habe. 835 dieser empirischen Studien wurden im Detail systematisiert, analysiert und bewertet. Was war das Ergebnis dieser umfassenden Studie? Haberl:

> »Für die Erreichung der Klimaziele braucht man gewaltige Entkoppelungen, und zwar in der Größenordnung von fünf bis zehn Prozent pro Jahr, je nachdem, welche Erwartungen an das Wirtschaftswachstum gesetzt werden. Doch die Entkoppelungen, die wir beobachtet haben, sind alle relative Entkoppelungen; und wenn es absolute Entkoppelungen waren, dann konnten wir lediglich beobachten, dass sich Emissionen und Ressourcenverbrauch stabilisiert oder leicht reduziert haben.«[21]

Ein wesentlicher Grund dafür liegt laut Haberl im sogenannten Reboundeffekt: Effizienzsteigerungen werden durch eine gesteigerte Nachfrage aufgefressen. In anderen Worten: Neuere Geräte oder Autos sparen zwar Energie und Sprit ein, werden aber länger und häufiger genutzt. Im Verkehrsbereich werden außerdem durch den Bau zusätzlicher Autobahnen Infrastrukturen geschaffen, die die Anzahl der Autos weiter anwachsen lassen. Helmut Haberl stellt fest: »Eine absolute Reduktion um mehrere Prozent pro Jahr über mehrere Jahre in vielen Ländern – das hat man noch nie wissenschaftlich beobachtet.«[22]

Das Fazit der Wissenschaftler*innen ist also ernüchternd: Eine CO_2-Reduktion, die den Pariser Klimazielen entspricht, scheint bei weiterem Wirtschaftswachstum schlicht unmöglich zu sein. In den wenigen Fällen, in denen eine leichte absolute Entkoppelung festgestellt werden konnte, war sie zudem darauf zurückzuführen, dass die Staaten klimaschädliche Produktionszweige in andere Länder auslagerten – meist in den globalen Süden –, sodass es also auch hier nicht zu einer Reduktion kam. Keine der technischen Neuerungen, die aktuell erforscht werden, lässt den Schluss zu, dass eine ausreichende absolute Entkoppelung in absehbarer Zeit gelingen könnte.

Aus dieser Kritik folgt nicht, in eine komplette Technikfeindlichkeit abzurutschen: Es ist absolut zwingend, auch technische Neuerungen einzusetzen, um die Klimakrise einzudämmen – nicht zuletzt, was die schnellstmögliche Umstellung auf regenerative Energien betrifft. Doch die verfügbaren wissenschaftlichen Erkenntnisse machen deutlich: Mit politischen Maßnahmen, die ausschließlich auf Effizienzsteigerungen und technologische Innovationen setzen und die gleichzeitig die imperiale Produktions- und Lebensweise unangetastet lassen, sind die Umwelt- und Klimaziele nicht zu erreichen.

Emissionshandel als marktbasierte Strategie zur Lösung der Klimakrise

Unter Emissionshandel versteht man ein Instrument zum Handel mit Emissionsrechten – Staaten oder Unternehmen erkaufen sich auf diese Weise das Recht, eine bestimmte Menge an Treibhausgasen auszustoßen. Die herrschende Klimapolitik erhofft sich dadurch eine Senkung der Emissionen. Dieses Instrumentarium ist allerdings aus mehreren Gründen höchst umstritten. Im Jahr 2019 deckten die bestehenden Systeme des Emissionshandels nur etwa 20 Prozent der weltweit ausgestoßenen Emissionen ab. Zudem lagen bei mehr als zwei Dritteln dieser Systeme die Preise unter 20 US-Dollar pro Tonne CO_2-Äquivalent. Das ist viel zu niedrig, um wirksam zu sein. CO_2-Bepreisungen haben bisher kaum Lenkungseffekte gezeigt – selbst im Fall des schwedischen CO_2-Preises, der im Bereich des Verkehrs- und Gebäudesektors bei 118 Euro pro Tonne CO_2 liegt.

Auch das Emissionshandelskonzept der Europäischen Union deckt nur einen Teil aller CO_2-Emissionen ab und strotzt nur so vor Ausnahmen für emissionsstarke Industriezweige wie die Zement- und Aluminiumindustrie. Einige Industrien in der EU erhalten einen Großteil der Emissionszertifikate sogar gratis, weil befürchtet wird, dass sie ansonsten ihre Produktion aus Kostengründen in Länder verlagern könnten, in denen die Zertifikate billiger sind oder gar nicht verlangt werden.[23] Die CO_2-Steuer lag in Frankreich 2021 bei 45 Euro pro Tonne, in Großbritannien bei 21 und in Schweden, wie gesagt, bei 118 Euro pro Tonne.[24] Das schwedische Beispiel erscheint auf den ersten Blick als mutige Avantgarde, ernüchtert aber auf den zweiten Blick: Denn die energieintensiven Industrien zahlen auch dort sehr viel weniger Emissionssteuern – auch sie sollen geschont werden, damit sie nicht abwandern.

Zwar plant die EU, den Preis für eine Tonne CO_2 in den nächsten Jahren anzuheben, allerdings in einem viel zu langsamen Tempo und auf ein zu geringes Niveau. Die Tatsache, dass die Zertifikate kein Verfallsdatum haben, führt mitunter auch zu grotesk anmutenden Praxen: So hat sich der Braunkohlekonzern RWE im vergangenen Jahrzehnt, als der Zertifikatspreis lange Zeit deutlich unter zehn Euro pro Tonne lag, reichlich mit Verschmutzungsrechten eingedeckt. Das Ergebnis: RWE ist bis zum Ende des Jahrzehnts gegen steigende Preise abgesichert.[25]

Im Zuge der zivilgesellschaftlichen Mobilisierungen zum »Global Climate Action Summit« im September 2018 in San Francisco traf ich Kathleen McAfee, Professorin für Internationale Beziehungen an der San Francisco State University. Auch sie kritisierte den Emissionshandel harsch:

> »Ich denke, dass Steuern, Bußgeldzahlungen und Gebühren auf CO_2-Emissionen Teil eines Prozesses sein können, der in

> die richtige Richtung führt. Was wir aber im Grunde brauchen, sind keine weiteren marktbasierten Prozesse, sondern Gesetze, die den CO_2-Ausstoß in großem Maßstab schlichtweg verbieten. Meiner Meinung nach müssten die großen Ölfirmen vom Gesetzgeber aufgekauft und verstaatlicht werden. Wir haben an der Universität einen Plan erstellt, wie die kalifornischen Ölraffinerien stillgelegt werden könnten. […] Wir müssen den privaten Konzernen die existierenden fossilen Energiereserven, die unter unseren Böden und unter den Meeren lagern, entziehen. Wir müssen sicherstellen, dass sie niemals aus dem Boden geholt und verbrannt werden.«[26]

Dazu bräuchte es mutige politische Entscheidungen. Der Handel mit Emissionsrechten hingegen ist als Mittel zur Bekämpfung der Klimakrise ungeeignet.

Geo- und Climate Engineering: Mit »business as usual« die Welt reparieren

Mit Geo- bzw. Climate Engineering (CE) ist die bewusste Manipulation des Klimasystems oder der atmosphärischen Zusammensetzung gemeint, um der Klimakatastrophe entgegenzuwirken. Viele der zurzeit vorliegenden Vorschläge sind mit gewaltigen Eingriffen in das Weltklima verbunden – ihre Auswirkungen sind kaum kalkulierbar. Ein bekanntes Beispiel für CE sind die sogenannten Carbon Capture and Storage Technologies (CCS), bei denen CO_2 oft schon bei seiner Entstehung abgespalten, aus der Abluft gefiltert und in unterirdischen Gesteinsschichten gelagert wird.

Das Technology Centre Mongstad in der Nähe der norwegischen Stadt Bergen wurde 2012 gegründet und ist die größte Anlage auf der Welt, in der die CO_2-Abscheidung getestet und entwickelt wird. Betrieben wird sie von der norwegischen Regierung in Kooperation mit den Erdölkonzernen Equinor (früher Statoil), Shell und Sasol. Bei den Sleipner-, Gudrun- und Snøhvit-Erdgasfeldern in Norwegen wird bereits heute CO_2 in Gesteinsschichten gepresst, die etwa 800 Meter unter dem Meeresboden liegen. Untersuchungen im Jahre 2013 entdeckten allerdings Störungen im Gestein, sodass ein künftiger Gasaustritt aus dem Reservoir sehr wahrscheinlich ist. Obwohl einige CCS-Projekte bereits heute laufen, muss CCS also als relativ unausgereifte Technologie bezeichnet werden.

Im September 2021 wurde in Island die erste europäische kommerziell betriebene Anlage eröffnet, die CO_2 aus der Luft abfängt und unterirdisch in Gestein presst. Betrieben wird sie von der Schweizer Firma Climeworks. Wie groß der politische Vertrauensvorschuss ist, den derartige Experimente genießen, lässt sich daran ablesen, dass die EU-Kommission 2021 in Kooperation mit der Gates-Stiftung insgesamt 800 Millionen Euro für die Erforschung von CO_2-Abscheidungsanlagen bereitgestellt hat.

Ein weiteres Beispiel für Climate Engineering ist die Überlegung, in Ozeanen Eisendüngung vorzunehmen, um auf diese Weise das Algenwachstum zu verstärken und CO_2 aus der Atmosphäre zu binden. Es kursieren auch Vorschläge für sogenannte stratosphärische Aerosol-Injektionen (SAI), bei denen große Mengen winziger reflektierender Partikel in die Stratosphäre ausgebracht werden sollen, die das Sonnenlicht zurück in den Weltraum werfen, um die Erde zu kühlen.[27] Auch Pläne für gigantische Sonnenschirme und künstliche Vulkanausbrüche stehen zur Debatte.

Die Haltung, großmaßstäbig in die Atmosphäre, den Boden oder die Meere einzugreifen, wird nicht selten als »climate realism« bezeichnet und ihr Einfluss ist inzwischen dermaßen groß, dass Eingriffsstrategien wie diese, die jahrzehntelang als undenkbar, weil vollkommen unkalkulierbar galten, nicht länger ignoriert werden können. Selbst der Weltklimarat IPPC hat 2014 zum ersten Mal vorgeschlagen, dass verschiedene Methoden des Climate Engineering zur Bekämpfung der Klimakrise eingesetzt werden sollten. Doch ganz abgesehen von den Folgen, die dermaßen große Eingriffe in unser Öko- und Klimasystem hätten, bergen sie neue riesige Gefahren ganz anderer Art: So betont beispielsweise Manuel Kreutle vom Forschungsprogramm »Climate, Climatic Change and Society« an der Universität Hamburg, dass der Zusammenhang zwischen CE-Maßnahmen und negativen Begleiterscheinungen nicht immer eindeutig nachweisbar ist, was zu erheblichen politischen Spannungen führen könnte. Denkbar wäre, dass sich gegenseitige Schuldzuweisungen zwischen geopolitischen Kontrahenten zu Informationskriegen ausweiten könnten. Zudem seien auch feindselige Anwendungen von CE durchaus denkbar, betont Kreutle: So könnten durch Ozeandüngung gezielt Fischbestände angegriffen und durch das Erhöhen des Anteils an Aerosolpartikeln in der Stratosphäre Dürren provoziert oder vielleicht sogar die Leistungen von Solarkraftwerken signifikant reduziert werden.[28]

Climate Engineering könnte also die internationale Konkurrenz zwischen Staaten und Unternehmen um geopolitische Einflussmöglichkeiten verschärfen. Eine zusätzliche Gefahr von Climate Engineering besteht in der weiteren Entdemokratisierung der Klimapolitik. Der österreichische Klimaaktivist, Künstler und Filmemacher Oliver Ressler stellt in seiner Arbeit *Carbon and Captivity* die Frage, wer eigentlich diese gigantischen Maßnahmen steuern würde.[29] Denn wahrscheinlich ist: Climate Engineering bedeutet mehr Profit und Wachstum für das klimakrisenverursachende Kapital sowie neue Handlungsoptionen für den militärisch-industriellen Komplex.

Die Scheinlösungen für die Umwelt- und Klimakrise, die von Staaten und Konzernen entwickelt werden, wurden im September 2021 von einem breiten Bündnis von Klimabewegungen zusammengetragen und anschaulich dargestellt. Das Positionspapier *Nein zu Klimascheinlösungen* enthält 26 Maßnahmen – von Atomenergie bis Wasserstoff –, die kurz und prägnant erklärt werden. Zu den Maßnahmen heißt es:

»Einige dienen als grüne Beruhigungspille, um weitermachen zu können wie bisher – auch wenn sie kaum Treibhausgase einsparen. Manche bergen das Risiko ungeahnter Katastrophen, wie im Falle von Geoengineering. Viele Scheinlösungen machen die Welt zu einem noch ungerechteren Ort, indem sie Kolonialismus und Ausbeutung fortführen. Andere mögen ein Schritt in die richtige Richtung sein, sind im geplanten Ausmaß jedoch schädlich – oder sie werden als vollumfängliche Heilsbringer kommuniziert, obwohl sie das allein nicht leisten können. Viele lenken von tatsächlich klimagerechten Lösungen ab, indem sie Kapazitäten und Forschungsgelder binden sowie unrealistische Hoffnungen schüren.«[30]

Statt Greenwashing und technischem Machbarkeitswahn wäre es ein erster Schritt in die richtige Richtung, Verbote und absolute Grenzwerte für CO_2-Emissionen zu erlassen, wie sie Kathleen McAfee von der San Francisco State University fordert. Es braucht also nicht nur Innovation – die Schaffung von Neuem –, sondern auch Exnovation – die bewusste Abschaffung von Altem. Denn viele Maßnahmen wirken additiv. Naomi Klein sagte treffend, die aktuelle Klimapolitik sei vergleichbar mit jemandem, der Salat essen würde und dazu eine Menge Junk Food – in der Hoffnung, dabei abzunehmen.[31]

Keep it in the ground!

Die wirksamste Alternative zu gefährlichen und potenziell unkontrollierbaren Experimenten des CE sowie zum Emissionshandel besteht also schlicht und ergreifend darin, die bestehenden fossilen Energieträger dort zu lassen, wo sie sind: in der Erde. Um das zu gewährleisten, müssten Unternehmen der Energiewirtschaft konsequent in Gemeineigentum überführt werden. Die rohstoffreichen Länder müssten die Verwaltung strategischer Ressourcen von politischen Ämtern und Zyklen trennen, um zukünftigen Generationen ein gutes Leben zu ermöglichen. Dies betonte auch der Theologe und Globalisierungskritiker Boniface Mabanza beim Stiftungssymposium von medico international 2019.[32] Entsprechende Grundsätze müssten in den Verfassungen festgeschrieben werden. Ein praktischer Versuch in diese Richtung wurde 2007 von der ecuadorianischen Regierung unter Rafael Correa unternommen: Um das Erdöl, das im Yasuni-Nationalpark im Amazonasgebiet lagert, in der Erde zu lassen, sollte die internationale Staatengemeinschaft die Hälfte des errechneten Gewinns in Höhe von umgerechnet 7,2 Milliarden US-Dollar bezahlen. Das Geld hätte in einen Treuhandfonds fließen und zur Förderung alternativer Energien eingesetzt werden sollen.[33] Doch die Staaten weigerten sich. Das Geld kam nicht zusammen und das Projekt scheiterte. Dennoch müssen genau diese Pfade in Zukunft weiterverfolgt werden – mehr dazu im vierten Kapitel.

Es ist wichtig, dass wir in unserer Kritik aber noch weiter gehen. Denn einer der zentralen Gründe für die Klima- und Naturzerstörung sowie für die Ausbeutung des Menschen liegt im technokratischen Weltbild, das die Natur zu einer beherrschbaren Ressource in der Hand des Menschen degradiert.[34] Erst wenn wir die »große Trennung« rückgängig machen, die tief in den Denktraditionen der Aufklärung verwurzelt ist und den Dualismus von Mensch und Natur, Geist und Körper festschreibt, sind wir dazu in der Lage, gänzlich andere Epistemologien, also Erkenntnistheorien und Wissensformen, zu entwickeln und wiederzuentdecken.[35] Sie finden sich unter anderem in bäuerlichen und indigenen Gemeinschaften. Der portugiesische Soziologe Boaventura de Sousa Santos sagt über das Wissen von indigenen Gemeinschaften:

> »Dieses Wissen steht, trotz der extremen Vielfalt der Gruppen, im Gegensatz zum kartesischen Dualismus. Sie [die indigenen Gemeinschaften] glauben, dass die nichtmenschliche Natur tief in das sozial-menschliche

> Leben eingebettet ist und umgekehrt. Wie die indigenen Völker Amerikas sagen: ›Die Natur gehört nicht uns, wir gehören der Natur.‹«[36]

Statt radikalisiertem Konsum und technischem Machbarkeitswahn sollte die Schaffung von guten und würdigen Lebensbedingungen für alle Menschen auf der Welt im Mittelpunkt unserer Bemühungen stehen. Angesichts der Klimakrise wird dies nur gelingen, wenn die Hyperglobalisierung zurückgedrängt wird, der Ressourcenverbrauch sinkt und die lebensnotwendigen Güter nicht am anderen Ende der Welt, sondern in geografischer Nähe produziert werden.

Freiwillige Selbstverpflichtungen: Die Wirkungslosigkeit von Corporate Social Responsibility

Nach wie vor werden Waren, die in Europa konsumiert werden, unter dem Zwang maßlosen Elends und unter der Ausübung direkter Gewalt hergestellt, oft von Kindern. Noch immer schuften Menschen zum Beispiel in der Textilindustrie Südasiens bis zu 12, 13, 14, oftmals auch mehr Stunden, sechs Tage die Woche, zu Hungerlöhnen. Dies geschieht in Fabriken, die nicht einmal im Ansatz die erforderlichen Schutzbestimmungen erfüllen. Weiterhin sind Arbeiter*innen, insbesondere die Frauen unter ihnen, schutz- und rechtlos der Gewalt, auch der sexualisierten Gewalt, der Aufseher und Vorgesetzten ausgeliefert. Solcherlei Arbeitsbedingungen gehören in Europa dank langer und harter Kämpfe weitgehend – wenn auch nicht gänzlich – der Vergangenheit an. Doch an anderen Orten sind sie nach wie vor die Regel und bestimmen den Alltag von Millionen von Menschen.

Zwar verstoßen diese Verhältnisse oftmals gegen nationale Gesetze, den Arbeiter*innen fehlen aber die Möglichkeiten, ihre Rechte einzufordern: Die Gewerkschaften vor Ort sind zu schwach, Korruption ist weitverbreitet und die Justiz ist nicht unabhängig. Abhilfe könnten internationale Gesetze und Regulationsmaßnahmen schaffen, doch sie fehlen bis heute weitgehend. Was es stattdessen wie Sand am Meer gibt, sind freiwillige Labels, Gütezeichen oder Zertifikate.

Eine weitere falsche Alternative, die die unsolidarische Weltordnung zementiert, ist die sogenannte freiwillige Selbstverantwortlichkeit von Konzernen. Hochglanzbroschüren von Unternehmen werben für die Strategien der Corporate Social Responsibility (CSR). »Soziale Unternehmensverantwortung« ist spätestens seit den 1990er-Jahren ein wichtiges Schlagwort. Dem Phänomen wohnt eine eigentümliche Dialektik inne: Konzerne wie Coca-Cola, Nestlé oder H & M sahen sich nach Skandalen dazu gezwungen, teilweise auf die Forderungen von Umweltorganisationen, Gewerkschaften oder sozialen Bewegungen einzugehen. Sie müssen heute zumindest so tun, als ob sie einen sozial und ökologisch tragfähigen Kurs verfolgten. Teilweise ist es dadurch tatsächlich zu geringfügigen Verbesserungen gekommen. Doch zugleich ist ein riesiger Geschäftszweig entstanden – die perfiden Strategien der Konzerne werden heute zu Recht als Greenwashing oder Socialwashing bezeichnet.[37] Denn die Wortungetüme rund um CSR und die sogenannten Multi-Stakeholder-Initiativen verschleiern die realen Machtasymmetrien, auf denen die Produktionsverhältnisse beruhen. Thomas Rudhof-Seibert von medico international schreibt, dass spätestens nach den großen Fabrikkatastrophen in Pakistan und Bangladesch 2012 und 2013 die Zeit für freiwillige Selbstverpflichtungen abgelaufen ist.[38] Doch wir leben mittlerweile in einer Welt, in der immer mehr Aufwand betrieben wird, um immer weniger substanziell ändern zu müssen.

Verantwortungsdiffusion

Das zentrale Problem bei der »freiwilligen Selbstverpflichtung« von Unternehmen ist, dass sich für entstehende Schäden am Ende niemand zuständig fühlt. Der Soziologe Harald Welzer prägte für dieses Phänomen den Begriff der Verantwortungsdiffusion: Für Umweltzerstörung, Ausbeutung und Menschenrechtsverletzungen an den Orten der Produktion kann letztlich niemand haftbar gemacht werden.

Wie wichtig die gesetzliche Garantie der wirtschaftlichen, sozialen und kulturellen Menschenrechte wäre, lässt sich auch an der Kakaoproduktion zeigen. Derzeit liegen die Kakaopreise um rund 40 Prozent unter dem Niveau von vor zehn Jahren. Ghana und die Elfenbeinküste vereinen 70 Prozent der Welternte auf sich.[39] Eine im Oktober 2020 veröffentlichte Studie der Universität Chicago widmete sich den Herstellungsbedingungen von Schokolade und stellte fest, dass aktuell immer noch 1,5 Millionen Kinder in Westafrika unter menschenunwürdigen Bedingungen auf Kakaoplantagen arbeiten. Dabei hatten die Schokoladenriesen Mars und Nestlé schon vor Jahrzehnten versprochen, nicht mehr auf Kinderarbeit zurückzugreifen. Laut der NGO Südwind ist es allerdings nicht nur so, dass sich die Kinderarbeit in der Kakaobranche nicht verringert hat, sie ist in den letzten Jahren sogar massiv angestiegen. Die International Cacao Initiative schätzt, dass die Kinderarbeit im Zuge der Corona-Pandemie sogar nochmals um rund 20 Prozent zugenommen hat. Das bedeutet, dass weitere 300.000 Kinder in der Kakaobranche schuften müssen.[40]

Ein großer Teil des Kakaos wird von Kleinbäuer*innen angebaut – und solange die Kakaopreise dermaßen niedrig sind, können viele Familien kaum auf Kinderarbeit verzichten. Noch schlimmer sind die Bedingungen für minderjährige Arbeitsmigrant*innen. Viele der Kinder werden aus Nachbarländern wie Mali oder Burkina Faso in die Elfenbeinküste verschleppt und dort zur Arbeit auf Kakaoplantagen gezwungen.

Die seit 20 Jahren geäußerten freiwilligen Zusagen und nicht bindenden Versprechungen, Menschenrechtsverletzungen entlang von Lieferketten zu beenden, haben allenfalls zu marginalen Fortschritten geführt.[41] Das gilt nicht nur für die Kakaoproduktion, sondern auch für die Textilindustrie oder den Palmölanbau.

Ein weiteres Beispiel für die Wirkungslosigkeit von freiwilligen Selbstverpflichtungen ist die globale Diamantenproduktion: Kurz vor der Jahrtausendwende deckte die Recherchegruppe Global Witness auf, dass die blutigen Bürgerkriege in Angola, Sierra Leone und der Demokratischen Republik Kongo maßgeblich aus dem Handel mit Diamanten finanziert wurden. Zum ersten Mal konnte nachgewiesen werden, dass internationale Diamantenkonzerne Geschäfte mit allen Bürgerkriegsparteien machten. Nachdem der öffentliche Druck zu groß geworden war, wurde im Jahr 2003 das sogenannte Kimberley-Abkommen geschlossen. Dabei handelt es sich aber gar nicht um ein Abkommen, sondern nur um eine Absichtserklärung – ohne rechtliche Handhabe. Der Effekt war fatal: Das »Abkommen« hatte keinerlei Veränderungen zur Folge und noch dazu verpuffte der öffentliche Druck – die Ziele der Vereinbarung wurden schlicht nicht umgesetzt.[42]

Zwei Jahrzehnte später wurde die EU-Konfliktmineralien-Verordnung ausgearbeitet, die Anfang 2021 in Kraft trat – ein weiterer Anlauf, um die Finanzierung bewaffneter Konflikte durch wertvolle Rohstoffe zu verhindern. Mit der Verordnung wurden zwar Sorgfaltspflichten für die Importeure von Gold, Zinn, Tantal und Wolfram festgelegt. Doch während nun der Import der Rohmineralien in die Europäische Union kontrolliert wird, bleiben Fertigerzeugnisse ausgenommen, also all jene Produkte, die Zinn, Tantal, Wolfram oder Gold enthalten, wie beispielsweise Smartphones. Außerdem fehlen der Verordnung jegliche Haftungsklauseln. Letztendlich haben alle mit dem Import einhergehenden Verstöße also keine Konsequenzen.

Ein weiteres Beispiel ist die Förderung von Kobalt. Mit 100.000 Tonnen im Jahr 2019 stellt die Demokratische Republik Kongo derzeit 60 Prozent der Weltproduktion an Kobalt und 50 Prozent der bekannten weltweiten Reserven des Metalls. Die Nachfrage ist stark gestiegen, da der Rohstoff neben Lithium und Jod bei der Herstellung von Batterien für Elektroautos eingesetzt wird. Doch die Menschen im Kongo profitieren fast gar nicht von den ungeheuren Vorkommen in ihrem Land, im Gegenteil: Bei Stolleneinbrüchen kommt es immer wieder zu Verschüttungen, die mitunter zahlreiche Tote fordern und Verletzte zurücklassen.

So starben im Juni 2019 in der Nähe der südkongolesischen Stadt Kolwezi in einem Bergwerk, das zur Glencore-Tochter Kamoto Copper Company SARL (KCC) gehört, mindestens 43 Menschen beim Einbruch zweier Tunnel. Der Vorfall brachte ans Licht, dass rund 2.000 Menschen, die formal von niemandem angestellt waren, täglich im Bergwerk der KCC arbeiteten. Bei ähnlichen Grubenunglücken starben mindestens 30 Menschen im Dezember 2019 in einem Goldbergwerk in der kongolesischen Provinz Haut-Uélé und ebenso viele in der Provinz Bukavu in mehreren Gruben infolge von Regenfällen.[43]

Den Großkonzernen gelang es, die Geschehnisse mit den Methoden der CSR weitgehend zu vertuschen. Ende Februar 2019 kündigte der Konzern Apple eine Verstärkung seiner Selbstverpflichtungen auf diesem Gebiet an. Dies hinderte Apple jedoch nicht daran, an seinen Ausbeutungspraktiken im Kongo festzuhalten. Ende 2019 erhob die Menschenrechtsorganisation International Rights Advocates in der US-Bundeshauptstadt Washington D. C. im Namen der Familien von 14 kongolesischen getöteten oder schwerverletzten Kindern Klage gegen mehrere internationale Konzerne mit Sitz in den USA, weil diese von Kinderarbeit im Kongo profitierten. Zu den Beklagten zählen neben Apple auch die IT-Giganten Google, Microsoft und Tesla.[44]

Internationales Recht statt CSR

Manfred Nowak ist Professor für Internationale Menschenrechte und war wissenschaftlicher Direktor am Ludwig-Boltzmann-Institut in Wien. In geduldiger und gewissenhafter Arbeit streitet er seit vielen Jahrzehnten für wirksame Lieferkettengesetze und gegen die Dominanz der Corporate Social Responsibility. Seine Vorschläge für eine internationale Strafrechtsarchitektur, die Menschenrechte in globalen Produktions- und Lieferketten schützt, sind weltweit bekannt. An einem Maimorgen im Jahr 2021 empfängt mich Manfred Nowak in seinem Büro in der Wiener Hörlgasse. Nowak spricht normalerweise mit ruhiger und gelassener Stimme, doch plötzlich macht er seinem Ärger Luft:

> »Wir haben schon seit Jahrzehnten gefordert, dass es einen internationalen Gerichtshof für Menschenrechte geben sollte, ähnlich wie es einen Europäischen Gerichtshof für Menschenrechte in Straßburg, einen interamerikanischen Gerichtshof oder einen afrikanischen Gerichtshof für Menschenrechte gibt. Aber auch diese regionalen Gerichte haben wiederum nur die Verantwortung, Staaten in die Verantwortung zu ziehen, und da auch wiederum nur für bürgerliche und politische Rechte.«[45]

Wirtschaftliche, soziale und kulturelle Menschenrechte seien, so Nowak, nirgendwo einklagbar. Und solange sie das nicht sind, profitieren Unternehmen weltweit von menschenrechtswidrigen Arbeitsbedingungen. Multinationale Unternehmen kontrollieren rund 80 Prozent des globalen Handels oder sind zumindest daran beteiligt. Entlang ihrer Produktions- und Lieferketten besteht nach Angaben von Human Rights Watch für mehr als 450 Millionen Arbeiter*innen keine ausreichende rechtliche Absicherung.[46] Laut einer Studie der Vereinten Nationen arbeiten weltweit rund 40 Millionen Menschen unter sklavenähnlichen Bedingungen – so viele Menschen wie noch nie zuvor.[47] »Wenn es hart auf hart kommt« fährt Manfred Nowak fort, »vor allem in Zeiten ökonomischer Krisen, dann sind die Ausgaben für Corporate Social Responsibility die ersten, die gestrichen werden.«

Solange wir uns auf CSR verlassen und es kein wirksames internationales Unternehmensstrafrecht gibt, wird die Ausbeutung weitergehen. Klimaschützer*innen, Gewerkschafter*innen oder Journalist*innen werden weiterhin drangsaliert, entführt und umgebracht werden. Ohne wirksames Unternehmensstrafrecht werden Gewerkschaftsbüros oder Redaktionsräume weiterhin von Schlägertrupps, die von Fabrikant*innen bezahlt werden, verwüstet werden. Mega-Projekte werden weiterhin rund um den Globus zu Landvertreibungen und Abholzungen führen. Und weiterhin wird mit zweierlei Maß gemessen werden: Denn viele schädliche Praktiken, die in den Ländern Europas durch die Einführung wirksamer Gesetze schon lange der Vergangenheit angehören, sind in Ländern des Südens noch immer gang und gäbe – zum Nutzen europäischer Firmen. So hat die Schweizer NGO Public Eye gemeinsam mit weiteren Organisationen aufgedeckt, dass allein im Jahr 2018 von europäischen Unternehmen 80.000 Tonnen Pestizide exportiert worden sind, die auf europäischen Feldern nicht verwendet werden dürfen. Dazu zählt das Pestizid Paraquat, das in der EU seit 2007 verboten ist, aber von europäischen Unternehmen in den globalen Süden exportiert wird.[48]

Während die Forderungen nach Lieferketten ohne Ausbeutung immer lauter werden, arbeiten Konzernlobbys und Wirtschaftsverbände daran, entsprechende Vorstöße aufzuhalten oder zumindest zu verwässern. Immer wieder versuchen sie, bindende gesetzliche Regelungen zu umgehen und stattdessen Strategien der CSR vorzuschieben. Doch es ist eine Illusion, die Zerstörungswut des globalen Wirtschaftssystems mit freiwilligen Selbstverpflichtungen oder Appellen an die Konsument*innen eindämmen zu können. Stattdessen brauchen wir wirksame globale Institutionen und Gesetze. Im vierten Kapitel werde ich einige konkrete Ansätze vorstellen, die in diese Richtung weisen.

Mit der sich zuspitzenden sozial-ökologischen Krise werden Konzerne und Staaten immer mehr Ressourcen darauf verwenden, gegenüber der Öffentlichkeit »so zu tun als ob«. Aus diesem Grund besteht ein wichtiger Teil der Arbeit der sozialen Bewegungen darin, freiwillige Selbstverpflichtungen, Greenwashing und Socialwashing zu benennen, zu kritisieren und solidarische Alternativen zu entwickeln und umzusetzen.

4
Das Jahrhundertprojekt der sozial-ökologischen Transformation

Wie kann die Vielfachkrise emanzipatorisch bearbeitet werden? Wie kann solidarische Gesellschaftlichkeit aussehen, die nicht vor nationalen Grenzen haltmacht? Welche Strategien sind sinnvoll? Jean Ziegler hat recht: Entweder wir zerstören den Kapitalismus oder er zerstört uns. Wir stehen vor dem Jahrhundertprojekt der sozial-ökologischen Transformation. Im Folgenden möchte ich einige Thesen zur solidarischen Arbeitsteilung vorstellen, die sich von den falschen Alternativen, die ich im vorherigen Kapitel beschrieben habe, abheben. Sie sind nicht als fixe Programmatik zu verstehen, sondern vielmehr als Denkanstöße. Sie sollen als Inspirationsquellen dienen und zu weiteren Solidaritätsaktionen ermuntern.

Aufgrund der Vielfachkrise droht ein »change by desaster«, denn es wird nicht auf unbegrenzte Zeit so weitergehen wie bisher. Entsprechend dem »Seneca-Effekt«, den ich im ersten Kapitel beschrieben habe, kommen gesellschaftliche Brüche häufig überraschend. Dann ist die Frage, ob es politische Kräfte gibt, die in der Lage sind, im Sinne einer sozial-ökologischen Transformation zu handeln und Orientierung zu geben. Wir können das »change by desaster« nur verhindern, wenn wir uns mit aller Kraft dafür einsetzen, ein »change by design« einzuleiten. Dafür braucht es globale Solidarität. Um diese praktisch werden zu lassen, reicht es nicht aus, auf nur *einer* gesellschaftlichen Ebene präsent zu sein – beispielsweise ausschließlich in den sozialen und ökologischen Basisbewegungen. Diese können zwar über einige Zeit hinweg große Bedeutung im öffentlichen Diskurs erlangen, wie nicht nur Fridays for Future, sondern auch vorangegangene Bewegungszyklen rund um die weltweiten Platzbesetzungen oder die globalisierungskritischen Bewegungen gezeigt haben. Doch soziale Bewegungen haben, isoliert betrachtet, den Nachteil, dass sie den Druck, den sie aufbauen, nicht auf Dauer aufrechterhalten können. Um nicht zu scheitern, müssen sie über kurz oder lang in der Lage sein, ihre Forderungen in ein institutionelles Gefüge zu gießen – sonst bleibt letztlich alles beim Alten. Gleichzeitig droht eine reine Fokussierung auf den Staat, jene Fehler zu wiederholen, die für die verschiedenen Sozialismen des 20. Jahrhunderts charakteristisch waren und die ich im dritten Kapitel beschrieben habe.

Bündnispolitik, Doppelstrategie und solidarische Arbeitsteilung

Um der imperialen Produktions- und Lebensweise entgegenzutreten, sollten verschiedene emanzipatorische Strategien produktiv zusammenwirken; oder anders formuliert: Wir sollten zu einer solidarischen Arbeitsteilung finden. Basisbewegungen, Zivilgesellschaft und NGOs, Gewerkschaften, fortschrittliche religiöse Communities, Journalist*innen, Kulturschaffende, Aktive an Universitäten und in progressiven Parteien können – bei aller Unterschiedlichkeit in der Wahl der Methoden und Ansätze – Synergien entwickeln und verlässliche Austausch- und Aktionsstrukturen schaffen. Dies ist oft unbequem und bringt häufig Konflikte mit sich. Doch gerade in der produktiven Austragung dieser Konflikte steckt großes Potenzial. Eine solidarische Arbeitsteilung basiert auf mehreren Elementen.

Transnationale Solidarität

Durch erfolgreiche Kämpfe im globalen Norden können die Handlungsspielräume im globalen Süden vergrößert werden. Der Sozialwissenschaftler Ingar Solty argumentiert etwa, dass Klassenkampf im globalen Norden den Freihandels- und Imperialismusdruck nach außen verringert. Dazu gehören zum Beispiel die erfolgreiche Verteidigung des Sozialstaats, jede Mindestlohnerhöhung und jede erfolgreiche Tarifauseinandersetzung. Sie sind laut Solty strukturell antiimperialistisch, weil sie überschüssiges Kapital binden, Exportorientierung verringern und den Ländern im globalen Süden so mehr Luft zum Atmen lassen. In diesem Sinne müsste laut Solty ein neuer Antiimperialismus auch Formen der De-Globalisierung (Walden Bello) und des aufgeklärten Protektionismus (Hans-Jürgen Urban) einbeziehen.[1] Solty gibt zwar zu bedenken, dass ein solches Reformprogramm den Kapitalismus erst einmal nicht überwindet – im Gegenteil: es stabilisiere ihn womöglich in gewisser Weise –, doch als konfliktorientiertes, antineoliberales Programm verbessert es die Kampfposition der sozial-ökologischen Bewegungen für darüberhinausgehende antikapitalistische Strategien.

Eine solidarische Arbeitsteilung in Prozessen transnationaler Organisierung kann auch bedeuten, dass Organisationen im globalen Norden materielle und symbolische Ressourcen denjenigen Aktivist*innen im globalen Süden zur Verfügung stellen, die darauf keinen Zugriff haben. Ich werde im Folgenden einige praktische Beispiele dafür vorstellen.

Bewegungspolitische Cross-overs

Solidarische Arbeitsteilung bedeutet darüber hinaus, dass verschiedene auf Freiheit, Gleichheit und Solidarität ausgerichtete Kämpfe kombiniert und nicht nach ihrer vermeintlichen Wichtigkeit »hierarchisiert« werden. Martin Birkner, Leiter der Buchreihe Kritik & Utopie beim Wiener Mandelbaum Verlag, ruft in Erinnerung, dass der Begriff der Multitude, der zu Beginn der

Nullerjahre viel diskutiert wurde, dafür wichtige Denkimpulse geben kann:

> »Für heutige Auseinandersetzungen lässt sich mit dem Begriff der Multitude eine Form der Kollektivität denken, die gerade nicht auf eine Vereinheitlichung ihrer internen Differenzen abzielt, sondern vielmehr auf deren Anerkennung. Erst durch diese Anerkennung lässt sich politische Gemeinsamkeit und in Folge eine gemeinsame Strategie entwickeln.«[2]

Eine Politik der Multitude, so Birkner,

> »überschreitet zunächst den scheinbaren Antagonismus zwischen Interessen- und Identitätspolitik. [...] In der unaufhebbaren Verbundenheit von (ökonomischer) Ausbeutung und (›kultureller‹) Unterdrückung findet eine Politik der Multitude die Kraft ihrer Radikalität.«[3]

Wichtig ist also stets, in den verschiedenen sozialen und ökologischen Kämpfen Synergien zu suchen und sie nicht gegeneinander auszuspielen.

Ein sehr erfolgreiches und immer wieder zitiertes Beispiel für diese spektrenübergreifende Solidarität ist die Unterstützung eines Bergarbeiterstreiks in Großbritannien im Jahr 1984 durch queere Aktivist*innen der LGSM (Lesbians and Gays Support Miners). Die Trennung zwischen Klassen- und Identitätspolitik wurde hier praktisch überwunden. Die LGSM sammelte Geld und besuchte die Streikenden in der südwalisischen Ortschaft Onllwyn. Ihr Einsatz bewegte die britische Gewerkschaft der Bergarbeiter anschließend dazu, sich stärker für die Rechte von Queers einzusetzen, und hatte zur Folge, dass sexuelle Gleichberechtigung Teil des Labour-Parteiprogramms wurde. Der Film *Pride* aus dem Jahr 2014 wurde 30 Jahre nach der Solidaritätsaktion zu einem großen Kinoerfolg. Die verfilmte Geschichte von LGSM hat heute eine neue Organisation inspiriert, nämlich die Lesbians and Gays Support the Migrants. Sie sammelt nicht nur Geld für migrantische Projekte, sondern hat sich auch einen Namen mit spektakulären Solidaritätsaktionen gemacht, nicht zuletzt durch die Blockade eines Flugzeugs im Sommer 2018, mit dem Geflüchtete abgeschoben werden sollten.

Diese bewegungspolitischen Cross-overs sind gelebte Solidarität. Wie im genannten Beispiel können sie dafür sorgen, dass sich die Arbeiter*innenbewegung nicht nur um das Widerspruchsfeld zwischen Arbeit und Kapital kümmert. Darüber hinaus können sie verhindern, dass Bewegungen für die Rechte von LGBTIQA*-Personen vom viel zitierten »progressiven Neoliberalismus« (Nancy Fraser) vereinnahmt werden. Dauerhafte und vitale Verbindungen zur Arbeiter*innenbewegung und zu globalen Solidaritätsbewegungen betten die eigenen Forderungen in einen größeren Kontext ein, der für die Verwirklichung der Ziele entscheidend sein kann.

Im besten Fall ermöglicht diese Zusammenarbeit, dass die unterschiedlichen Szenen und Milieus aufeinander zugehen und etwaige Vorbehalte und Ressentiments entschärfen und abbauen. Dass dies nicht immer konfliktfrei ist, versteht sich von selbst, ist aber kein Grund, es nicht zu tun.[4] Oder wie es Naomi Klein mit Blick auf die notwendige intersektionale Orientierung der Klimabewegung formuliert:

> »Über lange Zeit hinweg wurde uns eine Politik präsentiert, die die ökologischen Katastrophen von den wirtschaftlichen und gesellschaftlichen Systemen trennte, die sie überhaupt ausgelöst hatten.«[5]

Doch Rassismus und Sexismus, kapitalistische Ausbeutung, Armut sowie Zerstörung der Biodiversität und des Klimas sind laut Naomi Klein keine entkoppelten Ereignisse, sondern unserem

System inhärente Strukturkomponenten – sie bedingen einander. Die Suche nach Alternativen kann nur erfolgreich sein, wenn sie diesem Umstand Rechnung trägt.

Ein weiteres eindrucksvolles Beispiel für solidarische Arbeitsteilung und Bewegungs-Cross-over beschreibt die Publizistin Friederike Habermann in ihrem Porträt der mit 54.000 Mitgliedern äußerst starken kanadischen Postgewerkschaft CUPW (Canadian Union of Postal Workers): Es handelt sich um eine Gewerkschaft, die sich

> »seit Jahrzehnten mit den Marginalisierten dieser Welt verbündet, erschwingliche Kinderbetreuungsstätten mitträgt, am Nationalfeiertag eine indigene Flagge hisst, schon mal das Bankenzentrum Torontos besetzt hat, bereits vor Jahren dafür streikte, zum Transformationstool in eine ›klimaneutrale sozioökonomische Struktur, die niemanden zurücklässt‹, zu werden, und für die die Bevölkerung die Streikposten übernimmt. […] Die CUPW strebt eine Wirtschaft mit 100 Prozent erneuerbarer Energie an, die aber auch Ungleichheiten abbaut und die Communities in die Lage versetzt, sich besser zu organisieren und Veränderungen vorzunehmen.«[6]

Die Gewerkschaft unterstützt auch die Proteste der indigenen Wet'suwet'en, die Anfang 2020 ihr traditionelles Gebiet im Norden von British Columbia wiederbesetzt hatten, um die geplante Coastal-GasLink-Pipeline, die Erdgas aus dem nordöstlichen Teil der Provinz quer durch ihr Territorium an die Küste transportieren soll, zu verhindern.

Um noch einmal auf die streikenden Minenarbeiter in England zurückzukommen: Zwischen 1992 und 1995, mitten im Jugoslawienkrieg, organisierten britische Aktivist*innen Hilfskonvois in die Stadt Tuzla, die im heutigen Bosnien und Herzegowina liegt. Die Konvois waren nicht als humanitäre Hilfe gedacht, sondern als ein Versuch, die lokalen Arbeiter*innen zu unterstützen: Denn viele von ihnen weigerten sich, sich aufgrund der ihnen zugeschriebenen ethnischen Zugehörigkeit gegeneinander aufhetzen zu lassen. Tuzla liegt in einem Bergbaugebiet mit einer langen Geschichte des Arbeiter*innenwiderstands, die bis zum Bergarbeiterstreik von 1922 zurückreicht. In den Jahren 1984 und 1985 hatten die Bergarbeiter der Region einen Tageslohn pro Monat an ihre streikenden britischen Kolleg*innen gespendet. 1992 reagierten die britischen Bergarbeiter auf einen Appell, die Solidarität von damals zu erwidern.[7]

Nicht immer gelingen solche solidarischen Bezugnahmen. Sie sind in der Regel höchst voraussetzungsvoll und erfordern beharrliche und geduldige Bündnisarbeit – manchmal bedarf es auch schlicht eines guten Moments. Immer wieder nach solidarischen Verknüpfungspunkten zu suchen ermöglicht aber den Blick über den Tellerrand und stärkt die eigene Bewegung.

Mosaiklinke

Solidarische Arbeitsteilung bedeutet auch, dass die unterschiedlichen Akteur*innen innerhalb der jeweiligen Bewegungen ihren je spezifischen Zugang zu unterschiedlichen Milieus nutzen sollten. Wichtig sind offene Kommunikationskorridore und Gesprächsräume, die sich beispielsweise durch gemeinsame Konferenzen, Aktionen, Camps oder Demonstrationen herstellen und verstetigen lassen.

Eine der eindrucksvollsten Zusammenkünfte dieser Art, an der ich persönlich teilgenommen habe, war das erste Klima- und antirassistische »Doppelcamp«, das im Sommer 2008 in Hamburg stattfand und an dessen Aktionen sich mehr als 2.500 Menschen beteiligten. Das Aktionscamp kombinierte zum ersten Mal bewusst klimapolitische und antirassistische Fragestellungen und brachte dadurch verschiedene Akteur*innen aus unterschiedlichen aktivistischen Milieus zusammen. Zu den gemeinsam durchgeführten Aktionen gehörten die Abriegelung der Zufahrtsstraßen zum Hamburger Flughafen, die Besetzung der Baustelle des Kohlekraftwerks Moorburg oder die Blockade eines Supermarkts in der Hamburger Innenstadt. Motto des Camps war: »Für ein ganz anderes Klima – globale soziale Rechte für alle!«[8]

Seither hat sich vieles weiterentwickelt. Vielfältige Bündnisse sind entstanden und Slogans wie »Antifa for Future« oder »Burn borders not coal«, also »verbrennt die Grenzen, nicht Kohle«, haben sich etabliert – diese Brückenschläge spiegeln die notwendige Verschränkung von Klimabewegungen und antifaschistischen bzw. antirassistischen Kämpfen wider.

Solidarische Arbeitsteilung zwischen unterschiedlichen Protestmilieus findet auch bei Aktionen gegen Straßen- oder Kraftwerksbau statt, etwa wenn lokale Bürger*inneninitiativen mit autonomen Gruppen und NGOs zusammentreffen. Obwohl sich die Organisations- und entsprechenden Umgangsformen deutlich voneinander unterscheiden, können sich gerade dadurch produktive Ergänzungen ergeben. Denn auch hier können die Fähigkeiten und Ressourcen der unterschiedlichen Akteur*innen Türen zu unterschiedlichen Milieus öffnen: Eine Flugblattgestaltung mit Schere und Klebstift mag technisch nicht auf der Höhe der Zeit sein, spricht aber vielleicht Menschen an, die man mit einem Mobi-Video gar nicht erreicht oder sogar abgeschreckt hätte. Wiederum andere lassen sich am besten für die Sache gewinnen, wenn sie einen Brief mit persönlicher Anrede bekommen. Bei der Zusammenarbeit geht es also darum, gewisse Differenzen auszuhalten – es macht durchaus Sinn, die gewohnte Praxis und das Partikularinteresse der eigenen Organisation ein Stück weit zurückzustellen und zu versuchen, Milieugrenzen zu überwinden und breite Bündnisse zu schmieden. Der langjährige Oxfam-Aktivist Duncan Green betont in seinem Buch *How Change Happens*, dass wir allzu oft dazu neigen würden, mit »Leuten wie uns« zusammenzuarbeiten, obwohl Bündnisse mit »unüblichen Verdächtigen« (Unternehmen, Glaubensgemeinschaften, Akademiker*innen) oft effektiver sein können.

Festzuhalten bleibt: Arbeitsteilung zwischen unterschiedlichen progressiven Gruppen und Organisationen kann also eine wichtige Ausdrucksform von Solidarität sein. Sie ist sowohl in einem politisch-geografisch begrenzten Gefüge sinnvoll (z. B. im Einsatz gegen klimaschädliche Großprojekte) als auch im globalen Maßstab, etwa zwischen Bewegungen im globalen Norden und im globalen Süden, die oftmals unter radikal verschiedenen Bedingungen kämpfen. Sie kann in Form von bewegungspolitischen Cross-overs »horizontal« praktiziert werden oder aber »vertikal«, sprich zwischen sozialen Basisbewegungen auf der einen Seite und institutionellen Akteur*innen auf der anderen.

Vertikale Arbeitsteilung

Eine »vertikale Arbeitsteilung« kann zum Beispiel zwischen Basisbewegungen und fortschrittlichen Parteien praktiziert werden. So ist etwa die Politik von Alexandria Ocasio-Cortez und Bernie Sanders in den USA – beide wichtige Vertreter*innen des linken Flügels der Demokratischen Partei – noch immer ein starker Bezugspunkt für soziale Bewegungen. Der »radikale Reformismus«,[9] der aus solchen Ansätzen erwächst, ist zwar immer ambivalent, aber keineswegs bedeutungslos. Soziale Bewegungen können linken Parteien politischen Kredit geben, den sie ihnen auch wieder entziehen können, wenn das Projekt scheitert und die betreffende Partei bzw. Politiker*in zum Verwalter des kapitalistischen Normalzustands wird. Dies ist zugegebenermaßen nicht selten der Fall, denn bekanntlich entwickelt jede Bürokratie mit der Zeit eine spezifische Eigenlogik, in der die Selbsterhaltung mehr Raum einnimmt als das Erreichen der ursprünglich gesetzten Ziele. Dennoch kann es sich lohnen, zumindest zu versuchen, entsprechende Kooperationen einzugehen, und sei es nur für eine gewisse Zeit.

Ein Beispiel dafür formuliert die Stadt-AG der Interventionistischen Linken Berlin, die sich für leistbare Mieten einsetzt. Die Aktivist*innen schreiben:

> »Im ersten Schritt geht es darum, den privaten Wohnungsmarkt mit Steuern, Regulierungen und Marktbehinderungen zurückzudrängen. Dadurch wird Spekulation mit Wohnraum unattraktiv, die durch hohe Renditeerwartungen aufgeblähten Preise sinken. Eingriffsmöglichkeiten bieten sich durch die Einführung von Luxuswohnsteuern und Grunderwerbssteuererhöhungen bzw. mittels Spekulationssteuern auf Immobiliengewinne als auch wesentlich weitreichender mittels gesetzlich festgelegten Mietobergrenzen. Diese Richtungsforderungen können realpolitische und autonome Strategien kombinieren und machen eine Arbeitsteilung möglich.«[10]

Auch Andreas Malm aus Schweden, der als durchaus umstrittener Autor von Büchern über Klimaaktivismus bekannt wurde, gesteht zu, dass für das Abbremsen der Erderhitzung das »gesamte Spektrum der populären Hebelwirkung, von Wahlkampagnen bis zur Massensabotage« benötigt werde.[11] Auch er schlägt also eine Arbeitsteilung und eine Vielfalt der Taktiken vor.

Das spannungsgeladene Verhältnis zwischen sozialen Bewegungen und fortschrittlichen Parteien ist spätestens seit der Zeit der Zweiten Internationale ein heißes Eisen. Abschließende Antworten kann es diesbezüglich nicht geben. Ob Kooperationen im Sinne einer sozial-ökologischen Transformation und globaler Solidarität möglich sind, entscheidet sich in der konkreten Situation.

Fest steht aber: Institutionelle Akteure wie Parteien müssen durch Bewegungen von unten immer in die Richtung ihrer ursprünglichen Agenda gedrängt werden, sonst gehen sie im kapitalistischen Normalbetrieb auf und unterscheiden sich am Ende durch nichts mehr von den gewöhnlichen bürgerlichen Parteien. »Sie dachten, sie seien an der Macht, dabei waren sie nur an der Regierung.« Dieses Kurt Tucholsky zugeschriebene Zitat hat deshalb auch heute noch hohe Relevanz. Ohne den Druck von der

Straße lassen sich mutige Änderungen in der Regel schlicht nicht umsetzen.

Im September 2021 geschah in Graz, der zweitgrößten Stadt Österreichs, das Unwahrscheinliche: Die Kommunistische Partei Österreichs mit Elke Kahr an der Spitze wurde zur stärksten Partei gewählt und verdrängte die ÖVP aus der Stadtregierung. Gelingen konnte dies nur durch jahrzehntelange Arbeit an der Basis und glaubwürdige Sozialpolitik, vor allem im Wohnbereich. Nach den Koalitionsverhandlungen mit SPÖ und Grünen schrieb die KPÖ:

> »In Graz ist die KPÖ seit einem Monat wirklich ›die stärkste der Parteien‹, wie es in der Internationale heißt. [...] [Doch] wir als KPÖ können und werden uns nicht darauf verlassen, dass ›die Frau Elke‹ im Bürgermeisteramt jetzt alles im Sinne der Bevölkerung regeln wird. [...] Das kapitalistische System mit all seinen Widersprüchen und Nachteilen für die überwiegende Mehrheit der Bevölkerung ist ja immer noch da.«[12]

Für echte Veränderung, so die Aktivist*innen der KPÖ-Graz, brauche es den Druck von unten in die richtige Richtung. Aus diesem Grund sei es absolut wichtig, das »Bündnis mit der Grazer Bevölkerung weiterhin zu suchen und zu vertiefen«.[13] Es braucht also ein ständiges Wechselspiel zwischen dem Anstoß durch soziale Bewegungen und weiterer Institutionalisierung und Verankerung in sanktionierbaren gesellschaftlichen Normen.

Dieser Ansatz trifft sich mit den von Erik Olin Wright formulierten Strategien der Symbiose, des Freiraums und des Bruchs: Symbiotische Strategien zielen laut Wright auf die Erringung von sozialen und ökologischen Verbesserungen im Kompromiss mit den herrschenden Institutionen und Klassen ab; Freiraumstrategien setzen auf die Entwicklung von Alternativen, die eine postkapitalistische Gesellschaft im Kleinen vorwegnehmen, und Elemente eines Bruchs mit der herrschenden Logik gehen von außerparlamentarischen Massenmobilisierungen durch soziale Bewegungen aus.[14] Wenn sich diese drei Ebenen ergänzen und sich wechselseitig stärken, kann es gelingen, markante Veränderungen zu erkämpfen.

Doppelstrategie

Der Ansatz der solidarischen Arbeitsteilung berührt auch das Theorem der Doppelstrategie. Wie oben ausgeführt macht es Sinn, kraftvoll, überzeugend und großmaßstäbig in die Gesellschaft hineinzuwirken, um die Institutionen und Tiefenstrukturen unserer Gesellschaft zu verändern. Doch gleichzeitig ist es wichtig, dass wir auch unser eigenes Handeln im Alltag bzw. in unserem unmittelbaren Umfeld nicht unverändert lassen. Dies gelingt im Sinne der von Wright postulierten Freiraumstrategie am besten mit kollektiven Ansätzen, beispielsweise mit selbstorganisierter kollektiver Kinderbetreuung, Genossenschaften, Food-Coops, landwirtschaftlichen Kooperativen und Kommunen, Carsharing-Modellen, gemeinnützigen Stiftungen und vielem mehr. Je alltäglicher und sichtbarer diese Alternativen werden, desto mehr Menschen werden auf Autos verzichten, weniger oder kein Fleisch essen, mit dem Zug in den Urlaub fahren statt mit dem Flugzeug, Wohnraum gemeinsam nutzen und verwalten und ihre Lebensmittel auf lokalen Märkten beziehen anstatt im Supermarkt.

Doppelstrategie heißt, Formen der kollektiven Organisierung in sozialen Bewegungen mit widerständigen Praxen im Alltag zu verbinden. Voraussetzung dafür, dass Menschen Alternativen zur imperialen Lebensweise im Alltag unmittelbar und niedrigschwellig umsetzen können, ist der Auf- und Ausbau einer sozial-ökologischen Infrastruktur, die für alle Menschen zugänglich ist und die sie in demokratischen Prozessen mitgestalten können. Eine sozial-ökologische Infrastruktur reicht von genossenschaftlich organisierter Energiegewinnung aus Solar- oder Windenergie über einen gut ausgebauten öffentlichen Verkehr, gut gedämmte, leistbare und genossenschaftlich oder kommunal verwaltete Wohnungen bis hin zu einer guten Gesundheitsversorgung für alle. Strategien »von oben«, also ordnungspolitische Maßnahmen, ergänzen sich dann mit solchen »von unten«. Die beiden Elemente der Doppelstrategie stehen in ständiger Wechselwirkung und können nicht losgelöst voneinander betrachtet werden. Auf diese Weise kann sich solidarische Gesellschaftlichkeit herstellen und absichern.

Im nun folgenden Kapitel möchte ich diese These anhand der viel diskutierten Konsumfrage ausführen.

Von der Konsumkritik zum kollektiven Widerstand

Im Frühsommer 2017 organisierte das Institut für Politikwissenschaften der Universität Wien im Seminarhaus Mühle Nikitsch im österreichischen Burgenland ein Seminar zum Thema imperiale Lebensweise. Im Jahr 2012 gegründet, gehöre ich der Gruppe von neun Erwachsenen und sechs Kindern an, die diesen Ort als Treffpunkt für soziale Bewegungen, Zivilgesellschaft und künstlerische Gruppen betreibt. Viele Stunden lang diskutierten wir im großen Plenum gemeinsam über die imperiale Lebensweise und über Alternativen. Mit Ulrich Brand – gemeinsam mit Markus Wissen Autor des gleichnamigen Buchs *Imperiale Lebensweise* –, zeichneten wir im sonnendurchfluteten Garten der Mühle ein ausführliches Gespräch auf, das anschließend in mehreren Zeitungen erschien.[15] Ein zentraler Punkt in der Debatte war die Frage nach Strategien für die Durchsetzung einer sozial-ökologischen Wende. Wie kann die dringend notwendige Transformation gelingen? Welche Widerstände stehen ihr entgegen? Ulrich Brand argumentierte ebenfalls gegen falsche Alternativen, von denen ich einige im dritten Kapitel angeführt habe:

> »In der aktuellen Öko-Debatte sehen wir zwei große Strömungen: Die erste besagt, dass wir die Wende mit einer technologischen Revolution schaffen müssen. Für diesen Ansatz steht beispielsweise Ralf Fücks, der frühere Vorsitzende der grünennahen Heinrich-Böll-Stiftung in Deutschland, der stark für sogenannte Sprungtechnologien argumentiert. Der zweite Ansatz richtet sich an die Bürger und sagt: ›Du kannst die Welt retten, wenn du grün konsumierst.‹«[16]

Beide Haltungen transportieren problematische Versprechungen, so Brand. Denn obzwar neue Technologien und Innovationen durchaus wichtig sein können und es Sinn macht, anders zu konsumieren, sei die tiefgreifende soziale Transformation, die wir brauchen, weder durch technologische Entwicklung noch durch moralische Appelle und die damit einhergehende Individualisierung von Verantwortung zu erreichen. Indem der tägliche Konsum als Handlungsfeld von anderen politischen Handlungsfeldern isoliert wird, erhält er eine vorrangige Funktion: Einkaufen wird zur »guten Tat« per se stilisiert, es dient nicht nur der Gewissensberuhigung, sondern auch der Distinktion und moralischen Abgrenzung gegenüber anderen.[17]

Was es hingegen braucht, sind starke ordnungspolitische Maßnahmen, die klimafreundliche Konsumentscheidungen eindeutig begünstigen. Die »Freiheit«, zu jeder Zeit und allerorts alles konsumieren zu können, muss radikal infrage gestellt werden.

Veränderte Konsumentscheidungen als Politisierungsschritt

Doch vollständig abschreiben sollten wir das Handlungsfeld des täglichen Konsums auf keinen Fall. Veränderte Konsumentscheidungen können für viele Menschen durchaus ein erster wichtiger Politisierungsschritt sein, auf den weitere Schritte folgen. Voraussetzung ist, dass Konsumentscheidungen nach sozialen und ökologischen Kriterien nicht auf dem Niveau einer rein individuellen

Gewissensberuhigung stehenbleiben. Unter bestimmten Bedingungen können sie dann zu einem Hebel für die Durchsetzung von großmaßstäbigen und langfristigen Veränderungen werden. Ein Ergebnis der Tagung in Nikitsch: Um der viel zitierten Individualisierung von Verantwortung vorzubeugen, sollten wir im Sinne einer Doppelstrategie breit angelegte Lern- und (Selbst-)Aufklärungsprozesse mit politischen Kampagnen und der Forderung nach der Stärkung von sozial-ökologischer Infrastruktur verbinden. Denn die kulturelle Weigerung, zu Ikea, H & M oder Lidl zu gehen oder Amazon und Billigflieger zu nutzen, kann unter bestimmten Voraussetzungen politischen Druck erzeugen und letztlich Veränderung bewirken.

Dabei handelt es sich keinesfalls um einen neuen Ansatz: In den letzten 30 bis 40 Jahren ist die grundlegende Kritik am Hyperkonsum meist auch mit der Forderung nach anderen gesellschaftlichen Rahmenbedingungen einhergegangen: Durch Akte des Stromsparens wurde die Energiewende eingeleitet, mit der Entscheidung, das Auto stehenzulassen und den ÖPNV zu nutzen, die Dringlichkeit der Mobilitätswende hervorgehoben und im Windschatten von bewusster Ernährung wird seit Jahrzehnten öffentlichkeitswirksam der Umbau der Landwirtschaft nach Kriterien des ökologischen Landbaus vorangetrieben.[18]

Maßgebend ist also nicht allein, zu welchen Produkten die Menschen im Regal greifen, sondern der Umstand, dass sie sich darüber hinaus in Vereinen, Aktionsgruppen und Bewegungen organisieren und Druck auf die Politik ausüben.

In der Folge könnte beispielsweise auch die neue »Flugscham«, also die individuelle Bekundung, weniger oder nicht zu fliegen, dafür genutzt werden, der Forderung nach der Einführung einer globalen Kerosinsteuer oder dem Verbot von Kurzstreckenflügen Nachdruck zu verleihen und den Aus- und Neubau von Flughäfen zu verhindern, wie es das transnationale Netzwerk Stay Grounded fordert. Im Windschatten solcher Kämpfe können dann im besten Fall Folgeauseinandersetzungen aufkeimen: Beispielsweise der gewerkschaftliche Kampf um ein tarifvertraglich verankertes Recht, einmal im Jahr eine Fernreise mit dem Zug antreten und dafür mehrere Wochen Extraurlaub für Hin- und Rückfahrt nehmen zu können, wie Aktivist*innen aus Bremen in einem Streitgespräch vorschlugen, das wir vor einigen Jahren öffentlich führten.[19]

Kurz: Es geht um das produktive Zusammenspiel von politischen Aktionen und Bewegungen, die für eine Ad-hoc-Veränderung der Konsumentscheidungen plädieren, gekoppelt an die lautstarke Forderung nach einem Ausbau der sozial-ökologischen Infrastruktur und einer entsprechenden Ordnungspolitik.

Ein weiterer Hebel, der die Individualisierung der Konsumverantwortung wieder in eine gesellschaftliche Debatte zurückführt, ist der Fokus auf öffentliche Beschaffung. So kauft beispielsweise die Stadt Berlin Waren für rund fünf Milliarden Euro pro Jahr ein – von den am S-Bahnhof verlegten Pflastersteinen über die Uniformen für das Personal des Ordnungsamts bis hin zu Computern, Monitoren und Servern für die öffentliche Verwaltung. Viele Schritte in den Produktionsketten dieser Waren sind in Länder des globalen Südens ausgelagert, sie gehen mit Menschenrechtsverletzungen und Umweltzerstörung einher. Die unter anderem von der NGO Weed mitgegründete Initiative fairbesserberlin.de fordert daher von der Berliner Stadtverwaltung, die öffentliche Beschaffung an Sozial- und Umweltkriterien zu binden. Diese Forderung kann mit Leichtigkeit auf die Beschaffung in anderen Bereichen wie Bundesämtern, Krankenhäusern, Universitäten, Gewerkschaften oder Schulen ausgeweitet werden. Nicht einzusehen ist, warum in den Kantinen und Mensen öffentlicher Einrichtungen weiterhin konventioneller Kaffee ausgeschenkt wird, wenn es auch fair gehandelter Kaffee aus ökologischer Produktion oder, besser noch, zapatistischer Kaffee sein könnte.

Gemeinsam mit Aktivist*innen aus fünf europäischen Ländern beschäftige ich mich seit vielen Jahren im Rahmen unserer Initiative Forum Civique Européen mit den Arbeitsbedingungen in der industriellen Obst- und Gemüseproduktion. Seit 2000 arbeiten wir intensiv mit der andalusischen Landarbeiter*innen-Gewerkschaft SOC-SAT zusammen, die ich im fünften Kapitel näher beschreiben werde. Die Kampagnen, die wir bisher in diesem Bereich durchgeführt haben, zeigen, dass kritischer Konsum und Konsumkritik nur dann eine breite politische Wirkung entfalten können, wenn sie in Koordination mit denjenigen erfolgen, die an den Orten der Produktion und der Distribution der Waren für eine Verbesserung ihrer Arbeitsbedingungen kämpfen, also mit den Landarbeiter*innen, den Arbeiter*innen in den Abpackbetrieben oder den Supermarktfilialen. Durch den organisierten und kollektiven Druck von Konsument*innen – bestenfalls zeitgleich mit Protesten oder Streiks vor Ort – besteht dann die Chance, dass Gerichtsprozesse korrekt geführt, Löhne erhöht, Arbeitsbedingungen verbessert oder Betriebsräte eingerichtet werden. Letztlich erfordern solcherlei Organisierungsprozesse entlang der Wertschöpfungskette stabile und glaubwürdige solidarische transnationale Netzwerke zwischen Gewerkschaften, kritischen Konsument*innen, NGOs und sozialen Bewegungen.[20]

Die Macht der Werbung: God damn the pusherman

In ihrem Song *The Pusher* aus dem Jahr 1968 übt die legendäre Rockband Steppenwolf beißende Kritik an der Macht der Dealer harter Drogen in den US-amerikanischen Städten und an der daraus resultierenden Gesundheitsgefährdung für diejenigen, die in ihre Abhängigkeit geraten. Die ganz legal operierenden »Pusher« des kapitalistischen Normalbetriebs sind seit jeher die Werbeagenturen, die von Unternehmen beauftragt und dafür bezahlt werden, immer neue Bedürfnisse zu schaffen, ungeachtet der damit einhergehenden gesundheitlichen, ökologischen oder sozialen Kosten. Ob auf Straßen oder Plätzen, in öffentlichen Gebäuden, im Internet, im Fernsehen oder Radio, in Magazinen oder Zeitungen: Diese »Pusher« suggerieren, dass menschliches Glück, Ansehen und Wohlbefinden durch Autos, Smartphones, Kleidung, Schmuck oder Urlaubsreisen erlangt werden könne.

Die stetig neuen Konsumbedürfnisse, die die imperiale Lebensweise immer mehr ausweiten, kommen nicht »einfach so« in die Köpfe der Menschen – sie müssen mit riesigem Aufwand durch Werbung hervorgerufen und wachgehalten werden. Das funktioniert auch deshalb so gut, weil Konsum eine scheinbare Entschädigung für die entfremdeten Arbeitsverhältnisse bietet, in denen die meisten von uns stecken. Anstatt gegen diese Entfremdung zu revoltieren, kompensieren viele von uns den Mangel an Anerkennung und Respekt durch den Kauf von Konsumgütern.

Es ist die Aufgabe der Zivilgesellschaft, der sozialen Bewegungen und der kritischen Konsument*innen, die Macht der Werbetreibenden und der mit ihnen verbundenen Unternehmen einzuschränken und an strenge kollektive Normen zu binden. Denn die Triebkraft des Wirtschaftswachstums ist nicht die Unersättlichkeit der menschlichen Bedürfnisse, sondern die strukturelle Notwendigkeit für Unternehmen, Gewinne zu erwirtschaften, da sie sonst dem Konkurrenzdruck zum Opfer fallen.

Mit einem Wort: Die imperiale Lebensweise ist angebotsinduziert. Neue Bedürfnisse werden durch massive Propaganda und den Einsatz von Hunderten Milliarden Euro Jahr für Jahr stets von Neuem erzeugt. Allein der Konsumgüterkonzern Procter & Gamble gab in Deutschland von Januar bis August 2021 über eine Milliarde Euro für Werbung aus, Lidl und Aldi jeweils rund 300 Millionen Euro.[21] Die Werbeetats von Deutschlands Automobilherstellern beliefen sich 2020 insgesamt auf mehr als zwei Milliarden Euro.[22] Das Fernsehen ist hier nach wie vor mit Abstand das wichtigste Medium. In den Fernsehsektor fließen mit mehr als 15 Milliarden Euro noch immer knapp die Hälfte aller Werbeausgaben, die in Deutschland getätigt werden. Neben dem Out-of-home-Sektor ist der Online-Sektor der am stärksten wachsende Bereich.[23]

Obwohl in den liberalen Mainstream-Medien die Berichterstattung über die Notwendigkeit einer sozial-ökologischen Transformation häufiger und dichter, qualitativ hochwertiger und kritischer geworden ist, wird diese Tendenz immer wieder durch Informationen und Reize durchbrochen, die in eine diametral entgegengesetzte Richtung weisen. Auch dort stabilisiert bezahlte Werbung die imperiale Lebensweise, indem sie Konsument*innen manipuliert und zum fortwährenden Kauf von Nutzlosem anstiftet.

Die Wochenzeitung *Die Zeit*, Flaggschiff des liberalen Bürgertums im deutschsprachigen Raum, lässt nach wie vor ungeniert BMW oder Daimler ganzseitig inserieren, während gleichzeitig in der Titelstory vom Insektensterben berichtet wird. Hurtigruten, der weltweit führende Anbieter für Seereisen, bewirbt im Juli 2018, mitten im Hitzesommer, ganzseitig eine 6.000 Euro teure, 16-tägige Expeditionsreise in die Antarktis – damit das liberale Bürgertum die Naturdenkmäler noch ein letztes Mal mit eigenen Augen besichtigen kann, bevor die Eisschilde dahinschmelzen. In weiteren bezahlten Anzeigen wird stolz verkündet:

> »2019 wächst die Kreuzfahrtkapazität so stark wie noch nie zuvor: 42.488 neue Betten kommen in den Markt, das entspricht einem Plus von 7,5 Prozent. Am stärksten legen die europäischen Marken zu: Allein MSC und Costa taufen jeweils zwei Schiffe – das entspricht 18.508 Betten.«[24]

In Medien wie *Die Zeit* werden wir also einerseits über die Folgen der Klimakrise informiert, blättern wir weiter, stoßen wir auf die gut geölte Propagandamaschinerie der Automobil- oder Tourismusindustrie. Zeitungsredaktionen sind zwar in der Regel von den Anzeigenabteilungen getrennt – und dennoch: Anzeigen sind hochpolitisch. Bei den Leser*innen treten unweigerlich kognitive Dissonanzen auf: Die Informationen über die Klimakrise treffen auf Reize, die die imperiale Lebensweise rechtfertigen, propagieren und somit fortschreiben. Die Folge ist, dass die Klimakrise verdrängt wird, weil die sich widersprechenden Informationen und Impulse nicht miteinander in Einklang gebracht werden können – Dissoziation und Abspaltung setzen ein.

In Ländern des globalen Nordens ist es eine veritable Herausforderung, die Menschen dazu zu bringen, ihr Konsumniveau noch weiter zu steigern und darüber hinaus ihre noch gebrauchsfähigen Produkte – seien es Kleidung, Schuhe, Handys, Möbel oder Autos – zu entsorgen und durch neue zu ersetzen. Die Bewältigung dieser Mammutaufgabe, bei der die Unternehmen insbesondere zur Weihnachtszeit zu Hochform auflaufen, verschwendet nicht nur astronomische Summen an Geld, sie bindet auch die Kreativität und Arbeitskraft von Hunderttausenden Menschen in sinnlosen Jobs.[25]

Das riesige Sortiment an Waren, das uns umgibt, dient nur zu einem kleinen Teil der Befriedigung unserer Grundbedürfnisse. Werbung zielt stets auf Statuserhalt und Distinktion gegenüber anderen gesellschaftlichen Gruppen ab.[26] Der große Soziologe Pierre Bourdieu hat in zahlreichen Arbeiten gezeigt, dass nicht alle Klassen daran gleichermaßen teilnehmen, denn die Abgrenzung und der Statusgewinn durch Luxusgüter ist den Reichen vorbehalten: Je mehr Menschen verdienen und je größer ihr Vermögen ist, desto mehr Geld geben sie im Alltag aus – ihr Konsum ist zum größten Teil Statuskonsum. In Österreich verbrauchen die reichsten 0,1 Prozent der Bevölkerung sage und schreibe 20-mal so viel CO_2 in einem Jahr wie jemand, der zu den unteren 50 Prozent gehört.[27] Reiche Menschen fahren mehr und schwerere Autos, unternehmen mehr Flugreisen und haben somit einen weitaus größeren ökologischen Fußabdruck als arme. Das Kleinbürgertum tritt in den Konsumreigen mit ein, um sich anzupassen und um zu vermeiden, selbst ausgegrenzt zu werden. Wer wenig verdient, kann sich kaum beteiligen. Prekäre, die »working poor« oder Erwerbsarbeitslose dienen als Gegenpol, von dem sich alle anderen Klassen so gut es geht abgrenzen wollen.[28] Diese Verhältnisse sind zutiefst unsolidarisch. Effektiver Klimaschutz und das Zurückdrängen der Werbung sind deshalb immer auch eine Klassenfrage und eine Frage globaler Solidarität.

Wofür nicht mehr geworben werden darf

Ein äußerst bescheidener Vorschlag zur Einschränkung von Werbung steht im Koalitionsvertrag der deutschen Ampelregierung vom November 2021. Dort heißt es: »An Kinder gerichtete Werbung für Lebensmittel mit hohem Zucker-, Fett- und Salzgehalt darf es in Zukunft bei Sendungen und Formaten für unter 14-Jährige nicht mehr geben.«[29] Ein weiteres Beispiel für erste Schritte, um Werbung gezielt einzuschränken: Als BMW 2015 in einem Video einen leistungsstarken Verbrenner anpries, intervenierte die Werbeaufsicht in Großbritannien: Der Spot verleite zu aggressivem Fahren.[30]

Dies sind leise und äußerst zaghafte Vorstöße in die richtige Richtung. Es ist aber notwendig, mit dem Zurückdrängen der Werbung noch viel weiter zu gehen. Wir sollten mit dem allzu Offensichtlichen und Dringlichsten beginnen, und zwar beim Verbot der Bewerbung besonders gesundheits- und klimaschädlicher Güter und Dienstleistungen. So betont auch Daniel Hausknost von der Wirtschaftsuniversität Wien:

> »Seit Langem schon fordern namhafte Umweltökonom*innen ein Werbeverbot für klimaschädliche Produkte analog dem Werbeverbot für Tabakwaren. Demnach dürfte etwa für Flugreisen, Fahrzeuge mit Verbrennungsmotor (solange sie noch nicht verboten sind), Fleischprodukte oder nicht erneuerbare Energieträger nicht mehr geworben werden.«[31]

Die Liste ließe sich ergänzen um Kreuzschifffahrten, Motorsportveranstaltungen und vieles mehr. Um zu verhindern, dass der drastische Nachfragerückgang in diesen Sektoren zu großer

Arbeitslosigkeit führt, sollte das Werbungsverbot mit beherzten Schritten einer industriellen Abrüstung und der öffentlich finanzierten Umschulung von Arbeiter*innen einhergehen, um sie für die Beschäftigung in gut abgesicherten, klimaschonenden Sektoren zu qualifizieren, bei gleichzeitiger deutlicher Reduzierung der Wochenarbeitszeit.

Es ist wichtig, all diese Schritte mit mutiger Aufklärungspolitik zu begleiten. Offensiv für einen kohlenstoffarmen Lebensstil einzutreten bedeutet vor allem, die Vorteile einer veränderten Lebensweise deutlich zu machen: Ein Leben ohne individuellen Autobesitz oder aufwendige Hotelurlaube kann ungleich günstiger und stressfreier sein als die imperiale Lebensweise, die mit permanentem Zeitmangel, Konkurrenz und Leistungsdruck einhergeht. Konzepte des Buen Vivir, auf die ich ebenfalls im Folgenden näher eingehe werde, knüpfen daran an.[32]

Neben dem Verbot von Werbung in klimaschädlichen Sektoren wäre es sinnvoll, gesetzliche Quoten einzuführen. Quoten sind nicht nur notwendig für die Herstellung von Elektroautos, wie es zurzeit in China praktiziert wird, sondern für die Produktion von Autos insgesamt. Auch Flugreisen sollten individuell so quotiert werden, dass der Preis automatisch um ein Vielfaches steigt, sobald das Kontingent aufgebraucht ist.

Wie ich bereits im dritten Kapitel im Hinblick auf die falschen Alternativen argumentiert habe, wird es weder mit freiwilligen Selbstverpflichtungen von Unternehmen noch mit der Individualisierung der Konsumverantwortung gelingen, aus der sozial-ökologischen Krise herauszukommen. Denn letztlich wurde FCKW auch nicht aus der Welt geschafft, indem Konsument*innen vor die Wahl gestellt wurden, ob sie lieber Haarspray mit oder ohne gefährliches Treibhausgas kaufen möchten. Vielmehr wurde es durch eine politische Entscheidung dem Markt entzogen.

Gegen die Chimäre der »Ökodiktatur«

Wenn wir mit den Forderungen nach Verbot oder Besteuerung von klimaschädlichen Konsumgütern und ihrer Bewerbung entschlossen vorangehen, werden wir mit Sicherheit Gegenwind bekommen: Unternehmensverbände, mächtige Boulevardblätter und konservative Politiker*innen werden uns vorhalten, dass wir eine »Meinungs-«, »Erziehungs-« oder »Öko-Diktatur« errichten wollten. Der Vorwurf speist sich aus den negativen Erfahrungen mit den kommunistischen Regimen des 20. Jahrhunderts, auf die ich im dritten Kapitel eingegangen bin. Ihre Schatten verfolgen uns bis heute – sie dienen denjenigen, die ihre Profitinteressen wahren und die sozial-ökologische Transformation aufhalten wollen, als willkommene Drohkulisse. Es wird deshalb entscheidend sein, dass Akteur*innen der sozial-ökologischen Transformation Medienarbeit ernst nehmen und ihren Forderungen immer wieder einen gewinnenden, öffentlichkeitswirksamen *spin* geben. Die zu erwartenden Widerstände sollten so gut es geht aufgefangen werden, indem großzügige Alternativen geschaffen und breit kommuniziert werden: Dazu zählen eine mutige Infrastrukturpolitik mit billig oder gratis verfügbaren öffentlichen Verkehrsmittel, billige Mieten in genossenschaftlich verwaltetem Wohnraum, niedrigschwellig zugängliche gesunde Nahrungsmittel in öffentlichen Kantinen oder Arbeitszeitverkürzung.

Vieles spricht dafür, dass sich Gesellschaften schneller an Veränderungen gewöhnen, als wir uns das vielleicht heute vorstellen können. Das zeigen nicht nur wichtige Veränderungen wie die Abschaffung der Todesstrafe, sondern auch scheinbar banale Einschnitte wie das Rauchverbot in Lokalen oder die Einschränkung der Tabakwerbung. »Verzicht« kann außerdem durchaus anders geframet werden: So »verzichtet« man gern auf den Stau auf der Autobahn, auf schlechte Luft oder pestizidverseuchte Erdbeeren im Winter. Man »verzichtet« gern auf Überarbeitung, Stress und Burn-out. Schnell merkt man: Zeitwohlstand durch eine Reduzierung der Lohnarbeitszeit kann zu einem zufriedeneren, ressourcenarmen Leben führen, das das Klima und die Biodiversität schont. Auf diese Weise können wir einen neuen Freiheitsbegriff etablieren, der auf umfassender Solidarität beruht.

Dass es für Forderungen in Richtung einer sozial-ökologischen Transformation breite Mehrheiten gibt, zeigen auch die Ergebnisse des österreichischen Klimarats, der sich aus 100 repräsentativ ausgewählten Bürger*innen des Landes zusammensetzt und dessen Ergebnisse im Juli 2022 präsentiert wurden. Die Empfehlungen des Rates sind nicht revolutionär, aber bei Weitem fortschrittlicher als die herrschende Politik: So empfiehlt der Rat dringend strengere Maßnahmen gegen Bodenversiegelung, eine Leerstandsabgabe bei Wohnraum, die Abschaffung der Förderung von fossilen Energien und ein Grundrecht auf Klimaschutz.[33]

All diese Einsichten können gewiss unser Dilemma nicht gänzlich lösen, dass wir zum heutigen Zeitpunkt nicht wissen, ob die sozial-ökologischen Bewegungen und ihre Verbündeten in den Institutionen in der Lage sein werden, diese Forderungen rasch genug zu vermitteln, genügend Menschen zu gewinnen und die zu erwartende reaktionäre Propaganda zu durchbrechen. Sie können aber dabei helfen, vorstellbar zu machen, dass auch diejenigen, die heute tief in der imperialen Lebensweise verankert sind, viel zu gewinnen haben, wenn die sozial-ökologische Transformation gelingt.

Degrowth und Post-Extraktivismus: Für eine Wirtschaft der solidarischen Fürsorge

Im Mai 2020 hätte in Wien eine groß angelegte Konferenz zu Degrowth, also zum Thema der bewussten und geplanten Wachstumsrücknahme, stattfinden sollen.[34] Covid 19 machte den Organisator*innen einen Strich durch die Rechnung – das Treffen musste in abgespeckter Form online stattfinden. Doch gerade die Corona-Krise verdeutlicht uns, wie wichtig es ist, natürliche Lebensräume vor dem Zugriff der industriell-kapitalistischen Zerstörung zu schützen und das Dogma des unendlichen Wirtschaftswachstums zu hinterfragen.

Die Forderungen der Degrowth-Konferenz in Wien lauteten deshalb: In den klimaschädlichen Sektoren muss so rasch wie möglich eine Produktionskonversion eingeleitet werden, das heißt, dass die Produktion auf die Herstellung anderer, nicht klimaschädlicher Güter umgestellt werden muss. Die Corona-Pandemie hat im Ansätzen gezeigt, dass und wie schnell diese Umstellung möglich ist, wie die Klimaaktivistin Lucia Steinwender von der Gruppe System Change not Climate Change erklärte: »SEAT hat die Produktion auf Beatmungsgeräte umgestellt, Lamborghini fertigt Gesichtsschutzvisiere an und SKODA entwickelte bereits medizinische Schutzmasken der höchsten Schutzklasse.«[35] In einer Aktion vor einem Automobilwerk in der österreichischen Steiermark forderte System Change not Climate Change:

> »Der Bau von spritfressenden Neuwägen, die die Erderhitzung befeuern, muss gestoppt werden. Stattdessen braucht es Know-how und Engagement der Arbeitenden, um angesichts der Klimakrise sinnvolle Produkte herzustellen, wie Fahrzeuge für den öffentlichen Verkehr, Fahrräder und erneuerbare Energietechnologien. […] Städtische Verkehrsplanung sowie der Umbau der Industrie müssen unter Mitsprache von Gesellschaft und Belegschaft gestaltet werden und die Einhaltung des 1,5-Grad-Ziels sicherstellen.«[36]

Das gilt nicht nur für die Automobilbranche, sondern für alle Bereiche der industriellen Produktion, die die Erderhitzung befeuern. Der konsequente Umbau birgt die Chance, Eigentumsverhältnisse und Entscheidungsstrukturen zu demokratisieren und die Belegschaften in den Strukturwandel einzubeziehen. Dabei geht es zweifelsohne auch um die Eigentumsfrage. Große Transportunternehmen, Auto- und Energiekonzerne müssen vergesellschaftet werden. Was die öffentlichen Investitionen betrifft, so müssen sie sich kompromisslos an der Einhaltung des 1,5-Grad-Limits orientieren. Die gigantischen staatlichen Mittel, die zur Verfügung stehen, müssen dafür eingesetzt werden, den Beschäftigten in der Flug- und Autoindustrie attraktive und gut abgesicherte ökologische Jobs anzubieten, die bei deutlich verringerter Arbeitszeit ein gutes Auskommen ermöglichen.

In Österreich haben wir im Rahmen des Wissenschaftsnetzwerks »Diskurs« darauf hingewiesen, dass dies im Fall der Austrian Airlines sofort in Angriff genommen werden könnte.[37] Denn Fliegen ist nicht nur ein Klimakiller, der in Europa knapp 15 Prozent der Emissionen verursacht – das Flugzeug ist, wie gesagt, auch ein Verkehrsmittel, das von Reichen ungleich stärker genutzt wird als von Armen. Wie die Politikwissenschaftler Ulrich Brand und Heinz Högelsberger betonen, hat der Boom der Billigflieger also im globalen Maßstab keineswegs den »demokratisierenden« Effekt, den ihm Lobbyist*innen gern zuschreiben.[38]

Globale Solidarität heißt Wachstumsrücknahme in den Ländern des globalen Nordens

In den letzten Jahren sind Dutzende Bücher zum Thema Wachstumsrücknahme erschienen.[39] Was bedeutet das Schlagwort Degrowth? Viele Forscher*innen gehen davon aus, dass weder die neoklassische Austeritätspolitik noch die keynesianische Politik von Nachfrage und Umverteilung, die beide auf das fortwährende Brummen des Wachstums- und Wettbewerbsmotors setzen, geeignet sind, die Vielfachkrise in den Griff zu bekommen. Vielmehr sei es notwendig, dass bestimmte Wirtschaftszweige wie der Individualverkehr inklusive der Produktion von Elektroautos, die Logistikbranche, die Fleischproduktion oder der Flugverkehr radikal schrumpfen. Was bedeutet das auf der Aktionsebene? Einerseits muss der Widerstand gegen den Neubau von

Flughäfen, den Braunkohleabbau oder die klimaschädliche industrielle Landwirtschaft durch massenhafte Aktionen des gewaltfreien zivilen Ungehorsams intensiviert werden. Wie bereits betont, ist es dabei entscheidend, öffentlichkeitswirksam Alternativen zu kommunizieren, um die gesellschaftliche Zustimmung nicht zu verlieren, sondern zu vergrößern.

Gleichzeitig geht es um die *praktische* Entwicklung von Alternativen, die beispielsweise in den Übergangsstädten (»transition towns«) oder in den Bewegungen für Ernährungssouveränität ihren Ausdruck finden. Dazu gehören (urbane) Subsistenz, Gemeinschaftsgärten, Tauschringe, Netzwerke der Nachbarschaftshilfe, Verschenkmärkte und vieles mehr. Der Fokus sollte also verschoben werden auf den Erhalt und die Aufwertung vorhandener Produktbestände und Infrastrukturen und auf die längere und intensivere Nutzung von Gegenständen. Diese Orientierung fördert solidarische Wirtschaftsweisen; Ulrich Brand spricht in diesem Zusammenhang von der Etablierung einer solidarischen Lebensweise.

Diese veränderte Alltagspraxis kann erst ihre volle und nachhaltige Wirkung entfalten, wenn sie von ordnungspolitischen Maßnahmen flankiert wird. Eine ökologische Steuerreform sollte dabei sowohl auf strengere Höchstgrenzen beim Verbrauch natürlicher Ressourcen und bei Emissionen setzen als auch die Besteuerung von Kapitalvermögen, Erbschaften, Unternehmensgewinnen und Finanztransaktionen deutlich erhöhen.[40]

Damit Degrowth nicht zu einem Label für eine »minoritäre Öko-Elite« wird, sondern für ein ressourcenarmes, aber gutes Leben für alle steht, ist es notwendig, Produktionsketten zu verkürzen. Die Herstellung von existenzsichernden Gütern kann auch lokal und mit viel weniger Kapitaleinsatz vonstattengehen. Unternehmen würden dadurch nicht unter dermaßen hohem Druck stehen, Kredite zurückzahlen und expandieren zu müssen.

Der philippinische Soziologe Walden Bello hat bereits vor zwei Jahrzehnten den Begriff der Deglobalisierung geprägt.[41] Er schlägt vor, dass die Produktion an den lokalen Märkten ausgerichtet sein sollte und nicht am Export. Damit ist nicht gemeint, zum Nationalstaat zurückzukehren und somit das Feld rechten und autoritären politischen Strömungen zu überlassen. Vielmehr geht es um eine Verkürzung der Produktions- und Lieferketten sowie eine Einbettung der Ökonomie in die Gesellschaft. Lebensmittel müssen wieder saisonal, regional und mit möglichst geringem Einsatz von Kapital hergestellt und vertrieben werden.

Eine weitere zentrale Degrowth-Forderung ist die Verkürzung der Lohnarbeitszeit. Diese Forderung richtet sich vor allem an die Gewerkschaften, die oftmals noch immer in der fatalen Wachstumslogik des Wettbewerbsstaates gefangen sind. Ihre Aufgabe sollte darin bestehen, in den gut abgesicherten Bereichen auf die Durchsetzung von Zeitwohlstand anstatt auf höhere Löhne zu setzen. Arbeitszeitverkürzung würde nicht nur bedeuten, Reproduktionsarbeit und zivilgesellschaftliches Engagement aufzuwerten, sondern auch einen erheblichen Beitrag zum Klimaschutz zu leisten. Denn aktuelle Studien zeigen, dass Lohnarbeitszeit einer der wichtigsten volkswirtschaftlichen Einflussfaktoren auf die CO_2-Emissionen ist. Bei einer Reduktion der Arbeitszeit um 25 Prozent wäre demnach mit einer Verkleinerung des CO_2-Fußabdrucks um bis zu 36,6 Prozent zu rechnen.[42]

Neben der Verringerung der Arbeitszeit geht es auch um eine Umverteilung der Arbeit, denn zurzeit ist der Arbeitsmarkt extrem gespalten: Menschen, die Vollzeit arbeiten und dazu Überstunden leisten, leiden immer häufiger unter Überlastung, Burnout und Depressionen. Auf der anderen Seite gibt es ein Heer von an den Rand gedrängten Erwerbsarbeitslosen. Statt der Erschöpfung menschlicher und ökologischer Ressourcen brauchen wir eine Wirtschaftsweise der solidarischen Fürsorge. In der Care-Ökonomie verbinden sich die Forderungen von Umwelt-, Gewerkschafts- und feministischen Bewegungen auf exemplarische Art und Weise.[43] Auch Lea Susemichel und Jens Kastner betonen in ihrem Sammelband *Unbedingte Solidarität* die Bedeutung von Sorgebeziehungen »als oft wenig spektakuläre, aber deswegen nicht weniger solidarische Praxis«.[44] Dabei führen sie unter anderem historische Beispiele wie die »free breakfast for school children« der Black Panther Party oder die von Frauen organisierten Gemeinschaftsküchen an, die es in vielen lateinamerikanischen Städten gibt.

Für den analytischen Fokus auf Care-Ökonomie sind auch die Ansätze der feministischen Ökonomin Frigga Haugg wegweisend.[45] Mit ihrer Vier-in-einem-Perspektive schlägt Haugg vor, dass wir unsere Zeit gleichmäßig auf den Erwerbs- und den Reproduktionsbereich sowie auf Kultur und Politik verteilen.

Doch Degrowth bedeutet auch, dass gewisse Bereiche der formellen Wirtschaft durchaus an Bedeutung gewinnen müssen, zum Beispiel in der Krankenversorgung, Schulbildung, Gebäudedämmung oder ökologischen Landwirtschaft.

Post-Extraktivismus

Neben Degrowth ist der Begriff Post-Extraktivismus zentral. Er bezeichnet die Abkehr von der Ressourcenausbeutung im Bereich des Bergbaus, der agroindustriellen Monokulturen und der Gewinnung von fossilen Energieträgern.

Blicken wir nach Lateinamerika: Dort war der sogenannte Extraktivismus sowohl für neoliberale als auch für linke Regierungen in den rohstoffreichen Ländern des Kontinents während der letzten Jahrzehnte das vorherrschende Entwicklungsmodell. Fortschrittliche Regierungen rechtfertigten den Extraktivismus mit der dadurch in Gang gesetzten Bekämpfung der Armut. Raúl Zibechi schreibt, dass das auf fossilen Energieträgern, Bergbau und Agrar-Monokulturen basierende Entwicklungsmodell die Grundlage für die Legitimität des »Progresismo«, der Mitte-links-Regierungen Lateinamerikas war. Darauf beruhte der wirtschaftliche Erfolg und eine auf Geldtransfers basierende Sozialpolitik. Die Integration der unteren Schichten erfolgte durch den

Konsum. Zibechi: »In einigen Ländern wurde dies als ›Wunder‹ bezeichnet, da es gelang, die Armut zu verringern, ohne den Reichtum anzutasten.«[46] Die Kehrseite des Extraktivismus ist jedoch die extreme Abhängigkeit von Weltmarktpreisen und von einer sich bereichernden nationalen und internationalen Bourgeoisie. Außerdem geht der Extraktivismus auf Kosten lokaler Gemeinschaften, Kleinbäuer*innen und der Umwelt. So wurden beispielsweise in Argentinien Flächen, die der dreifachen Größe Bayerns entsprechen, in Sojamonokulturen umgewandelt.[47]

Eine zentrale Rolle im Kampf gegen den Extraktivismus und für den Aufbau einer Wirtschaft der solidarischen Fürsorge spielen die feministischen Bewegungen in Lateinamerika: Sie verbinden militante Proteste gegen den Raubbau an der Natur mit Mobilisierungen gegen Femizide und sexualisierte Gewalt und betonen die politischen Zusammenhänge zwischen diesen verschiedenen Gewaltformen.[48]

Der frühere Präsident der verfassungsgebenden Versammlung Ecuadors, Alberto Acosta, berichtet in seinem gemeinsam mit Ulrich Brand verfassten Buch *Radikale Alternativen* von den widersprüchlichen Erfahrungen in seinem Land:[49] Dort wurde zwar die Notwendigkeit propagiert, den Extraktivismus zu überwinden; der nationale Entwicklungsplan wurde sogar in »Plan für ein gutes Leben« umbenannt. Doch in der Praxis intensivierte die Regierung die Rohstoffausbeutung mitunter sogar noch stärker als die früheren neoliberalen Regime – angeblich, um damit die Voraussetzungen dafür zu schaffen, später aus dem Extraktivismus auszusteigen. Neben seiner Tätigkeit als Präsident der verfassungsgebenden Versammlung war Acosta bis 2008 Minister für Energie und Bergbau. Er war maßgeblich daran beteiligt, das alternative Konzept des Buen Vivir, also des »guten Lebens«, in der Verfassung des Andenstaats zu verankern. Mit ihrem Buch wollen Brand und Acosta »Transformationsprozesse im Norden und Süden miteinander verknüpfen«. Die Autoren verstehen Post-Extraktivismus und Degrowth »als eine Art

Duo, das sich zur gleichen globalen Realität äußert«. Wenn die Wirtschaft im globalen Norden sozial-ökologisch transformiert wird, so Acosta und Brand, dann werde auch der Druck, den Ressourcen-Extraktivismus im Süden immer weiter voranzutreiben, abnehmen.[50] Denn es ist offensichtlich: Eine radikale Reduktion etwa des Fleischkonsums in Europa bremst die Abholzung des Amazonas-Regenwalds. Und eine Abkehr vom Individualverkehr kann ein wichtiges Element in der Zurückdrängung vom zerstörerischen Lithium- oder Kobaltabbau sein.

Acosta und Brand gehen in ihrem Buch auch sorgfältig auf die Gegenargumente zu ihren Positionen ein. Denn das extraktivistische Entwicklungsmodell half den progressiven Regierungen in Lateinamerika in den letzten beiden Jahrzehnten, einer Vielzahl von Menschen den Zugang zu Bildung und zur Gesundheitsversorgung zu ermöglichen. Doch diese Orientierung auf Extraktivismus und fossilen Rentenkapitalismus hatte neben der gewaltigen ökologischen Zerstörung noch weitere große Haken: Neue Klientelstrukturen sind entstanden, die Korruption wurde nicht überwunden.[51] Außerdem setzten sich die Länder den unberechenbaren Schwankungen des Weltmarkts aus. Dies führte dazu, dass nach dem Verfall der Rohstoffpreise in den Jahren 2008 und 2014 ungeahnte Krisendynamiken entstanden sind, sodass die progressiven Regierungen den Rückhalt in der Bevölkerung verloren.

Aus diesen Gründen schlagen Acosta und Brand mit Degrowth und Post-Extraktivismus die Stärkung von Wirtschaftsweisen vor, die gegenüber dem kapitalistischen Weltmarkt resilient sind und allen Menschen ein Leben in Fülle ermöglichen. Die Autoren stellen ihrem gemeinsamen Werk das Zitat Walter Benjamins voran, das besagt, dass Revolutionen vielleicht nicht, wie Marx einst sagte, die Lokomotive der Weltgeschichte sind. Sie seien vielmehr »der Griff des in diesem Zug reisenden Menschheitsgeschlechts nach der Notbremse«, um zu verhindern, dass die Produktivkräfte vollends zu Destruktivkräften werden. Degrowth und Post-Extraktivismus sind zwar sperrige, aber inhaltlich wichtige Begriffe für eine gelingende Praxis globaler Solidarität.

Zeit für Alternativen[52]

Kritische Dokumentarfilme haben das Potenzial, breite gesellschaftliche Debatten über globale Solidarität und Klimagerechtigkeit in Gang zu bringen. TV- und Kinodokus aus den Nullerjahren widmeten sich hauptsächlich dem Aufzeigen von Missständen. *We feed the World*, *Darwin's Nightmare*, *Unser täglich Brot* oder *Workingman's Death* richteten die Kamera dorthin, wo die negativen Auswirkungen der Agrarindustrie und der globalisierten Wirtschaft am sichtbarsten sind. Mit *Zeit für Utopien* brachte Kurt Langbein 2018 einen Film in die Kinos, der Alternativen zum vorherrschenden Wirtschaftssystem porträtiert. Im Sinn des bereits zitierten Soziologen Erik Olin Wright legte er seinen Fokus auf Freiraumstrategien, die eine postkapitalistische Gesellschaft im Kleinen vorwegnehmen.

Wir müssen radikal umdenken, betont die Wirtschaftsjournalistin Ulrike Herrmann in *Zeit für Utopien*. Die wichtigste und gleichzeitig schwierigste Frage sei die nach dem Übergang von der jetzigen, kapitalistischen in eine Postwachstumsgesellschaft: Denn sobald sich die ökonomische, soziale und ökologische Krise verschärft und öko-imperiale Spannungen zunehmen, drohen autoritäre und faschistische Strömungen Aufwind zu erhalten. Wir wissen, dass wir Gefahr laufen, gegen die Wand zu fahren, doch niemand erforsche den Bremsweg, so Herrmann. Sie meint: Wir müssen verstehen, wie wir von einer wachstumsgetriebenen Wirtschaft zu einer nachhaltigen und global gerechten Wirtschaft gelangen können, ohne dass die Menschen auf dem Weg dorthin einem Diktator zur Macht verhelfen und die Transformation scheitert.[53]

Der Film widmet sich konkreten Projekten, die den sozialökologischen Wandel nicht nur propagieren, sondern bereits erste Schritte zu seiner Umsetzung unternommen haben. Die Lebensmittelgenossenschaft Hansalim aus Südkorea versorgt mit etwa 220 Läden in Seoul rund 600.000 Mitglieder und insgesamt 1,5 Millionen Menschen. Die Kooperative wächst jedes Jahr um weitere 60.000 Personen. Die Bäuer*innen bekommen einen fixen Preis für ihre Produkte und werden in die Produktionsplanungen einbezogen. So sind sie nicht von einem Marktpreis abhängig, der globalen Schwankungen unterliegt. Der Zwischenhandel ist ausgeschaltet, von 100 Südkoreanischen Won gehen 73 an die Bäuer*innen, der Rest fließt als Betriebskosten in die Kooperative. Während Vertrieb und Marketing auf dem regulären Markt 50 bis 60 Prozent des Verkaufspreises verschlingen, sind es bei Hansalim nur 27 Prozent. Dadurch fallen die Preise für die Konsument*innen auch geringer aus. Verbraucher*innen und Erzeuger*innen investieren außerdem gemeinsam in neue Verarbeitungsbetriebe, etwa zur Tofuproduktion.

Ein weiteres Beispiel für die sozial-ökologische Konversion eines konventionellen Wirtschaftsbetriebs ist die Teefabrik SCOP-TI in Südfrankreich, die ebenfalls in Langbeins Dokumentarfilm porträtiert wird und die ich im Jahr 2014 besuchte. Die »Société Coopérative Ouvrière Provençale de Thé et Infusions« (»Selbstverwaltete Kooperative zur Herstellung von Schwarz- und Kräutertees in der Provence«) befindet sich in der Gemeinde Gémenos, rund 20 Kilometer von Marseille entfernt. Die Fabrik war im Besitz von Unilever und sollte im September 2010 geschlossen werden. Die Arbeiter*innen führten daraufhin einen beeindruckenden Arbeitskampf und besetzten die Fabrik für 1.336 Tage. Heute wird der Betrieb in Selbstverwaltung geführt. Die Geschäftspraxis von Unilever hatte nicht nur die Arbeitsplätze aufs Spiel gesetzt, sie funktionierte auch unter ökologischen Gesichtspunkten nach höchst bedenklichen, ja absurden Maßstäben: So wurden die Lindenblüten in Ägypten eingekauft, in Hamburg geschnitten, in Polen abgepackt und schließlich in Frankreich verkauft. Heute arbeiten die Beschäftigten von

SCOP-TI mit lokalen Bäuer*innen zusammen und verarbeiten die Blüten vor Ort.

Beispiele wie die Fabrik SCOP-TI sind für ein Buch über globale Solidarität deshalb erwähnenswert, weil sie letztlich mehr sind als ein Herstellungsort für Teebeutel. An diesem und ähnlichen Beispielen zeigt sich, wie eine solidarische Wirtschaft und die darin eingebetteten sozialen Beziehungen konkret aussehen können. Sie sind wegweisend und verdienen deshalb unsere Aufmerksamkeit und Wertschätzung.

Für einen lebendigen und lebenswerten ländlichen Raum

Im vorherigen Kapitel habe ich bereits vom Seminarhaus Mühle Nikitsch gesprochen, das wir seit zehn Jahren in einer Gruppe von neun Erwachsenen betreiben. Das kleine Dorf Nikitsch liegt eineinhalb Zugstunden südlich von Wien im Siedlungsgebiet der kroatisch-sprechenden Minderheit des Burgenlands nahe der ungarischen Grenze. Weite Teile des Burgenlands gehören zu den sogenannten strukturschwachen Regionen Österreichs – lange Zeit waren die meisten Menschen hier arm, ein Großteil lebte von kleinteiliger Landwirtschaft.

Das Dorf hat sich in den letzten Jahrzehnten stark verändert. Bis in die 1980er-Jahre hinein hatte Nikitsch rund 2.000 Einwohner*innen und eine gut funktionierende Infrastruktur: Volksschule und Kindergarten, fünf Gasthäuser, zwei davon mit Kegelbahnen, fünf Kaufhäuser, ein Kaffeehaus mit Schwimmbecken, drei Tischlereien, einen Malermeister, eine Reparaturwerkstatt für Landmaschinen, eine Polizei- und eine Poststation, ein Elektrizitätswerk, ein Elektrogeschäft, ein Kino, eine Mühle, eine Arzt- und eine Tierarztpraxis, eine Milchsammelstelle, eine Fleischerei, ein Transportunternehmen, eine Blumenhandlung, eine Schneiderei, eine Schusterei, zwei Bäckereien, einen Kiosk, einen Steinmetz und eine Schmiede. Der Grad der Selbstversorgung unter den Bewohner*innen war hoch, die Grundnahrungsmittel wurden auf den Äckern produziert, die das Dorf umgaben, auf fast jedem Hof wurden Hühner, Schweine und Kühe gehalten.

In einer Mischung aus ökonomischer Verdrängung durch die verstärkte Industrialisierung und Abwanderung in die Städte – vor allem nach Wien – verschwanden die subsistenzorientierte Landwirtschaft und die wichtige Infrastruktur innerhalb von nur vier Jahrzehnten. Einzig Schule und Kindergarten, zwei Kfz-Werkstätten sowie ein kleiner Lebensmittelladen im Nachbarort sind übriggeblieben. Jegliche andere öffentliche Infrastruktur ist mindestens acht Kilometer entfernt, was in der Praxis bedeutet, auf das Auto angewiesen zu sein – denn öffentliche Busse fahren nur sehr selten. Die Bevölkerungszahl ist auf etwa 1.300 gesunken, das Durchschnittsalter ist hoch.

Nikitsch ist ein Beispiel für eine generelle Entwicklung – nicht nur im Burgenland, sondern in vielen Gegenden Europas. Vor allem die älteren Dorfbewohner*innen erzählen in den Gesprächen am Gartenzaun, dass zwar in den Nachkriegsjahrzehnten der materielle Wohlstand nicht groß, das Zusammengehörigkeitsgefühl aber weitaus stärker gewesen sei als heute. Und: Das Leben sei schlicht geselliger und lustiger gewesen. Man besuchte einander häufiger, half den Nachbar*innen bei der Arbeit, feierte mehr Feste. Die Kinder wuchsen mit den Großeltern und Urgroßeltern auf, es gab keinen gefährlichen Straßenverkehr. Das dörfliche Leben zeichnete sich durch wechselseitige Unterstützung und Solidarität, Gemeinschaft und Aufgehobensein aus.[54]

Verklärung und Romantisierung des Dorflebens vergangener Zeiten? Keineswegs: Zwei Weltkriege und die Vertreibung und Ermordung der jüdischen Bevölkerung im Faschismus brachten auch in Nikitsch einen tiefen Zivilisationsbruch mit sich. Ältere Menschen erinnern sich sehr wohl an die verkrusteten, patriarchalen, oft auch gewalttätigen und semifeudalen Strukturen, die das ländliche Leben bis in die Nachkriegsjahrzehnte zutiefst prägten. Das Leben im Dorf war in vielerlei Hinsicht alles andere als idyllisch. Doch die Wertschätzung für die lokale und subsistenzorientierte Ökonomie bedeutet keineswegs, diese gewaltvollen Verhältnisse zu rechtfertigten oder sie sich gar zurückzuwünschen. Heute haben wir die Aufgabe, die Vorteile einer lokal ausgerichteten Ökonomie und Gemeinschaft mit den Emanzipationserrungenschaften, die mit den 1960er-Jahren einsetzten, auf sinnvolle Weise zu kombinieren.

Die Transformation des dörflichen Lebens ist insbesondere Gegenstand feministischer Auseinandersetzungen: Überall auf der Welt kämpfen Feminist*innen nicht nur für den Erhalt der bäuerlichen Landwirtschaft, sondern gegen Bevormundung, Gewaltverhältnisse, starre binäre Geschlechterrollen, Immobilität und soziale Kontrolle. Transnationale soziale Bewegungen haben die Aufgabe, sie dabei zu unterstütztzen. Denn eine Politik der Förderung ökologisch und sozial progressiv ausgerichteter ländlicher Gebiete schützt das Klima und bietet für viele folgende Generationen gute Lebensbedingungen in einem sozial intakten Umfeld – sei es im burgenländischen Nikitsch, in Nicaragua oder in Nigeria. Eine solche Politik der »Weltdörfer« ist ein wichtiger Baustein für globale Solidarität. Eine geradezu revolutionäre Bewegung, die diesen Gedanken in die Praxis umsetzt, ist die Genossenschaftsbewegung Longo Maï, mit der wir in der Mühle Nikitsch seit langer Zeit freundschaftlich und solidarisch verbunden sind.[55] Die rund 200 Kommunard*innen von Longo Maï bewirtschaften seit mehr als 50 Jahren rund ein Dutzend Bauernhöfe in sechs europäischen Ländern selbstverwaltet und ökologisch. Dabei haben sich die Mitglieder der Kommunen keineswegs auf dem Land zur Ruhe gesetzt: Die Umsetzung konkreter Aktionen globaler Solidarität – unter anderem im Rahmen des Europäischen Bürger*innen Forums – gehört seit jeher zu den Grundideen von Longo Maï. Im fünften Kapitel werde ich auf eine dieser Kampagnen näher eingehen.

Es lohnt sich, neue Wege für die ländlichen Regionen zu beschreiten. Degrowth und Post-Extraktivismus bedeuten demnach auch, die Zerstörung der bäuerlichen Landwirtschaft aufzuhalten und vor allem im globalen Süden die Verstädterung abzubremsen, die der Soziologe Mike Davis in seinem viel zitierten Buch *Planet der Slums* 2007 beschrieben hat. Darin konstatiert Davis eine »kopernikanische Wende« der menschlichen Siedlungsgeschichte. Denn nie zuvor überstieg der Anteil der Stadtbevölkerung den Anteil der auf dem Land Wohnenden. Die Megaslums des globalen Südens sind laut Davis Ausdruck einer im höchsten Maße ungleichen und instabilen urbanen Welt; hier treffen die sozialen Fronten zwischen den Gewinner*innen und Verlierer*innen der Globalisierung in radikaler Weise aufeinander.

Aus klimapolitischen Gründen ist die Verteidigung bäuerlicher Lebensgrundlagen geradezu zwingend. Denn die großflächige, industrielle Landwirtschaft verursacht Natur- und Klimazerstörung in gigantischem Ausmaß. Heute gehen 24 Prozent der weltweiten CO_2-Äquivalente auf das Konto der industriellen Land- und Forstwirtschaft – mehr als auf das der Industrie.[56] Die Zerstörung kleinbäuerlicher Lebensgrundlagen und die Klimakrise stehen dabei in einem sich wechselseitig verstärkenden Verhältnis: Je mehr Kleinbäuer*innen ihre Existenzgrundlagen verlieren, desto stärker ist auch die Erderwärmung. Die Feststellung »Small farmers cool the planet« wurde deshalb zu einem wichtigen Kampfslogan.

Im Rahmen der Verteidigung bäuerlicher Lebensgrundlagen werden in Zukunft mit Sicherheit auch Aufforstungsprojekte weiter an Bedeutung gewinnen. Besonders bekannt wurde die kenianische Friedensnobelpreisträgerin Wangari Muta Maathai, die bereits 1977 eine panafrikanische Bewegung zur Aufforstung gründete. Beeindruckende Maßnahmen leitete auch der 1987 ermordete Staatspräsident von Burkina Faso, Thomas Sankara, ein: Nach seinem Amtsantritt im Jahr 1983 wurden innerhalb von 15 Monaten zehn Millionen Bäume gepflanzt[57] – Maßnahmen, die wir heute nicht nur für die Zurückdrängung der Klimakrise, sondern auch für die notwendigen Anpassungsmaßnahmen dringend brauchen.

Linke jeglicher Couleur hatten lange Zeit die »Überwindung des Reichs der Notwendigkeit« vor Augen und pochten deshalb auf die Steigerung der Produktivkräfte. Doch das Rad ist heute völlig überdreht. Unter dem Zwang von Wachstum und technischer Innovation wird die Ausbeutung intensiviert, Umwelt und Klima werden zerstört. Deshalb braucht es dringend andere Konzepte, insbesondere für die Landwirtschaft – und diese Konzepte liegen vor: An die Stelle von Landgrabbing und Exportorientierung muss der Aufbau von kleinbäuerlichen Genossenschaften aus den bestehenden kleinbäuerlichen Strukturen heraus treten. Schutz der Wälder, Konsum saisonaler Früchte, radikale Verkürzung der Lieferketten für Produkte, die im Umland erzeugt werden können, sowie starke Lieferkettengesetze für die Produktions- und Transportbedingungen von Waren, die importiert werden müssen, wie Kaffee und Kakao, sind dabei zentral.

Die Subjekte dieses Prozesses sind in erster Linie die Bäuer*innen selbst. Viele von ihnen sind in dem bereits erwähnten weltweiten Zusammenschluss Via Campesina organisiert, dem heute 200 Millionen Kleinbäuer*innen sowie Landarbeiter*innen angehören. Sie ist die größte internationale klassenbasierte Massenorganisation, die die Kämpfe für Klima- und Umweltschutz mit den Kämpfen für die wirtschaftlichen, sozialen und kulturellen Rechte der ländlichen Bevölkerungen vor allem im globalen Süden miteinander verbindet. Kritische Konsument*innen im globalen Norden, zusammengeschlossen in Verbraucher*innen-Verbänden, Genossenschaften oder anderen sozialen Bewegungen, sollten ihre Positionen solidarisch unterstützen.

Green New Deal: Radikaler Wandel oder ökologische Modernisierung?

Wenn wir über solidarische Ausgleichsmaßnahmen und transformatorische Möglichkeiten in kapitalistischen Gesellschaften sprechen, fällt schnell das Stichwort New Deal. Worum handelt es sich beim New Deal und warum ist er für die Debatte um globale Solidarität heute wichtig?

Der New Deal war ein Bündel von Wirtschafts- und Sozialmaßnahmen, die in den Jahren 1933 bis 1938 in den USA unter der Führung von Präsident Franklin D. Roosevelt als Antwort auf die Weltwirtschaftskrise durchgesetzt wurden. Ein wichtiges Element dieser Politik war die sogenannte Works Progress Administration (WPA), geleitet von Harry Hopkins, einem der wichtigsten Berater Roosevelts. Die WPA gilt bis heute als das größte staatliche Arbeitsbeschaffungsprojekt, das jemals in einem kapitalistischen Staat umgesetzt worden ist. 8,5 Millionen US-Amerikaner*innen waren im Rahmen der WPA beschäftigt, das entsprach etwa einer Person in jeder vierten Familie. Wichtige Elemente zur Finanzierung der Hilfsprogramme waren unter anderem die Beschlagnahmung von privaten Goldreserven und hohe Spitzensteuersätze.

Schwarze Menschen und People of Color blieben hingegen vom New Deal größtenteils ausgegrenzt, der institutionelle Rassismus blieb weitgehend unangetastet. Zu Recht wird auch darauf hingewiesen, dass die Vorbereitungen auf den Zweiten Weltkrieg und der militärische und ökonomische Aufstieg der USA zur globalen Hegemonialmacht ein wesentlicher Motor des New Deals waren. Die Rüstungsindustrie spielte eine enorm wichtige Rolle, genauso wie die Durchsetzung eines nicht verallgemeinerbaren fossilistischen Konsumkapitalismus. Exemplarisch dafür steht die Herstellung von Autos: Standardisierte Massenproduktion von Konsumgütern mithilfe von hoch spezialisierten, monofunktionalen Maschinen und Fließbandfertigung waren dafür charakteristisch. Der New Deal läutete den fordistischen Klassenkompromiss ein, der erst in den frühen 1970er-Jahren in die Krise geriet. Darüber hinaus diente Roosevelts Programm der Befriedung der rebellischen Arbeiter*innenklasse. Zahlreiche Arbeitskämpfe wurden ausgebremst und ein grundlegender Wandel wurde verhindert. Und dennoch: Unzählige US-Amerikaner*innen ließen sich angesichts der desaströsen Auswirkungen der Wirtschaftskrise von Roosevelts Programm überzeugen und begannen, in Regierungsorganisationen mitzuarbeiten, die zu dieser Zeit offen für fortschrittliche Ideen waren. Während sich in Europa im Zuge der großen Wirtschaftskrise faschistische Kräfte durchsetzen, gelang es in den USA, diese Bedrohung abzuwenden.

Die Demokratische Kongressabgeordnete Alexandria Ocasio-Cortez machte 2019 von sich reden, als sie in einer Resolution einen *Green* New Deal für die Vereinigten Staaten vorschlug.[58] Er sollte Elemente einer keynesianischen Wirtschafts- und Sozialpolitik mit einem ökologischen Umbau der Gesellschaft verbinden. Am 7. Februar 2019 wurden die Hauptelemente des Green New Deal vorgestellt: Sie beinhalteten einen Zehnjahresplan für eine »ökonomische Mobilisierung«, die den Einsatz von fossiler Energie schrittweise beenden sollte und eine Generalüberholung der industriellen Infrastruktur des Landes vorsah. Geplant waren zudem massive Investitionen in den Ausbau von erneuerbaren Energien und des Schienennetzes, grundlegende Verbesserungen im Bildungs-, Wohnungs- und Gesundheitsbereich sowie eine staatliche Offensive zur Schaffung von »green jobs«.

Nachdem bereits in der Ära Obama sehr viel über die Idee eines Green New Deal gesprochen worden war, lag mit der Resolution eine Diskussionsgrundlage auf dem Tisch. Zwar war das Konzept an vielen Stellen sehr vage, es lieferte jedoch ein inhaltliches Bezugssystem. Selbstredend äußerte sich der damalige US-Präsident Donald Trump abfällig über die Vorschläge von Ocasio-Cortez und begann massiv, Ängste zu schüren. Die Demokrat*innen würden den Menschen ihr Auto wegnehmen, den Wert ihrer Häuser verringern und Millionen von Amerikaner*innen arbeitslos machen, ätzte Trump.[59] Die heftigen Reaktionen von Trump und von vielen anderen Republikaner*innen zeigten auch, dass die starke Position von Ocasio-Cortez nicht mehr ignoriert werden konnte.

Bernie Sanders übernahm die Vorschläge von Ocasio-Cortez in seinem Präsidentschaftswahlkampf 2020. Laut seinem Programm sollten 20 Millionen neue und gewerkschaftlich organisierte Arbeitsplätze geschaffen werden, vor allem für Arbeiter*innen aus Betrieben, die auf fossiler Energie basieren und rückgebaut werden sollten. Zusätzlich sprach Sanders von mehrjährigen Lohnfortzahlungen bei Umschulungen sowie von einem öffentlichen Investitionsprogramm von über 16 Billionen US-Dollar.[60]

Ein ambitioniertes Programm. Aber stößt eine solche reformistische, sozialdemokratische Politik nicht stets an ihre Grenzen? Lässt sie nicht die zerstörerischen Mechanismen von Rentabilität und Wachstumszwang unangetastet? Ist es überhaupt möglich zu verhindern, dass ein Green New Deal einen neuen Zyklus von »grünem«, aber dennoch destruktivem Wachstum und Ressourcenraubbau einleitet? Selbst wenn es gelänge, einen Green New Deal nach dem Zuschnitt von Ocasio-Cortez und Sanders durchzusetzen, wäre das, betonen Kritiker*innen, viel zu wenig: Mit einer grün-keynesianischen Wirtschaftspolitik könnten die drastischen Senkungen der CO_2-Emissionen, die notwendig sind, nicht erreicht werden.[61]

Doch zumindest gelang es den beiden Politiker*innen, eine Tür aufzustoßen und die Forderung nach Klimaschutz glaubhaft mit einer Reihe von Forderungen nach sozialer Gerechtigkeit zu verbinden. Darin unterscheiden sich Ocasio-Cortez und Sanders radikal vom Establishment innerhalb der Demokratischen Partei und auch vom Entwurf eines European Green Deal, der von der EU-Kommissionspräsidentin Ursula von der Leyen vorgelegt wurde. Letzterer »könnte zu einer Art ›passiven Revolution‹ (Antonio Gramsci) beitragen«, so Ulrich Brand, »also zu einer partiellen Ökologisierung, bei der allerdings die dominanten wirtschaftlichen und politischen Kräfte den Modus vorgeben«. Ein solcher European Green Deal könnte dazu führen, dass »mächtige Kapitalgruppen ihre Interessen weitgehend wahren«, ohne dass sich sozial-ökologisch substanziell etwas verbessert.[62] Der österreichische Publizist Lukas Oberndorfer ergänzt in Bezug auf von der Leyens Green-Deal-Vorschlag:

> »Dass es dabei nicht um die Überwindung des Zwangs zum Wachstum und damit um die Wurzeln der Klimaerhitzung, sondern um das Kaufen von Zeit und das Erschließen von neuen Investitionsfeldern im internationalen Wettbewerb geht, lässt sich an der Schwerpunktsetzung erkennen. An keiner Stelle der zugrunde liegenden Mitteilung wird etwa der umfassende Ausbau des öffentlichen Verkehrs auf Kosten des Flug- und individuellen Autoverkehrs erwähnt. Vielmehr zielt die Kommission auf wasserstoff- und batteriegetriebene Automobilität, CO_2-Abscheidung und -Speicherung und die Ausweitung entsprechender Forschung. Damit liegt sie weitgehend auf der Linie dessen, was zuvor der europäische Unternehmerverband Businesseurope gefordert hatte.«[63]

Oberndorfer spricht von einem »grünen Festungskapitalismus«, denn die mehr oder weniger prekäre Stabilisierung der europäischen Wohlstandsinseln werde mit einer weiteren Militarisierung der Außengrenzen der EU und einer noch brutaleren Abwehr von Geflüchteten und Migrant*innen einhergehen.

Ein fortschrittlicher und sozialer Green New Deal, der an Ocasio-Cortez und Sanders anschließt, kommt von dem Linken-Politiker Bernd Riexinger. In seiner 2020 veröffentlichten Flugschrift *System Change* fordert er unter anderem den Aufbau einer gerechten und funktionsfähigen Daseinsvorsorge sowie ein Investitionsprogramm in soziale Infrastruktur – und bringt dafür den Begriff des Infrastruktursozialismus in die Debatte ein. Zentral ist zudem die Forderung nach einer weitgehenden Umverteilung von Erwerbs- und anderen Arbeiten sowie von Vermögen, wodurch wir einer solidarisch verfassten Gesellschaftlichkeit erheblich näher kommen würden, wie Ulrich Brand betont.[64] Bei Riexingers Vorschlägen spielt das Thema Wirtschaftsdemokratie eine wichtige Rolle. Sie soll mithilfe von Transformationsräten über die betriebliche Ebene hinausgehen: Belegschaften sollen Mitbesitzer*innen sein, die Umstellungsprozesse sollen von einem staatlich aufgelegten Transformationsfonds unterstützt werden.

Mit dem Begriff des Infrastruktursozialismus schlägt Riexinger eine Brücke zwischen den sozialdemokratischen, linkskeynesianischen Strategien einerseits und den Postwachstumsstrategien andererseits: Die beiden Ansätze müssen sich nicht ausschließen, sondern können sich produktiv ergänzen. Elemente eines fortschrittlichen europäischen Green New Deal finden sich auch bei Katharina Rogenhofer, Michael Brie oder der linkssozialdemokratischen Bewegung DIEM 25 (Democracy in Europe Movement 2025).[65] Vorschläge für einen *globalen* Green New Deal wurden jüngst von den Menschenrechtsaktivistinnen und Forscherinnen Harpreet Kaur Paul und Dalia Gebrial sowie von dem Forscher Max Ajl formuliert.[66]

Wir sehen also: Green New Deal ist nicht gleich Green New Deal. Zwischen den unterschiedlichen Vorschlägen liegen Welten. Und: Die konkrete Ausgestaltung eines Green New Deal hängt mit Sicherheit auch von der Stärke der Klimagerechtigkeitsbewegungen ab. In den USA äußerten sich 2019 über 600 Umweltgruppen in einem offenen Brief zum Green New Deal und brachten ihre Unterstützung sowie ihre solidarische Kritik zum Ausdruck. Auch prominente Intellektuelle wie Naomi Klein, Noam Chomsky, Kate Aronoff, Jonathan Neale oder Ann Pettifor werfen sich für einen Green New Deal ins Zeug.[67] Ihre Überzeugung: Gerade weil der Vorschlag von Ocasio-Cortez ungenügend war, muss er nun von den Vielen mitentwickelt, verteidigt, korrigiert und vorangetrieben werden.

Denn ein Green New Deal könnte auch bedeuten, großmaßstäbige öffentliche Investitionsprogramme für Aufforstungsprojekte, den Rückbau von Autobahnen, den Ausbau von Zugstrecken, vor allem in peripheren ländlichen Regionen, oder für die lange ausstehende Gebäudedämmung von Wohnhäusern aufzulegen, anstatt in falsche Alternativen wie die Produktion von Elektroautos zu investieren. Auch zusätzliche, gut abgesicherte und attraktive Jobs im Bereich der Reproduktionsarbeit könnten geschaffen werden. Denn die Corona-Krise hat gerade wieder gezeigt, dass Sorgearbeit und eine funktionierende öffentliche Infrastruktur zu jenen gesellschaftlichen Bereichen gehören, die wirklich »systemrelevant« sind. Der Staat sollte Arbeitsstiftungen gründen, die gut bezahlte und sichere Jobs vermitteln und zugänglich machen – sei es in der Altenpflege, in der lokalen Versorgung mit gesunden Lebensmitteln oder im öffentlichen Verkehr.

Der berechtigten Kritik am Green New Deal aus wachstumskritischer Perspektive könnte also begegnet werden, indem diejenigen Green-New-Deal-Projekte ins Zentrum gerückt werden, die den Energieverbrauch senken und nicht weiter erhöhen. Es ist ein riesiger Unterschied, ob im Rahmen des Green Deals ein Tesla-Werk in Brandenburg gebaut wird oder ob großflächig in die dringend notwendige Dämmung von Wohnhäusern investiert wird. Wie groß hier das Einsparpotenzial ist, wird durch den Umstand deutlich, dass in Europa 40 Prozent des Energieverbrauchs auf den Gebäudebestand entfallen.[68] Weitere Beispiele dafür, wie sich der Energieverbrauch reduzieren lässt, sind Projekte solidarischer Landwirtschaft, Energiegenossenschaften oder Stadtteilgesundheitszentren, die community-basiert wirtschaften, demokratische Selbstverwaltung praktizieren und Care ins Zentrum ihrer Tätigkeit stellen.[69]

Sozial-ökologische Investitionen in die Zukunft werden zunächst viel Geld kosten. Wie sollen sie also finanziert werden? All die genannten Maßnahmen sind nur umsetzbar, wenn die zentralen neoliberalen Dogmen fallen, die nach wie vor unsere Wirtschaft bestimmen und einer Transformation im Wege stehen: Haushaltskonsolidierung, Schuldenbremse, keine europäische Schuldenaufnahme, keine zusätzlichen Transferzahlungen im europäischen Rahmen – all diese Maßnahmen müssen aufgegeben werden. Anstatt zu sparen, sollten die Staaten große Kreditprogramme auflegen. Zentralbanken können als »Gläubiger der letzten Instanz« für Regierungen fungieren. Dazu sind sie in der Lage, weil sie ihre Währung selbst schöpfen können und daher im Prinzip unbegrenzt zahlungsfähig sind.[70] Neben der bereits genannten öko-sozialen Steuerreform in großem Stil müssten Unternehmensgewinne, Erbschaften und Privatvermögen viel höher besteuert werden. Umfragen zeigen, dass es dafür sehr wohl gesellschaftliche Mehrheiten gibt[71] – genauso wie für die Vergesellschaftung von Infrastrukturen der Daseinsvorsorge, wie der Volksentscheid für die Enteignung großer Immobilienkonzerne in Berlin zeigt. Unsere Aufgabe besteht darin, mächtige Lobbygruppen, die die Wohnungs-, Energie-, Automobil-, Saatgut- und Chemiekonzerne sowie Kapital- und Vermögensbesitzer*innen vertreten, zurückzudrängen. Letztlich müssen wir also auch die Eigentumsfrage stellen – Großkonzerne müssen vergesellschaftet werden.

Um zu verhindern, dass der sozial-ökologische Umbau zu unsozialen Preiserhöhungen führt, ist Druck von unten besonders wichtig. Gerade vor dem Hintergrund des Kriegs in der Ukraine und der damit einhergehenden Energiekrise brauchen wir wirksame Maßnahmen für einen sozial gerechten Übergang. Dazu muss es erstens – wie bereits angesprochen – überzeugende materielle Zugeständnisse an breite Teile der Bevölkerung geben, die die entstehenden Konsumeinschränkungen kompensieren, ja Verbesserungen bieten. Dazu gehören günstige Mieten, der geförderte Umstieg auf ökologische Heizsysteme und eine radikale Arbeitszeitverkürzung. Zweitens muss verhindert werden, dass mit dem Argument des Klimaschutzes fossile Energie durch Atomkraft ersetzt wird. Drittens gilt es abzuwenden, dass mit dem Abbau von wichtigen Rohstoffen für Solar- und Windenergie wie Lithium, Kobalt oder Kupfer ein »grüner Kolonialismus« entsteht.[72]

Nicht zuletzt ist Druck von unten auch deshalb wichtig, weil grüne und linke Parteien dann eher in der Lage sind bzw. dazu gezwungen werden, dem reaktionären Zugriff auf die Klimabewegung entgegenzuwirken. Wie wichtig das wäre, sehen wir gerade in Österreich: Hier spielte die Koalition aus Konservativen und Grünen mit dem Slogan »das Klima und die Grenzen schützen« die Klima- gegen die Migrationsfrage aus. Wenn wir es ernst meinen mit globaler Solidarität, müssen wir dieser perfiden Strategie klar entgegentreten.

Ein globaler Green New Deal würde nur dann Sinn machen, wenn es gelänge, die Forderungen der sozialen Bewegungen aus dem globalen Süden einzubinden, etwa die nach der Einrichtung eines globalen Reparationsfonds, um mit diesem Geld für die Folgen von Kolonialismus, illegitimen Schulden und Umweltzerstörung aufzukommen.[73] Aus einem solchen Fonds sollten auch die Anpassungsleistungen bezahlt werden, die in Ländern des globalen Südens aufgrund der Klimakrise notwendig werden. Schätzungen des UN-Umweltprogramms gehen davon aus, dass es sich hierbei ab 2030 um mindestens 300 Milliarden US-Dollar pro Jahr handeln wird.[74]

Fest steht: Keiner der Vorschläge für einen Green New Deal, die aktuell diskutiert werden, wird ausreichen, um die notwendige Reduzierung der CO_2-Emissionen zu erreichen. Doch ein Green New Deal, um den offen gerungen und der auf die globale Ebene ausgeweitet wird, könnte – bei allen Widersprüchen – eine post-neoliberale Phase einleiten, in der das Dogma von Hyperglobalisierung und Freihandel fällt. Auf diese Weise könnten die Kampfbedingungen für eine Überwindung des wachstumsgetriebenen Wirtschaftssystems verbessert werden. Oder anders formuliert: Alexandria Ocasio-Cortez' Vorschlag macht dann Sinn, wenn wir es schaffen, mit dem Green New Deal über den Green New Deal hinauszugehen. Unsere Aufgabe ist es, den Druck aufrechtzuerhalten, sodass eine sozial-ökologische Transformation möglich wird.

Geld fürs Gemeinwohl: Marlene Engelhorns radikaler Stiftungsansatz

Es ist offensichtlich, dass zur Durchsetzung globaler Solidarität auch die konsequente Umverteilung von gesellschaftlichem Wohlstand von oben nach unten gehört. Doch was, wenn es in den nächsten Jahren nicht gelingt, große Konzerne zu vergesellschaften oder Staaten dazu zu zwingen, eine progressive Steuerpolitik einzuführen? Ist es dann sinnvoll, dass Vermögende philanthropisch tätig werden und ihr Geld stiften, spenden oder verschenken? Modelle wie Vermögenspools, Crowdfunding-Plattformen, Genossenschaften oder gemeinnützige Stiftungen können dazu dienen, privates Vermögen für soziale und ökologische Belange zur Verfügung zu stellen. Doch nur ein winzig kleiner Teil aller Vermögenden tut dies tatsächlich. Und oft haben solcherlei Initiativen privater Geldgeber*innen auch hochproblematische Konsequenzen: Denn durch die zunehmende Ungleichentwicklung von Vermögen und Einkommen ist in den letzten Jahrzehnten rund um den Globus ein philanthropischer Kapitalismus entstanden, der demokratische Gesellschaften in hohem Maße gefährdet.[75] Was bedeuten die Tendenzen der Ausweitung dieser »Goodwill-Gesellschaft« und was unterscheidet sie von sinnvollen Finanzierungsmodellen für soziale Bewegungen?

Donor Pride und die Macht der Superreichen

Die Wienerin Marlene Engelhorn wurde bekannt, als sie verlautbarte, ihr zukünftiges Erbe zu mindestens 90 Prozent spenden zu wollen. Für eine Radiosendung über Finanzierungsmodelle für soziale Bewegungen führte ich ausführliche Gespräche mit ihr.[76] Engelhorn ist Nachkommin des BASF-Gründers Friedrich Engelhorn und wird voraussichtlich einen zweistelligen Millionenbetrag erben. Doch mit diesem vermeintlichen Segen ist sie alles andere als glücklich. Weder hat sie vor, mit dem Geld in Saus und Braus zu leben, noch will sie den Pfad großer Philantro-Kapitalist*innen wie Bill und Melinda Gates oder Jeff Bezos beschreiten. Engelhorn ist vielmehr eine Vorkämpferin für Steuergerechtigkeit. Sie ist davon überzeugt, dass es für soziale Bewegungen und die Zivilgesellschaft stabile und demokratische Förderstrukturen braucht, und lehnt es kategorisch ab, dass sich Gesellschaften vom guten Willen beispielsweise der Gates-Stiftung abhängig machen. Denn obwohl das Gates-Ehepaar sein Geld für »wohltätige Zwecke« zu verschenken scheint, ist ihr Nettovermögen, seitdem sie hauptberuflich als »Philanthrop*innen« tätig sind, stetig größer geworden. Das Gates-Paar hat das Geschäft mit der globalen Entwicklung zu einer seiner wichtigsten Einnahmequellen gemacht. Zudem wird oft kritisiert, dass die Stiftung demokratische Strukturen untergräbt, beispielsweise in der Weltgesundheitsorganisation (WHO) und in vielen Entwicklungsländern. Ein weiterer Kritikpunkt ist, dass die Struktur des Bill and Melinda Gates Trust Fund, der bis vor Kurzem von Warren Buffett gemanagt wurde, unter anderem Investitionen in Unternehmen wie Kraft Foods oder Coca Cola beinhaltet und damit in krassem Gegensatz zu den selbst gesteckten Entwicklungszielen der Stiftung steht. Marlene Engelhorn sieht im philanthropischen Kapitalismus nichts anderes als den aktuell vorherrschenden Raubtierkapitalismus, »mit einem schönen Anstrich«. Sie mahnt an:

> »Es geht wieder und wieder darum: Wo kommt das Geld eigentlich her, wie wird es erwirtschaftet, in welchen Anlagen steckt es, wer darf darüber entscheiden und auf welcher Grundlage? Diese Fragen werden nicht beantwortet – man geht davon aus, dass es in Ordnung ist, wenn Menschen auf welche Art auch immer zu Superreichen werden.«

Engelhorn kritisiert den »donor pride« der klassischen Philanthrop*innen, also den gönnerhaften »Stolz der Gebenden«:

> »Ich glaube, das ist eine Macht- und Kontrollfrage:
> Sie wollen das Geld abgeben, aber nur zu ihren Bedingungen,

und dann brüsten sie sich damit, was man nicht alles gefördert und unterstützt hat.«

Gleichzeitig, so Engelhorn, würden die Reichen und Superreichen geflissentlich darüber hinwegsehen, dass ihr Reichtum auf dem Rücken vieler Menschen erwirtschaftet worden ist. Der Umstand, dass Menschen vom guten Willen privater Wohltäter*innen abhängig gemacht werden, führt zu einer Refeudalisierung gesellschaftlicher Verhältnisse.

In den meisten Fällen schotten sich die Reichen in ihren »gated communities« ab und sichern sich durch ihre Spenden politische Kontrolle. Im Extremfall ergehen sie sich in völlig absurden Sozialexperimenten, wie etwa Amazon-Gründer Jeff Bezos, der jüngst mit dem Plan aufhorchen ließ, Weltraumsiedlungen bauen zu wollen, in denen angeblich bis zu einer Million Menschen leben können. Das soll der »Plan B« für die ultraprivilegierten Bewohner*innen der Erde sein, wenn diese durch die Folgen der Klimakrise zerstört ist und die natürlichen Ressourcen erschöpft sind. Marlene Engelhorn hat recht: Auf den guten Willen der Superreichen können wir uns keinesfalls verlassen. Wir müssen sie ökonomisch und politisch entmachten und die Produktionsmittel, auf denen ihr Reichtum beruht, unter demokratische Kontrolle stellen.

Revolutionäres Stiften

Doch was unterscheidet den eigennützigen Philanthro-Kapitalismus von sinnvollen Finanzierungs- und Unterstützungsmodellen für solidarische Projekte und welche Vorbilder gibt es? Marlene Engelhorn ist zwar nicht der Auffassung, dass Einzelpersonen irgendetwas »richtig« machen können, wenn sie über Anliegen von ganzen Gesellschaften entscheiden. Das sei strukturell nicht möglich – »unabhängig davon, ob einem gefällt, was jemand macht«, so Engelhorn. Dennoch gebe es Vorbilder von Stifter*innen, die Philanthropie als eine Art Zwischenstufe zu globaler Gerechtigkeit betrachten. Dazu zählt Engelhorn zum Beispiel die Bosch-Erbin Ise Bosch oder Farhad Ebrahimi. Ebrahimi gründete eine sogenannte Verbrauchsstiftung. Das bedeutet, dass das Geld seiner Stiftung nicht aus den Erträgen einer Anlage stammt. Er spendet sein Vermögen – irgendwann wird es schlicht und einfach weg sein. Dadurch löse Ebrahimi das bestehende Machtgefälle auf, so Engelhorn: Als ehemals Superreicher gliedert er sich dann wieder in die Gesellschaft ein und gestaltet sie demokratisch mit – als einer von vielen.

Es gibt sie also, die progressiven Stifter*innen und Spender*innen. Sie orientieren ihr Handeln offenbar an dem bekannten Ausspruch Horkheimers, demzufolge Reichtum unterlassene Hilfeleistung ist. Ihr Ansinnen ist es, nicht rein karitativ und mildtätig zu agieren, sondern die Welt zu verändern. Beispiele dafür gibt es viele: In der Zwischenkriegszeit erlangte Felix Weil große Bekanntheit. Er war der Erbe eines jüdischen Auswanderers, der in Argentinien zu großem Vermögen gekommen war. Als Weil in der Zeit des Ersten Weltkriegs nach Deutschland kam, begeisterte er sich für revolutionäre Ideen. Er unterstützte

> »sozialistische Gelehrte, linke Theatermacher, Buchverleger und Künstler, beteiligte sich an avantgardistischen Kinoproduktionen und politischen Wissenschaftspublikationen, ließ zur Geschichte der Arbeiter- und Sozialbewegungen forschen und sammeln und baute eine wertvolle marxistische Spezialbibliothek auf.«[77]

Weil finanzierte das von Horkheimer und Pollock gegründete und von Adorno nach 1945 maßgeblich geprägte Frankfurter Institut für Sozialforschung und rettete es vor dem Zugriff der Nazis.

Für die italienische Linke ist Giangiacomo Feltrinelli noch heute eine schillernde Figur. Der superreiche Revolutionär finanzierte Guerillabewegungen rund um den Globus und leitete einen renommierten linken Verlag.[78] Auch Miriam und Gesine

Edding, Erbinnen des gleichnamigen Großunternehmens, treten mit der Stiftung :do als Finanziers von sozialen Bewegungen in Erscheinung. Die bereits erwähnte Ise Bosch bietet auf ihrer Homepage besser-spenden.de Tipps für Reiche, die bereit sind, sich von Teilen ihres Vermögens zu trennen. Bekanntheit für ihre fortschrittlichen Ansätze erlangten auch die Bewegungsstiftung und die Stiftung Umverteilen.

Darüber hinaus gibt es die Stiftung Millionaires for humanity und die Guerrilla Foundation, gegründet von Antonis Schwarz. Schwarz, dessen Erbe aus der Schwarz Pharma AG stammt, spendet jedes Jahr 700.000 Euro in seine gemeinnützige Good Move GmbH. Der größte Teil davon fließt in 40 bis 50 Projekte von Aktivist*innen und soziale Bewegungen überall in Europa. Die Arbeit der Guerrilla Foundation basiert auf »participatory grantmaking«, also der partizipativen Fördermittelvergabe. Das heißt, dass die geförderten Gruppen intensiv an der Stiftungsarbeit beteiligt werden, etwa durch ihre Einbindung in die Strategieentwicklung. Zudem sitzen drei Aktivist*innen im Beirat der Guerrilla Foundation, der Entscheidungen in der Regel einstimmig trifft. Darüber hinaus versucht die Stiftung unter dem Namen »Rad Donors« – der Kurzform von »radical donors«, also »radikale Spender*innen« –, ein Netzwerk vermögender Personen aufzubauen, die die Guerrilla Foundation finanziell unterstützen. Auch deswegen hilft die Stiftung derzeit gemeinsam mit der EDGE Funders Alliance, einem weltweiten Netzwerk progressiver Stiftungen, dabei, ein Netzwerk junger Erb*innen von hohen Vermögen zusammenzubringen. Ähnlich strukturiert ist das Projekt Resource Generation aus den USA, einer Gemeinschaft von 600 sehr wohlhabenden Menschen zwischen 18 und 35 Jahren, die ihr Geld nach eigenem Bekunden für die »gerechte Verteilung von Wohlstand, Land und Macht« einsetzen wollen.[79] Von diesem Ansatz ließen sich die Gründer*innen des Netzwerks Resource Transformation inspirieren, das unter anderem von Marlene Engelhorn mitgegründet wurde. In der Schweiz unterstützt die Gwärtler-Stiftung fortschrittliche künstlerische Projekte. In Österreich betreiben Ingrid und Christian Reder die RD-Stiftung. Sie stellt Mittel für sozialpolitisch, kulturell und künstlerisch relevante Initiativen zur Verfügung, die ohne Zusatzfinanzierung nicht realisiert werden können – in Österreich haben sie sich als wichtige Stütze der fortschrittlichen Zivilgesellschaft etabliert.

Fest steht: Fortschrittliche Philanthropie erweist sich in vielen Ländern für kleine Initiativen und soziale Bewegungen als überlebenswichtig. Das gilt insbesondere dann, wenn die Aktivist*innen selbst Repressionen ausgesetzt sind. So unterstützt zum Beispiel die Hamburger Stiftung für politisch Verfolgte, für die Jan Philipp Reemtsma, Sohn eines bedeutenden Zigarettenfabrikanten, das Grundkapital bereitstellte, bedrohte Aktivist*innen rund um den Globus. Die Notwendigkeit solcher Strukturen wird in Zukunft mit Sicherheit noch zunehmen. Denn der Widerstand gegen Ausbeutung und Unterdrückung sowie gegen die Zerstörungswut des fossilen Kapitalismus wird Tausende Aktivist*innen mit Strafprozessen überziehen oder hinter Gitter bringen. Antirepressionsarbeit wird in unseren Kämpfen einen immer größeren Stellenwert einnehmen. Deshalb ist es wichtig, Vermögende von den laufenden Projekten und Ansätzen einer sozial-ökologischer Transformation zu überzeugen. Durch ihre Unterstützung können sie dabei helfen, wichtige Projekte anzuschieben, und ein Zeichen der politischen und persönlichen Verbundenheit setzen.

Philanthropie als Zwischenstufe zur Steuergerechtigkeit

Marlene Engelhorn will philanthropisch tätig sein, hat aber gleichzeitig gemeinsam mit 40 anderen Vermögenden unter dem Schlagwort #taxmenow eine Kampagne für die höhere Besteuerung von Millionenvermögen gestartet. Dabei knüpft sie an den Ausspruch der Demokratischen Kongressabgeordneten Alexandria Ocasio-Cortez an: »Every billionaire is a policy failure.« (»Jeder Milliardär ist ein Politikversagen.«)[80] Dieses Politikversagen ist in Deutschland besonders drastisch: Nachdem 1997 die Vermögenssteuer abgeschafft wurde, stehen wir heute vor der absurden Situation, dass Jahr für Jahr um die 400 Milliarden Euro vererbt werden.[81] Der Umstand, dass Gesellschaften, die ökonomisch gleicher sind, nach vielerlei sozialen Maßstäben besser funktionieren als ungleiche Gesellschaften, ist wissenschaftlich belegt, wie nicht zuletzt die berühmte Studie von Kate Pickett und Richard Wilkinson zeigt.[82]

Bis Steuergerechtigkeit hergestellt sei, brauche es fortschrittliche Philanthropie, sagt Marlene Engelhorn. Es könne allerdings »kein dauerhaftes Modell sein, wenn obszön reiche Menschen entscheiden dürfen, was sie als fördernswert erachten und was nicht.« Salopp formuliert Engelhorn: »Bis wir Steuergerechtigkeit haben, ist die Philanthropie von mir aus eine Zwischenstufe, aber idealerweise schafft sie sich selbst ab.«

Die Bedeutung globaler Institutionen: Mit Lieferkettengesetzen gegen Ausbeutung und Umweltzerstörung

Ich habe bereits ausführlich dargestellt, auf welche Weise europäische Konzerne von Menschenrechtsverletzungen profitieren, die entlang der globalen Lieferketten begangen werden. Beinahe jede Tafel Schokolade wurde unter dem Einsatz von Kinderarbeit hergestellt, nahezu jedes Handy und jedes Auto enthält Rohstoffe, bei deren Abbau schwere Menschenrechtsverletzungen begangen worden sind. Gerbereien für die Textilindustrie in Indien verwandeln große Flüsse in stinkende Kloaken und rauben der Bevölkerung das dringend benötigte Wasser. In Lateinamerika und in Südostasien werden für die Palmölproduktion riesige Flächen Regenwald gerodet. In der Region Xinjiang in China werden Waren für Europa unter Einsatz von Sklaverei und Zwangsarbeit produziert – beteiligt sind Automobilriesen wie VW. Die freiwilligen Selbstverpflichtungen von Unternehmen sind oftmals ein reines Ablenkungsmanöver und verändern die katastrophale Lage nicht oder kaum – deshalb habe ich sie im dritten Kapitel als falsche Alternativen bezeichnet.

In der Debatte um Konzernverantwortung markiert der 24. April 2013 eine Zäsur: Bei einem verheerenden Brand in der Textilfabrik Rana Plaza in Bangladesch starben 1.135 Menschen, mehr als 2.000 wurden verletzt. Es ist der größte Unfall in der Geschichte der Textilindustrie. Nach diesem schrecklichen Ereignis stieg der gesellschaftliche Druck, westliche Unternehmen für Menschenrechtsverletzungen haftbar zu machen. Seither gibt es eine breite Debatte um Lieferkettengesetze.[83]

Enttäuschte Hoffnungen

Das Unglück von Rana Plaza war eine vorhersehbare Katastrophe. Noch am Vortag wurden gefährliche Risse in dem neunstöckigen Fabrikgebäude festgestellt. Die Polizei verbot den Zutritt. Dennoch befanden sich mehr als 3.000 Menschen im Gebäude, als es um 9 Uhr morgens kollabierte: Trotz des Betretungsverbots hatte man die Näherinnen dazu gezwungen, ihre Arbeit aufzunehmen. Der internationale Aufschrei war groß – vor allem europäische Modekonzerne sahen sich gezwungen, »etwas zu tun«. So trat einen Monat später der sogenannte Bangladesh-Accord, ein Gebäude- und Brandschutzabkommen, in Kraft. Der Vertrag wurde von 200 Bekleidungshändlern, darunter KiK, H&M, Aldi und Lidl unterzeichnet, sowie von NGOs und zwei globalen Gewerkschaftsföderationen.

Doch die Hoffnungen wurden enttäuscht. Die Arbeitsbedingungen wurden nicht humaner – alles blieb im Grunde beim Alten. Mit der Corona-Pandemie spitzte sich die Lage erneut zu. Denn die Pandemie zerriss im Frühjahr 2020 mit einem Mal die globalen Herstellungs- und Lieferketten und brachte die Hyperproduktion des Weltmarkts zumindest teilweise zum Stillstand.

Laut der Vereinigung der Textilproduzent*innen von Bangladesch wurden bei mehr als 1.000 Fabriken im Land Bestellungen im Wert von über 3,2 Milliarden US-Dollar storniert, unter anderem von Textilriesen wie Primark und C & A. Sogar fertig produzierte Bestellungen wurden einfach nicht bezahlt. Verdienten die Näherinnen schon in guten Zeiten zu wenig für ein menschenwürdiges Leben, so blieb man ihnen den Lohn nun komplett schuldig.[84]

Zentraler Haken am sogenannten Bangladesh-Accord: Es fehlten einklagbare Sanktionsmechanismen gegen die Anstellungspraktiken, die der extremen Ausbeutung zugrunde liegen. Denn während die imperiale Lebensweise mit zahlreichen internationalen Freihandels- und Investitionsschutzverträgen juristisch abgesichert wird, gelten für den Schutz der Menschenrechte und des Klimas meist nur die bereits analysierten freiwilligen Verhaltensregeln der Corporate Social Responsibility. Nationale Gesetze zum Arbeitsschutz werden hingegen systematisch unterlaufen.

Deshalb sind starke Lieferkettengesetze so wichtig. Und zwar nicht nur im Hinblick auf die Textilindustrie in südostasiatischen oder lateinamerikanischen Ländern, sondern auch in Europa. So arbeiten zum Beispiel in Ost- und Südosteuropa rund 2,3 Millionen Menschen für die Bekleidungsindustrie. Kaum jemand verdient in dem Sektor auch nur annähernd einen existenzsichernden Lohn – der gesetzliche Mindestlohn müsste mindestens viermal höher angesetzt werden als er es gegenwärtig ist.[85] Auch in der europäischen Obst- und Gemüseproduktion könnten Ausbeutung und Umweltzerstörung durch starke Lieferkettengesetze verhindert werden. Im fünften Kapitel werde ich darauf näher eingehen, unter anderem in Zusammenhang mit dem Kampf der andalusischen Landarbeiter*innen-Gewerkschaft SOC.

Jahrzehntelange Kämpfe

Die Idee eines Lieferkettengesetzes ist alt. Bereits in den 1970er-Jahren gab es bei den Vereinten Nationen eine Initiative von Ländern des Südens, transnationale Unternehmen an Verhaltensregeln zu binden. Doch die reichen Länder stellten sich quer und brachten die Initiative zu Fall. Im Zuge der Wiener Menschenrechtskonferenz von 1993 wurde das Thema wieder aufs Tapet gebracht: Dem Wiener Menschenrechtsprofessor Manfred Nowak zufolge gab es damals, nach dem Ende der Blockkonfrontation, eine regelrechte Aufbruchsstimmung. Doch die damalige Blütephase des Neoliberalismus habe dazu geführt, dass die westlichen Staaten die guten Vorsätze der Wiener Konferenz bald wieder vergessen hätten.[86] Nach vielen Jahren zähen Ringens verabschiedete der UN-Menschenrechtsrat unter der Leitung des Sonderbeauftragten John Ruggie 2011 die UN-Leitprinzipien für Wirtschaft und Menschenrechte. Doch damit war das Ziel noch lange nicht erreicht, denn auch dieser Vereinbarung fehlen Sanktionsmechanismen.

Gibt es dennoch Hoffnung? Einzelne Länder wie Frankreich, die Niederlande oder Großbritannien haben in den letzten Jahren auf eigene Initiative Lieferkettengesetze auf den Weg gebracht: Im Jahr 2017 beschloss das französische Parlament das »Loi sur le devoir de vigilance« (»Gesetz zur Sorgfaltspflicht«), das zum damaligen Zeitpunkt einzigartig in Europa war: Zum ersten Mal konnten Konzerne für mutmaßliche Verbrechen, die sie im Ausland begangen hatten, in Frankreich haftbar gemacht werden. Ein zentraler Schwachpunkt des Gesetzes ist, dass es nur für Unternehmen mit mindestens 5.000 Beschäftigten auf französischem Territorium oder 10.000 Beschäftigten weltweit gilt. Das Gesetz betrifft also schätzungsweise nur rund 140 Konzerne. Viele Expert*innen, darunter der Rechtswissenschaftler Markus Krajewski von der Universität Erlangen-Nürnberg, sind der Meinung, dass zwar Kleinstunternehmen, also Unternehmen mit weniger als zehn Mitarbeiter*innen und weniger als 750.000 Euro

Jahresumsatz, von einem Lieferkettengesetz ausgenommen werden sollten – ab dieser Grenze sollten die Gesetze aber für alle Unternehmen gelten.[87] Davon ist das »Loi de vigilence« weit entfernt. Doch immerhin: Auf der Basis des neuen Gesetzes verklagten Menschenrechtsorganisationen 2018 den französischen Ölmulti Total wegen Menschenrechtsverletzungen und Umweltzerstörungen am Albertsee in Uganda.[88] Im Januar 2020 folgte dann die nächste Klage gegen Total: Mehr als ein Dutzend französische Städte und Umweltorganisationen warfen dem Unternehmen Untätigkeit angesichts der Klimakrise vor.

Ende Januar 2020 bestätigte ein Berufungsgericht im niederländischen Den Haag das Urteil gegen ein Tochterunternehmen von Shell: Zum ersten Mal in seiner langjährigen Geschichte muss der Konzern Entschädigungen für die Machenschaften im Nigerdelta in Nigeria bezahlen. Ein später, mit hohem Blutzoll erkämpfter Erfolg der Bewegungen für Klimagerechtigkeit, denn es ist bereits mehr als 25 Jahre her, dass Ken Saro-Wiwa, der berühmte Vorkämpfer der Volksgruppe der Ogoni, die im Nigerdelta leben, ermordet wurde. Shell trägt eine klare Mitschuld am Tod von Saro-Wiwa.

Und auch der Mutterkonzern stand in den Niederlanden jüngst vor Gericht. Im Frühjahr 2019 reichte ein Bündnis aus Umweltverbänden, darunter Friends of the Earth, Greenpeace und Action Aid, Klage gegen Shell ein: Der britisch-niederländische Ölkonzern verhindere mit seinem Geschäftsmodell systematisch und wissentlich den weltweiten Klimaschutz.[89]

Dass in der Schweiz im November 2020 über die sogenannte Konzernverantwortungsinitiative abgestimmt wurde, kann als Meilenstein gewertet werden. Denn obwohl die Initiative am sogenannten Ständemehr, also dem Einspruchsrecht der Schweizer Kantone, scheiterte, stimmte eine knappe Mehrheit der Schweizer*innen (50,7 Prozent) für den Gesetzentwurf.

In Deutschland wurde im Frühjahr 2021 zwar ein Lieferkettengesetz verabschiedet, doch die Möglichkeit der zivilrechtlichen Klagen für Betroffene fehlt: Aktivist*innen der Initiative Lieferkettengesetz forderten daher bei einer Protestaktion vor dem Reichstagsgebäude in Berlin im April 2021 dringende Nachbesserungen.

Das EU-Parlament sprach sich im Jahr 2021 mit überwältigender Mehrheit für ein starkes Lieferkettengesetz aus. Im Februar 2022 nahm dann die EU-Kommission eine Richtlinie über menschenrechtliche und umweltbezogene Sorgfaltspflichten an. Wie die Richtlinie allerdings in der Praxis umgesetzt wird, gilt es sehr genau zu verfolgen.

Internationaler Strafgerichtshofs für Menschenrechte

Lieferkettengesetze, die nun nach langen und zähen Kämpfen in unterschiedlichen Staaten beschlossen werden, bieten die Möglichkeit für Klagen und Gerichtsprozesse, die von der Zivilgesellschaft eingebracht und begleitet werden können – ein schwieriger und oft widersprüchlicher Weg zur Durchsetzung globaler Gerechtigkeit. Die Politikwissenschaftlerin und Juristin Sonja Buckel hat sich ausführlich mit den Ambivalenzen auseinandergesetzt, die den Kämpfen um Rechte innewohnen.[90] Denn das bürgerliche Rechtssystem selbst ist ein wesentliches Strukturprinzip kapitalistischer Gesellschaften. Gleichzeitig ist es aus den antifeudalen, auf Freiheit, Gleichheit und Solidarität abzielenden Kämpfen hervorgegangen. Insofern können Rechte dazu dienen zu unterdrücken, sie können aber auch dazu dienen zu befreien. Sie sind immer Ausdruck gesellschaftlicher Kräfteverhältnisse.[91] Notwendig ist deshalb ein progressiver Rechtsdiskurs, der sich an Menschenrechten sowie an Umwelt- und Klimaschutz orientiert. Denn Rechte haben auch immer einen utopischen Überschuss: Sie bewegen sich gewissermaßen an der Schwelle von positivem Recht und noch einzulösenden Versprechen.

Es braucht eine solidarische Weltsozialpolitik, die sich grundlegend von der herablassenden Geste des Karitativen und der

Entwicklungshilfe unterscheidet. Solch eine Weltsozialpolitik, schreibt Thomas Gebauer, langjähriger Geschäftsführer von medico international, basiert auf Rechtsansprüchen, die in der Allgemeinen Erklärung der Menschenrechte festgelegt sind, nicht zuletzt in Artikel 28, der allen Menschen das Recht auf eine internationale und soziale Ordnung garantiert, in der die Freiheits- und Menschenrechte gewährleistet sind.[92]

Damit diese Rechte auch einklagbar sind, kämpft der Menschenrechtsprofessor Manfred Nowak seit Jahrzehnten für die Einrichtung eines Internationalen Strafgerichtshofs für Menschenrechte, der nach dem Vorbild des Strafgerichtshofs von Den Haag arbeiten soll:

> »Die Menschenrechte, und im Wesentlichen sind es hier auch wirtschaftliche, soziale und kulturelle Menschenrechte, müssen nicht nur von Staaten, sondern auch von anderen Machtträgern eingehalten werden. Und das sind vor allem transnational agierende Konzerne – denn diese entziehen sich ja oft der staatlichen Überprüfung.«[93]

Dabei sei die rechtliche Grundlage, um auch Unternehmen zur Verantwortung zu ziehen, bereits gegeben:

> »Die Normen sind da. Wir haben ein sehr detailliertes Gefüge von internationalen Menschenrechtsverträgen: Das sind nicht nur die beiden Pakte [UN-Zivil- und UN-Sozialpakt; A. B.], sondern auch die Kinderrechtekonvention, die Konvention über die Rechte der Menschen mit Behinderung, gegen die Diskriminierung der Frau, gegen Rassendiskriminierung und so weiter.«

Es ist also nicht notwendig, so argumentiert Nowak, das materielle Recht neu zu fassen. Was es aber braucht, ist ein neu zu schaffender Gerichtshof, der, so Nowak, bei den Vereinten Nationen eingerichtet werden und unabhängige Expert*innen und Richter*innen beschäftigen sollte, die ähnlich wie beim Europäischen Gerichtshof für Menschenrechte in Straßburg hauptberuflich arbeiten. Diese müssten von den Vereinten Nationen, also letztlich von den Mitgliedsstaaten, bezahlt werden und allen Menschen ein Individualbeschwerderecht einräumen, wiederum ähnlich wie beim Europäischen Gerichtshof für Menschenrechte. Natürlich müsste jede*r Kläger*in vorher die nationalen Instanzen ausschöpfen, bis zum obersten Gerichtshof oder zum Verfassungsgerichtshof – doch die zentrale Neuerung wäre, dass wirksame Klagen nicht nur gegen Staaten, sondern auch gegen transnationale Konzerne eingebracht werden könnten. Den Vorschlag von Nowak gilt es zu verteidigen und voranzubringen.

Der Kampf um ein Lieferkettengesetz geht weiter

In vielerlei Hinsicht sind wir in einer weltpolitischen Situation wie zur Zeit der Gründung der legendären Ersten Internationale, die ich im zweiten Kapitel beschrieben habe. Auf dem Genfer Kongress von 1866 wurde eine Kampagne zur Durchsetzung des 8-Stunden-Tags gestartet, die auch das Ziel verfolgte, die Konkurrenz unter Arbeiter*innen in unterschiedlichen Ländern zu überwinden. Es war eine der ersten Initiativen zur Durchsetzung globaler Solidarität und globaler sozialer Rechte. Heute wie damals sind verbindliche multilaterale Übereinkünfte notwendig, die weltweit Arbeits-, Sozial- und Umweltstandards garantieren. Angesichts globalisierter Lieferketten und der globalen Klimakrise lässt sich Solidarität heute mehr denn je nur global verwirklichen. Vergessen wir nicht: In die vielfältigen Kämpfe um Lieferkettengesetze muss auch die Vergangenheit miteinbezogen werden, denn neben den heute stattfindenden Menschenrechtsverletzungen geht es auch um Entschädigungszahlungen für koloniales und postkoloniales Unrecht.

Der Schweizer Theaterregisseur Milo Rau hat die Notwendigkeit für dieses »Weltweit-Werden der Welt«[94] eindrucksvoll vor

Augen geführt, als er im November 2017 in Berlin erstmals ein Weltparlament inszenierte: Ziel war die versuchsweise Einrichtung einer Volksvertretung für alle Menschen und Lebewesen dieser Welt. Es ging um nichts weniger als um die Überwindung nationaler Interessen und Profitstrategien und um die Durchsetzung globaler Gerechtigkeit. Die »General Assembly« zeigte den Willen zu einem radikalen globalen demokratischen Prozess, sie zeigte aber auch deren Prekarität und Brüchigkeit. Denn in diesem gespielten Vorgriff auf die Zukunft lief nicht alles harmonisch ab. Doch seien wir ehrlich: Es wird nicht anders gehen, als dass Minenarbeiter aus dem Ostkongo, landlose Bäuerinnen aus Brasilien, Betroffene der Klimakrise aus Bangladesch, Autohersteller aus Deutschland und Mittelstandsbürger*innen mit Abstiegsängsten in demokratischen Prozessen über die Zukunft unseres Planeten sprechen. Ort und Rahmen für diese Auseinandersetzungen können nur globale Institutionen und eine starke Rechtsprechung sein, die den extrem ungleichen Machtressourcen der einzelnen Akteur*innen Rechnung tragen. Diese Institutionen müssen wir gemeinsam einfordern, entwickeln und mit Leben füllen.

5
Vergangene, gegenwärtige und zukünftige Kämpfe

Für die Überwindung der imperialen Lebensweise und die Durchsetzung globaler Gerechtigkeit ist es wichtig, die Kämpfe der Vergangenheit zu kennen und zu analysieren. Im zweiten Kapitel habe ich einen groben Überblick über einige globale Bewegungen gegeben, die für Freiheit, Gleichheit und globale Solidarität eingestanden sind. Im folgenden Kapitel möchte ich mich der Aufarbeitung und Einordnung von sozialen und ökologischen Kämpfen sehr unterschiedlicher Art widmen: Während es im ersten Abschnitt um einen historischen Kampf von weltpolitischer Bedeutung geht, zeichne ich in den darauffolgenden Abschnitten sehr viel kleinere, aktuelle Auseinandersetzungen nach, an denen ich zum Teil selbst beteiligt bin und aktiv mitwirke. Ich werde also nur einen kleinen Ausschnitt aus den vielen unterschiedlichen Bewegungen für eine sozial-ökologische Transformation beschreiben, denke aber, dass die hier geschilderten Erfahrungen wichtige Anregungen und Anknüpfungspunkte für aktuelle und zukünftige Kämpfe liefern können.

Lumumba lebt! Der Kampf um Unabhängigkeit im Schatten kolonialer Unterdrückung[1]

Einer der zahllosen Kämpfe der Vergangenheit, ohne die der heutige Widerstand gegen die imperiale Lebensweise nicht denkbar wäre, ist der Kampf um Unabhängigkeit in der Demokratischen Republik Kongo. Das Land spielt aufgrund seiner Größe, seines Rohstoffreichtums und der beeindruckenden Geschichte des Widerstands eine herausragende Rolle, wenn es darum geht, die Entstehung der imperialen Lebensweise zu verstehen, genauso wie die vielfältigen Widerstände gegen Kolonialismus, Neokolonialismus und Ausbeutung.

Das Jahr 1885 markiert einen brutalen Einschnitt in der Geschichte des Kongo: Damals findet die Berliner Afrika-Konferenz statt, bei der die Kolonialmächte große Teile des Kontinents praktisch untereinander aufteilen. König Leopold II. von Belgien gelingt es, sich den Kongo als Privatbesitz anzueignen und mit der Ausbeutung von Kautschuk gewaltige Profite zu erzielen. Adam Hochschild schreibt in seinem Buch *Schatten über dem Kongo*, dass dem Terror von König Leopold zwischen acht und zehn Millionen Menschen zum Opfer gefallen sind. Im Jahr 1905 wird der Kongo zur offiziellen belgischen Kolonie. Dem vorangegangen war eine Skandalisierung der Verbrechen von König Leopold II., die oft als die erste internationale Menschenrechtskampagne bezeichnet wird. Doch auch unter offizieller belgischer Kolonialherrschaft geht die Ausbeutung der Ressourcen des Landes unvermindert weiter.

Als nach dem Zweiten Weltkrieg die Unabhängigkeitsbewegungen überall auf dem Kontinent an Zulauf gewinnen, sticht im Kongo vor allem ein Mann hervor: Patrice Emery Lumumba, Mitgründer des Mouvement National Congolais (MNC), der Nationalbewegung des Kongo.[2] Geboren am 2. Juli 1925 in der Provinz Kasai, ist er zunächst Postbeamter und Gewerkschafter. Schnell macht er sich als talentierter und charismatischer Redner einen Namen. Er spricht sich für einen geeinten Kongo jenseits von ethnischen Barrieren aus und ist ein vehementer Gegner der Kolonialherrschaft. Im Dezember 1958 reist er in die ghanaische Hauptstadt Accra zur All-African Peoples' Conference, einer großen panafrikanischen Konferenz, an der auch Frantz Fanon teilnimmt. Im Gegensatz zu anderen Parteiführern strebt Lumumba nicht nur die formelle Unabhängigkeit an, sondern will das Land auch in die wirtschaftliche Unabhängigkeit führen.

Im Januar 1959 kommt es in der Hauptstadt Léopoldville, dem heutigen Kinshasa, zu Massendemonstrationen gegen die Kolonialherrschaft, die blutig niedergeschlagen werden. Die Unruhen breiten sich auch auf die ländlichen Gebiete aus und erfassen das ganze Land. Im April ruft Lumumba die politischen Parteien des Kongo zu einem Kongress in Luluabourg, dem heutigen Kananga, zusammen. Mittlerweile ist auch der belgischen Regierung klar: Die Unabhängigkeit des Kongo lässt sich nicht länger hinauszögern. So beginnen am 20. Januar 1960 in Brüssel die Unabhängigkeitsverhandlungen – zunächst ohne Lumumba, der wegen »antikolonialer Umtriebe« im Gefängnis sitzt. Doch die kongolesischen Delegierten solidarisieren sich mit ihm und fordern seine Freilassung. Die Kolonialregierung lenkt ein, er kommt nach Brüssel, mit noch verletzten Handgelenken. So kann er am berühmten »table ronde«, den Verhandlungen am »runden Tisch«, teilnehmen. Die kongolesischen Delegierten agieren geschlossen, Belgien gibt dem Druck nach: Am 30. Juni 1960 soll der Kongo unabhängig werden.

Nach Beendigung der Verhandlungen finden am 25. Mai 1960 im Kongo Parlamentswahlen statt, aus denen Lumumbas Partei MNC als Sieger hervorgeht, Lumumba wird Premierminister.

Der Tag der Unabhängigkeit und die Rede Lumumbas

30. Juni 1960, Palais de la Nation, Léopoldville. Die Kongoles*innen feiern die Unabhängigkeit, müssen aber die arrogante und herablassende Rede des belgischen Königs Baudouin, Onkel des heutigen Königs Philippe, hören, in der er die angeblichen Wohltaten von König Leopold II. rühmt. Kein Wort zu den unvorstellbaren Gräueltaten an der kongolesischen Bevölkerung, kein Wort zu den Millionen Opfern von Ausbeutung und Unterdrückung. Ein Schlag ins Gesicht der Kongoles*innen. Während der König spricht, notiert Patrice Lumumba in Windeseile eine Rede. Ohne dass es im Protokoll vorgesehen wäre, ergreift er das Wort.

Was dann folgt, ist eine spektakuläre Abrechnung mit Belgien und ein flammendes Bekenntnis zur Überwindung der Kolonialherrschaft.

König Baudouin ist erzürnt. Obwohl Lumumba beim Empfang, der auf die offizielle Zeremonie folgt, eine zweite, viel versöhnlichere Rede hält, bahnt sich zu diesem Zeitpunkt bereits an, dass die ehemalige Kolonialmacht brutal zurückschlagen wird. Denn allen ist klar: Lumumba schickt sich ernsthaft an, der Ausbeutung des Kongo ein Ende zu bereiten. Ein Schreckensszenario für Belgien und die mächtige Bergbauunion Union Minière.

Nur zwei Tage nach den Unabhängigkeitsfeiern erheben sich die Soldaten in Léopoldville gegen das belgische Offizierskorps. Neben Lohnerhöhungen fordern sie, dass die Spitze des Militärs, die ausschließlich aus Belgiern besteht, ebenfalls entkolonialisiert wird. Es kommt zu Morden an weißen Siedler*innen und zu einem Exodus der Belgier*innen. Die Lage spitzt sich immer weiter zu. Gegen den Widerstand der kongolesischen Regierung landen belgische Truppen im Kongo. Am frühen Morgen des 10. Juli steigen vom Luftstützpunkt Kamina Maschinen der belgischen Luftwaffe auf, über Luluabourg werden Fallschirmspringer abgesetzt. Belgische Soldaten entwaffnen kongolesische Militärangehörige gegen deren Widerstand.

Doch es kommt noch schlimmer: Moishe Tschombé, Präsident der Provinz Katanga, erklärt einen Tag später, am 11. Juli 1960, die Abspaltung des riesigen und rohstoffreichen Landesteils. In seinen separatistischen Bestrebungen wird er augenblicklich von Belgien unterstützt. Die belgische Presse gießt Öl ins Feuer und diskreditiert Lumumba. Er sei ein Kommunist und trage Schuld an den Aufständen in der Bevölkerung und in der Armee. In kolonialer und rassistischer Manier schreiben die Zeitungen: »der Urwaldpolitiker«, »Poltergeist Lumumba«, »halb Scharlatan, halb Missionar« – ein Schock nach den erfolgreichen Verhandlungen in Brüssel vom Frühjahr.[3]

Die letzten Monate

Lumumba versucht zu retten, was zu retten ist: Als er von der Abspaltung Katangas erfährt, fliegt er mit Präsident Kasavubu dorthin – doch der belgische Kommandant Weber erteilt ihnen keine Landeerlaubnis für den Flughafen der Provinzhauptstadt Élisabethville. Somit erreicht der Konflikt eine weitere Eskalationsstufe: Den höchsten Politikern des Landes wird durch einen Belgier der Zugang zur zweitgrößten Stadt ihres Landes verwehrt! Gleichzeitig entwickelt sich großes Einvernehmen zwischen den katangesischen Führern, den belgischen Militärs und der Leitung der Union Minière, die den Zugang zu den mineralischen Rohstoffen der Region kontrolliert. Belgische und US-amerikanische Geheimdienste beginnen, mit dem Armeechef und späteren Langzeitdiktator Mobutu Sese Seko zusammenzuarbeiten. Die Teile-und-Herrsche-Strategie funktioniert: Der Handlungsspielraum von Lumumba wird immer enger.

Am 12. Juli, einen Tag nach der Sezession Katangas, bitten Lumumba und Kasavubu die Vereinten Nationen um Hilfe. UN-Generalsekretär Dag Hammarskjöld beruft noch am selben Abend in New York eine Sitzung des UN-Sicherheitsrats ein. Doch die verabschiedete Resolution ist zahnlos: Belgien wird nirgendwo im Text verurteilt, die Abspaltung Katangas mit keinem Wort erwähnt. So kommt es, dass Lumumba jenes Land um Unterstützung bittet, das im UN-Sicherheitsrat das größte Verständnis für sein Anliegen zeigt: die Sowjetunion. In der aufgeheizten Stimmung des Kalten Krieges schrillen bei den westlichen Geheimdiensten die Alarmglocken.

Am 14. September 1960 übernimmt Mobutu in einem mit den USA abgesprochenen Putsch die Macht. Kasavubu bleibt zunächst Präsident, Lumumba wird in Léopoldville unter Hausarrest gestellt. UN-Soldaten bewachen sein Anwesen, da zu diesem Zeitpunkt bereits sein Leben in Gefahr ist. Am 27. November, nach zweieinhalb Monaten Arrest, beschließt Lumumba, zu fliehen und Kinshasa heimlich zu verlassen, um zu seinem Verbündeten Antoine Gizenga im Norden des Landes zu stoßen. Doch Armeechef Mobutu lässt ihn von Soldaten verfolgen und mit zwei seiner Mitstreiter verhaften. Er wird in eine Kaserne bei Thysville im Westen des Landes gebracht. Als er ankommt, ohne Brille und gefesselt, stopft ihm jemand ein zusammengeknülltes Stück Papier in den Mund: den Text seiner berühmten Rede. Lumumba wird auf Betreiben des belgischen Ministers d'Aspremont nach Katanga gebracht, mehrere Stunden verhört und gefoltert. Im Beisein von vier belgischen Polizisten, Präsident Tschombé und zwei Ministern der abtrünnigen Provinz werden Lumumba und seine Mitstreiter erschossen. Um alle Spuren zu beseitigen, gräbt ein belgischer Polizeibeamter die Leichen kurze Zeit später wieder aus, zerstückelt sie mit einer Säge, löst sie in Säure auf und verbrennt die Überreste.

Der Mord an Lumumba wurde nicht nur vom US-amerikanischen Präsidenten Eisenhower und vom US-amerikanischen Geheimdienst CIA, sondern auch von belgischen Militärs und Berater*innen bis hin zum belgischen König gebilligt, gefördert und organisiert. Eine im März 2000 eingerichtete Untersuchungskommission des belgischen Parlaments kam in ihrem Abschlussbericht 2001 zu dem Ergebnis, dass Belgien für die Ermordung Lumumbas eine »moralische Verantwortung« trägt. Doch der Mord an Lumumba ist bis heute ungesühnt. Keiner der Drahtzieher, keiner der Geheimdienste, keiner der beteiligten Staaten, keiner der Mörder kam je vor Gericht.

Weltweite Proteste

Lumumbas Tod löst wütende Proteste rund um den Globus aus. In Belgien kommt es zu Hunderten Festnahmen. In Belgrad, Warschau und Kairo werden die belgischen Botschaften gestürmt. Währenddessen gleitet der Kongo in einen brutalen Bürgerkrieg ab. UN-Generalsekretär Dag Hammarskjöld kommt am 18. September 1961 bei einem Flugzeugabsturz an der Grenze zum Kongo ums Leben. Auch in diesem Fall deuten viele Indizien darauf hin, dass es sich um einen politischen Mord handelt.[4] Mobutu festigt mit der Hilfe von Belgien und den USA schrittweise seine Macht. Moishe Tschombé rekrutiert ab 1964 unverhohlen weiße Milizionäre. Diese streben von Südafrika und Rhodesien aus eine Ausweitung der Apartheid und der weißen Vorherrschaft an.[5] Das wohl berüchtigtste und abstoßendste Beispiel für einen weißen rassistischen Söldner ist Siegfried Müller, ein ehemaliger Soldat der Wehrmacht, der im Kongo furchtbare Massaker verübt. In den DEFA-Filmen *Kommando 52* und *Der lachende Mann* aus den Jahren 1965 und 1966 werden Müllers Verbrechen kritisch porträtiert. Mit unvorstellbarer Brutalität bekämpfen die Söldner die Anhänger*innen Lumumbas, die sogenannten Mulelisten. Pierre Mulele, nach dem die Bewegung benannt ist, führt das Erbe von Lumumba entschlossen weiter, doch wenige Jahre später fällt er wie viele andere dem Terror Mobutus zum Opfer.[6] Eine Zeit lang kämpft auch Che Guevara an der Seite der Aufständischen, doch 1965 kann sich Mobutu die alleinige Macht sichern. Jeglicher Widerstand ist gebrochen.

Mobutu bleibt 32 Jahre lang an der Macht – der Westen unterstützt und stabilisiert sein Regime aus geostrategischen, militärischen und rohstoffwirtschaftlichen Gründen konsequent.

Das Erbe Lumumbas

Nicht selten wird die Politik Patrice Lumumbas als »naiv« bezeichnet. Es sei unrealistisch und utopisch gewesen, die wirtschaftliche Unabhängigkeit durchsetzen zu wollen. Lumumba habe sich unbotmäßig verhalten und US-Präsident Eisenhower vor den Kopf gestoßen. Diese These vertritt auch der belgische Schriftsteller David Van Reybrouck in seinem 2010 veröffentlichten Buch *Kongo. Eine Geschichte*. Doch wie kann ein wacher Gerechtigkeitssinn als »utopisch« bezeichnet werden? Ist es nicht die Aufgabe eines Premierministers, nach Maßstäben von Demokratie, Gerechtigkeit und Solidarität zu handeln? Oft wird auch ins Feld geführt, Lumumba habe ein sowjetisches Wirtschaftsprogramm verfolgt. Das entspricht nicht den Tatsachen, wie auch der US-amerikanische Politikwissenschaftler Stephen Weissman festhielt – Lumumbas Wirtschaftsprogramm war nach heutigen Maßstäben eher keynesianisch und sozialdemokratisch inspiriert, er wollte die Schlüsselindustrien verstaatlichen – ganz so, wie es auch die nordrhein-westfälische CDU in ihrem Ahlener Programm 1947 forderte. Lumumbas zentrales Anliegen war es, der unbegrenzten Ausbeutung der Ressourcen des Landes ein Ende zu setzen.

In den Unabhängigkeitsbewegungen im Kongo spielten auch Frauen eine zentrale Rolle: Eine der wichtigsten antikolonialen Kämpferinnen war Andrée Blouin. Von westlichen Medien wurde sie häufig als die »Frau hinter Lumumba« charakterisiert – eine Bezeichnung, die ihr nicht gerecht wird. Andrée Blouin betonte stets, dass Dekolonisierung eng mit der Freiheit und Unabhängigkeit von Frauen zusammenhängt. Sie wurde nach der Ermordung von Lumumba zum Tode verurteilt und floh daraufhin nach Paris, wo sie 1986 starb.[7]

Im Juni 2020, zum 60. Jahrestag der Unabhängigkeit, wurden im Zuge der Black-Lives-Matter-Demonstrationen in Brüssel erneut Statuen von König Leopold II. beschädigt, Straßenschilder, die seinen Namen tragen, übermalt und vor der Brüsseler Kathedrale wurde ein Denkmal für König Baudouin mit roter Farbe übergossen. Petitionen mit Zehntausenden Unterschriften forderten, die Statuen König Leopolds zu entfernen.

Bis heute lebt Lumumba auch in Kunst und Literatur fort. Miriam Makebas Song *Lumumba* wurde weltbekannt, der Komponist Paul Dessau schuf 1963 das *Requiem für Lumumba*. William Kentridge hat ihm in einem eindrucksvollen Bilderzyklus ein Denkmal gesetzt. Raoul Peck und Cheick Oumar Sissoko haben ihn mit Filmen gewürdigt. Die deutsche Erstaufführung des Theaterstücks *Im Kongo* von Aimé Césaire am Deutschen Schauspielhaus in Hamburg am 24. Februar 1968 wurde Gegenstand lebhafter Debatten.

Lumumba ist für das Thema globale Solidarität deshalb so bedeutsam, weil der kongolesische Befreiungskampf für emanzipatorische Bewegungen rund um den Globus in besonderem Maße beispielgebend war: Lumumbas Ermordung gilt damals wie heute als Symbol für koloniale und neokoloniale Unterdrückung, sein Erbe als Versprechen auf zukünftige Emanzipationsbestrebungen. Jean-Paul Sartre sagte einst: »Seit Lumumba tot ist, hört er auf, eine Person zu sein. Er wird zu ganz Afrika.«[8]

Afrique-Europe-Interact und der Aktivist Emmanuel Mbolela

Die Vergangenheit reicht bis in die Gegenwart und greift nach der Zukunft. Denn seit der Zeit der Unabhängigkeitsbewegungen hat sich an der Ausbeutung des Kongo kaum etwas geändert. Das Erbe von Patrice Lumumba ist indes nach wie vor präsent – und zwar bei Weitem nicht nur in afrikanischen Debatten, sondern letztlich als globale, universalistische Gerechtigkeitsperspektive, die nichts an Aktualität eingebüßt hat.

Im Februar 2011 lernte ich den kongolesischen Autor und Aktivisten Emmanuel Mbolela kennen, mit dem mich bis heute eine enge Freundschaft und intensive Zusammenarbeit verbinden. Als Gründungsmitglieder des Netzwerks Afrique-Europe-Interact reisten wir damals in einer großen kollektiven Aktion drei Wochen mit einer Buskarawane von Bamako nach Dakar, um dort, als letzte Etappenstation, am 11. Weltsozialforum teilzunehmen.[9] An der »Karawane für Bewegungsfreiheit und gerechte Entwicklung« beteiligten sich mehr als 250 Aktivist*innen aus afrikanischen und europäischen Ländern. Die Karawane forderte sowohl eine Überwindung des tödlichen europäischen Grenzregimes als auch die Beseitigung der strukturellen Ursachen für Flucht und erzwungene Migration. In Dutzenden Dörfern und Städten entlang der Strecke hielten wir auf zentralen Plätzen öffentliche Veranstaltungen ab, mit reger Beteiligung der Bewohner*innen und der lokalen Zivilgesellschaft. Die Reise führte uns auch an die mauretanische Grenze, wo immer wieder illegale bzw. völkerrechtswidrige, EU-finanzierte Rückschiebungen, sogenannte Pushbacks, stattfinden. An einer weiteren Station, im senegalesischen Kaolack, nahmen wir an einer Versammlung zu afrikanischem Feminismus und Migration teil. In Dakar protestierten wir mit verschiedenen Aktionen gegen die EU-Grenzschutzagentur Frontex.

Die Karawane hinterließ bei allen Beteiligten bleibende Eindrücke. Sie war der erste, nachhaltige Schritt hin zur Etablierung eines transnationalen solidarischen Netzwerks zwischen Basisbewegungen in Afrika und Europa. Ob Migration, Landwirtschaft oder Klima: Uns verbindet nach wie vor die Überzeugung, dass sich an den historisch gewachsenen Ungleichheits-, Macht- und Dominanzverhältnissen zwischen armen und reichen Weltregionen nur etwas ändern lässt, wenn soziale Bewegungen und zivilgesellschaftliche Akteur*innen in großem Stil gleichberechtigt und verbindlich zusammenarbeiten und Strategien und Visionen gemeinsam entwickeln.

Für Emmanuel Mbolela und mich begann nach unserer Rückkehr die intensive Zusammenarbeit rund um Emmanuels politische Autobiografie *Mein Weg vom Kongo nach Europa*, die 2014 erschien und – wie es im Untertitel heißt – von Widerstand, Flucht und Exil des Autors berichtet. Jean Ziegler steuerte ein aufrüttelndes Vorwort bei. Das Buch ermöglichte uns, zahlreiche Solidaritätsaktionen in Marokko, Tunesien und dem Kongo zu organisieren. Für uns machte das Buch genau das erlebbar, was Bertolt Brecht einst formulierte: dass ein Buch eine Waffe sein kann.

Widerstand, Repression und Flucht

Emmanuel Mbolela wird 1973 in Mbujimayi, im Zentrum der Demokratischen Republik Kongo geboren. Die Stadt Mbujimayi ist vielen Menschen kaum bekannt, obwohl es sich um eine der weltweit wichtigsten Förderregionen für Schmuck- und Industriediamanten handelt – ein Umstand, der in der politischen Arbeit von Emmanuel Mbolela stets eine große Rolle spielt.

Bereits als Schüler engagiert sich Mbolela politisch gegen den vom Westen unterstützten Langzeitdiktator Mobutu. Nachdem im Zuge der Machtübernahme Laurent-Desiré Kabilas Ende der 1990er-Jahre die Hoffnungen auf Demokratisierung und Frieden schnell zunichtegemacht werden, setzt Mbolela seine Aktivitäten in der Jugendsektion der Oppositionspartei UDPS (Union für Demokratie und sozialen Fortschritt) fort. Als Laurent-Desiré Kabila 2001 ermordet wird und sein Sohn Joseph Kabila ihm als Präsident nachfolgt, verschlechtert sich die Lage im Land weiter. Der 17. April 2002 gibt dem Leben Emmanuel Mbolelas eine drastische Wende: Im Zuge einer Großdemonstration für Frieden und Demokratie in Mbujimayi, die er maßgeblich mitorganisiert hat, wird Mbolela festgenommen, inhaftiert und gefoltert. Zwei seiner engsten Mitstreiter sterben an diesem Tag durch die Kugeln der Polizei. Mbolela muss Hals über Kopf fliehen und verlässt das Land in Richtung Brazzaville. Angesichts der Kollaboration der Regierung Brazzavilles mit dem Regime in Kinshasa und fehlender Aufnahmestrukturen für Flüchtende in anderen Ländern Subsahara-Afrikas schlägt sich Mbolela bis nach Algerien und schließlich nach Marokko durch. Doch auch dort erweist sich die Situation für subsaharische Flüchtende und Migrant*innen als unerträglich. Von gesundheitlicher Versorgung, dem Zugang zu Arbeitsmarkt und Bildung ausgeschlossen, werden sie oftmals Opfer von brutalen und lebensbedrohlichen Abschiebungen ins Grenzgebiet zwischen Marokko und Algerien. Aufgrund dieser Missstände beschließt Mbolela den politischen Kampf für Würde und Menschenrechte wieder aufzunehmen und gründet 2005 gemeinsam mit anderen Flüchtenden die erste Organisation subsaharischer Migrant*innen in Marokko, die Association des Refugiés et Communautés Migrantes, also die Vereinigung der Geflüchteten und migrantischen Communities (ARCOM). Im Jahr 2008 gelingt es Emmanuel Mbolela, mit einem Resettlement-Programm des Flüchtlingshilfswerk der Vereinten Nationen (UNHCR) das Land zu verlassen und legal nach Europa einzureisen.

Das Manuskript seiner Autobiografie ist damals bereits fertiggestellt, Emmanuel ist auf der Suche nach Verleger*innen, die das Buch in Europa herausbringen würden. Nachdem Emmanuel und ich uns 2011 auf der Karawane von Bamako nach Dakar kennengelernt haben, mache ich mich bald nach unserer Rückkehr an die Übersetzungsarbeiten aus dem Französischen.

Seit dem Erscheinen des Buchs 2014 im Wiener Mandelbaum Verlag sind nun mehr als acht Jahre vergangen, in denen sich viel getan hat: Das Buch wurde mehrmals nachgedruckt, Übersetzungen in verschiedenen Sprachen wurden veröffentlicht; zusammen veranstalteten wir über 300 Lesungen in Österreich, Deutschland, der Schweiz, in Italien, Frankreich und Portugal. Das anhaltende Interesse an Mbolelas Buch ist äußerst erfreulich, gleichzeitig ist es aber auch bitter notwendig, stehen doch seine persönliche Fluchtgeschichte und seine politische Autobiografie paradigmatisch für Abertausende Flüchtende und Migrant*innen, denen heute der Zutritt zur Europäischen Union verwehrt wird. »Dieses Buch hat den Anspruch, eine Stimme für die Stimmlosen zu sein«, schreibt Mbolela. »Es soll helfen, das Schweigen über die Konsequenzen der herrschenden Politik zu brechen.«[10] Für den Aufbau unserer gemeinsamen Solidaritätsarbeit war und ist das Buch ein entscheidender Eckpfeiler.

Rasthaus Baobab[11]

Noch im Erscheinungsjahr des Buchs gründet die ARCOM mit Spendengeldern, die wir im Zuge unserer Lesereisen gesammelt hatten, im marokkanischen Rabat ein Frauenhaus für subsaharische Migrantinnen. Denn unsere Analyse ist klar: Wir wollen nicht nur die europäische Öffentlichkeit über die Menschenrechtsverletzungen informieren, die Flüchtende erleiden, und die Ausbeutung aufdecken, die ihre Heimatländer beutelt – im

Sinne der Grundidee von Afrique-Europe-Interact wollen wir auch konkrete Solidaritätsarbeit voranbringen. Emmanuel ist der Überzeugung, dass vor allem diejenigen unterstützt werden müssen, die auf den Fluchtrouten von der schlimmsten Gewalt betroffen sind – und das sind zweifelsohne flüchtende Frauen und ihre Kinder.

Das selbstverwaltete Frauenhaus mit Namen »Rasthaus Baobab« ist die erste Einrichtung dieser Art in der Geschichte Marokkos. Denn der marokkanische Staat stellt vergleichbare Einrichtungen – wenn überhaupt – ausschließlich für Marokkanerinnen bereit, Geflüchteten droht deshalb Obdachlosigkeit.

Zum Frauenhaus der ARCOM gehören vier angemietete Wohnungen, die meisten von ihnen liegen im Arbeiterviertel Hay Nada. Im »Rasthaus Baobab« leben rund 50 Frauen, der Großteil von ihnen kommt aus der Elfenbeinküste, aus Guinea, der Demokratischen Republik Kongo, aus Mali oder Benin – viele von ihnen haben kleine Kinder. Ihre Fluchtgründe sind divers: Frauen aus dem Kongo oder aus der Elfenbeinküste fliehen vor den Auswirkungen der dortigen Kriege; zahlreiche Frauen berichten von patriarchaler Gewalt, insbesondere von Zwangsverheiratungen und Genitalbeschneidungen. Viele sprechen davon, dass ihre Gewalterfahrungen keineswegs mit der Flucht zu Ende waren – auch in Marokko sind sie sexualisierter Gewalt ausgesetzt. Besonders schlimm sind die Übergriffe im marokkanisch-algerischen Grenzgebiet. Die Gewalt geht meist von Grenzpolizisten und Militärs aus, zum Teil aber auch von mitreisenden Migranten.[12]

Im Laufe der letzten Jahre haben wir mit Afrique-Europe-Interact und der ARCOM mehrere transnationale Konferenzen in Rabat organisiert. Die Gruppe in Rabat hat mit einer Vielzahl von Aktionen für Verbesserungen gekämpft und auf die unhaltbare Situation der Geflüchteten aufmerksam gemacht: sei es mit Protesten gegen Abschiebungen in das marokkanisch-algerische Grenzgebiet, sei es mit Widerstand gegen Polizeigewalt und gegen die Externalisierung des EU-Grenzregimes oder mit

Kampagnen für den Zugang zur Gesundheitsversorgung und für die Legalisierung von Papierlosen. Die Arbeit der ARCOM hat in unzähligen Fällen konkrete Hilfe geleistet und wohl oft auch Leben gerettet. Außerdem konnte die ARCOM denjenigen, die keine Stimme haben, insbesondere den Illegalisierten, mit Nachdruck Gehör im öffentlichen Diskurs verschaffen – sowohl in Marokko als auch in Europa. Emmanuel lebt heute in Frankreich, koordiniert die Arbeit der AROCM von Europa aus und reist regelmäßig nach Rabat.

Herausforderungen für die Zukunft

Für die sozialen Bewegungen und Solidaritätsstrukturen, die die Arbeit der ARCOM diesseits und jenseits des Mittelmeers unterstützen, dürften sich in der kommenden Zeit mehrere Aufgaben stellen: Erstens steht für die ARCOM die Überlegung im Raum, ein soziales Zentrum für Migrant*innen zu gründen – eventuell mit einem Restaurantbetrieb und wenn möglich in räumlicher Nähe zu den vier Wohnungen des Frauenhauses. Dafür wird es notwendig sein, finanzielle Unterstützung in Europa zu organisieren. Zweitens sollte das Buch von Emmanuel Mbolela weitere Verbreitung finden. Es ist nach wie vor ein wichtiges Werkzeug für den Aufbau politischer Solidarität und kommt unter anderem in unzähligen Schulen zum Einsatz. Außerdem ist es ein zentraler Hebel beim Einwerben von Spenden für das Frauenhaus in Rabat. Last but not least gehört es zu den wichtigsten Anliegen der gemeinsamen politischen Arbeit, weiterhin die Ausplünderung der Ressourcen in den Herkunftsländern der Geflüchteten zum Thema zu machen. Nicht umsonst hat sich das Netzwerk Afrique-Europe-Interact auf die Fahnen geschrieben, nicht nur für das »Recht zu gehen« zu kämpfen, sondern auch für das »Recht zu bleiben«; also für das Recht, unter würdigen und guten Bedingungen dort leben zu können, wo man aufgewachsen ist. Afrique-Europe-Interact arbeitet in diesem Zusammenhang mit bäuerlichen Basisorganisationen und Gewerkschaften zusammen, unter anderem in der Provinz Bas-Congo in der Demokratischen Republik Kongo sowie in Mali. Wie im vierten Kapitel betont, ist die Unterstützung der bäuerlichen Bewegungen vor allem auch im Hinblick auf den Schutz von Klima und Biodiversität entscheidend. Viele weitere Aktionsstränge sind in den letzten Jahren hinzugekommen. Verschiedene Kooperationen mit Universitäten sind entstanden, außerdem arbeiteten wir mit Milo Rau zusammen, dessen Film *Das Kongo-Tribunal* breite Aufmerksamkeit erfahren hat. Wir organisierten zahlreiche Filmscreenings und Diskussionen zum Thema.[13]

Zwar können die Bedingungen für Solidaritätsarbeit in unterschiedlichen Ländern und zu unterschiedlichen Zeitpunkten grundverschieden sein – es kann kein Schema und schon gar nicht einen vorgefertigten Handlungskatalog geben, nach dem es vorzugehen gilt. Dennoch denke ich, dass die Arbeit von Afrique-Europe-Interact und Emmanuel Mbolela wichtige Anknüpfungspunkte für globale Solidaritätsarbeit bieten kann. In unserer gemeinsamen Praxis versuchen wir, Elemente einer solidarischen Arbeitsteilung, wie ich sie im vierten Kapitel beschrieben habe, zu etablieren und weiterzuentwickeln.

Auf den Schultern von Gigant*innen

Emmanuel Mbolela beruft sich in seinem Buch sowie in zahlreichen Reden, Vorträgen und Artikeln immer wieder auf den großen kongolesischen und afrikanischen Hoffnungsträger Patrice Lumumba, dessen Kampf ich im vorigen Kapitel beschrieben habe. Er ist laut Mbolela einer der »Gigant*innen«, auf deren Schultern die sozialen Bewegungen des afrikanischen Kontinents heute stehen. Nach dem kurzen Aufbruch in Unabhängigkeit, Frieden und Prosperität folgten Jahre des Krieges und viele Jahrzehnte der Diktatur, toleriert und unterstützt vom Westen. Emmanuel Mbolela wird nicht müde, darauf hinzuweisen, dass die neokoloniale Ausbeutung des Kongo bis heute fortbesteht. Seit der Berliner Afrika-Konferenz im Jahr 1885 ereignen sich in dem riesigen Land, das etwa fünfmal so groß ist wie Deutschland, aufgrund seines Ressourcenreichtums schreckliche Menschenrechtsverletzungen. Sie stehen in direktem Zusammenhang mit der Ausbeutung von Kautschuk und dem Raubbau von Rohstoffen. Während Coltan, Kupfer und Kobalt aus dem Kongo, Gold aus Mali, Kakao aus der Elfenbeinküste oder Erdöl aus Nigeria zu Spottpreisen exportiert werden, wird Flüchtenden und Migrant*innen die Reisefreiheit verwehrt. »Europa behauptet«, so Mbolela, »dass es nicht möglich sei, das Elend der ganzen Welt aufzunehmen – doch anscheinend ist es für Europa seit Jahrhunderten sehr wohl möglich, die Reichtümer aus aller Welt aufzunehmen! Das«, so Mbolela, »muss sich grundlegend ändern!«[14]

Der jesidische Befreiungskampf und das Dilemma der Sprechpositionen

Im Frühling 2016 standen Teile der kurdischen Autonomiegebiete im Nordirak nach wie vor unter der Kontrolle der Terrormiliz des sogenannten Islamischen Staats; auch die Millionenmetropole Mosul hatte der IS fest im Griff. Tausende Menschen flohen aus der Region, um in Europa Schutz zu suchen. Die Lage der Binnenvertriebenen war alarmierend. Einige Gebiete – so auch das Sindschar-Gebirge im Dreiländereck Irak, Syrien und der Türkei – wurden von verschiedenen kurdischen und jesidischen Milizen zurückerobert. Sie kämpften mit äußerster Entschlossenheit gegen den IS.

An einem Junimorgen 2016 erreicht mich ein Anruf: Ich solle am nächsten Morgen für das österreichische Radio nach Erbil aufbrechen und über die Delegationsreise des Europaparlamentariers Joseph Weidenholzer ins Sindschar-Gebirge berichten.[15] Die Delegation hat die Aufgabe, die Verbrechen zu dokumentieren, die der IS an den Jesid*innen begangen hat. Außerdem soll weiterer politischer Druck aufgebaut werden, damit Frauen, die aus der Gewalt des IS befreit werden konnten, nach Europa gebracht werden können und Zugang zu medizinischer und psychologischer Versorgung bekommen.

Ich sage spontan zu. Während des Flugs setzt mich Weidenholzer ins Bild: Die Massaker vom August 2014 sind vom Internationalen Strafgerichtshof in Den Haag nicht als Genozid anerkannt worden. Keinerlei Dokumentation hat stattgefunden. Eine genaue Erhebung der Verbrechen sowie die Exhumierung der Gebeine ist allerdings unentbehrliche Grundlage für spätere Kriegsverbrecherprozesse. Nur durch die Sicherung der Beweisstücke könne garantiert werden, dass die Wahrheit nicht verfälscht werde, so Weidenholzer.

Um in die gleichnamige Kleinstadt am Fuße des Sindschar-Gebirges zu gelangen, muss unsere Delegation einen weiten Umweg zurücklegen: Denn der direkte Weg von Erbil aus würde durch die IS-Hochburg Mosul führen. Also nähert sich unser Konvoi den Sindschar-Bergen von der Nordseite. Die Sicherheitslage in der Region macht es erforderlich, dass die Delegation in schusssicheren Geländefahrzeugen unterwegs ist.

Beim Anstieg in die Berge halten wir vor einem Denkmal von kurdischen Kämpfer*innen, die in den Gefechten mit dem IS gefallen sind. Über dem Mahnmal prangt ein Bildnis von Abdullah Öcalan, dem zu lebenslanger Haft verurteilten Vorsitzendenden der Kurdischen Arbeiterpartei PKK. Windböen fegen über den Bergrücken. An dem Monument sind Bilder von jungen Frauen und Männern zu sehen, manche sind erst im März des Jahres im Kampf gegen den IS gefallen. Die PKK und alle mit ihr verbündeten Einheiten, so auch die syrischen Volksverteidigungseinheiten YPG und die Verteidigungseinheiten von Shingal YBŞ, haben wesentlich dazu beigetragen, große Gebiete in Syrien und im Irak vom IS zu befreien. Die Befreiung der Stadt Kobanê im Norden von Syrien wurde zum Symbol für den kurdischen Widerstand.

Mirza Dinnayi, ein jesidischer Berater des Kurdish Regional Government (KRG) im Nordirak, begleitet unsere Delegation zu den Sindschar-Bergen. Der praktische Arzt und angehende Jurist, der vor 20 Jahren nach Deutschland emigrierte und in Hannover und im Nordirak arbeitet, übersetzt für die Delegation. Er ist Vorsitzender des in Deutschland gegründeten Vereins Luftbrücke Irak. Seit vielen Jahren engagiert er sich ehrenamtlich für die Behandlung irakischer Terroropfer.

Am 3. August 2014 waren die Mörderbanden des IS am Fuße der Sindschar-Berge eingefallen. Mehr als 7.000 Menschen wurden ermordet, über 6.000 Frauen und Mädchen verschleppt. Mehr als 300.000 Menschen flohen in die Berge. Kurdische Kämpfer*innen bildeten zu ihrem Schutz einen Korridor. Dennoch überlebten viele die Flucht nicht. Sie starben an den Strapazen des Anstiegs oder an Wassermangel.

Zum Zeitpunkt unseres Besuchs verläuft die Front zwischen dem IS und den kurdischen und jesidischen Milizen nur wenige Kilometer vom Sindschar-Gebirge entfernt. Die Stellungen der Terrormiliz sind in Sichtweite. Langsam schlängeln sich die Geländewagen die Serpentinenstraße entlang, die von den Anhöhen des Gebirges hinunter an die Südseite führt, zur Stadt Sindschar. Erst ein halbes Jahr zuvor hatte die Entscheidungsschlacht um Sindschar stattgefunden. Vor dem Genozid lebten hier 40.000 Menschen. Rechts und links der steilen Bergstraße liegen immer noch verkohlte Autowracks. Von hier blickt man weit nach Süden, bis zu den Dörfern, die nach wie vor in der Gewalt des IS sind.

In Sindschar sprechen wir mit einem jungen jesidischen Kämpfer. In der langen Verfolgungsgeschichte der Volksgruppe hat der Berg Sindschar, der von den Kurd*innen und Jesid*innen »Shingal« genannt wird, viele Male seine existenzielle Bedeutung bewiesen. Der junge Jeside sagt:

> »Es ist der 74. Genozid. Jedes Mal hat uns dieser Berg vor der kompletten Auslöschung gerettet, auch dieses Mal. Allerdings sind sehr viele von uns dabei umgekommen. Wir

haben die Flüchtenden ganz in den Innenbereich des Berges genommen und wir waren ganz außen. Es war eine ganz schlimme Zeit. Die Menschen aßen Blätter von den Bäumen, um zu überleben. Viele sind verdurstet. In den ersten Tagen waren 70 bis 80 Tausend Menschen auf diesem Berg. Danach hat die PKK einen Korridor freigekämpft.«

Abends kehren wir in unser Hotel in der Provinzhauptstadt Dohuk zurück. Es ist kaum zu begreifen, wie normal das Leben hier wirkt, nur eine Autostunde vom besetzen Mosul entfernt. Mirza Dinnayi hat ein Treffen mit Dr. Naam Noset arrangiert, einer Gynäkologin, die als freiwillige Helferin Frauen behandelt, die Opfer des IS geworden sind. »Als der IS vor rund drei Jahren Gebiete hier im Irak besetzte, begann ich, in den Flüchtlingslagern zu arbeiten«, sagt Dr. Noset.

»Zunächst habe ich dabei geholfen, die Binnenvertriebenen medizinisch zu versorgen. Vor zwei Monaten habe ich nun damit begonnen, Frauen, die in der Gewalt des IS waren, medizinisch und psychologisch zu unterstützen. Die meisten Frauen und Mädchen leiden unter psychischen Problemen, viele haben auch Krankheiten bekommen. Ich mache das ehrenamtlich. Als Frau sehe ich es als meine Pflicht an, sie zu unterstützen.«

Nach den Ereignissen von Sindschar eröffnete die junge Ärztin, die um die Dreißig ist, in Dohuk ein Zentrum für die Überlebenden. Bis zum Zeitpunkt unseres Besuchs hat sie dort rund 850 Frauen und Mädchen behandelt. Dr. Noset engagiert sich auch in einem Programm, das zum Ziel hat, betroffene Frauen nach Deutschland zu bringen, damit sie psychologisch betreut werden können.

Der Wert der Solidarität

Alle kurdischen Einheiten der Region, so unterschiedlich ihre Ziele und Ideologien im Einzelnen sein mögen, betonen immer wieder, dass sie nicht nur für die Freiheit von Sindschar kämpfen, sondern auch für die Freiheit von Europa. Wäre ich bereit, so weit zu gehen wie die kurdischen Kämpfer*innen, die die Werte Freiheit, Gleichheit und Solidarität mit der Waffe verteidigen? Wohl kaum.

Mit welcher Berechtigung komme ich hierher in den Irak, nur um wenige Tage später wieder im »Safe European Home«[16] zu landen? Ich lebe in einer ungemein privilegierten Situation. Obwohl wir uns bei der Reise nicht unwesentlichen Gefahren ausgesetzt haben, sind die Risiken, die ich auf mich nehme, absolut lächerlich im Vergleich zu den Gefahren und Repressionen, mit denen meine Mitstreiter*innen in Kolumbien, im Kongo oder hier im Irak konfrontiert sind. Ich habe nur selten am eigenen Leib staatliche Gewalt erfahren, und die wenigen Stunden, die ich nach Demonstrationen oder Besetzungen in Polizeigewahrsam verbracht habe, kann ich an einer Hand abzählen. Was berechtigt mich also dazu, mein Denken und Handeln solidarisch zu nennen?

Im *Prinzip Hoffnung* stellt Ernst Bloch eine ähnliche Frage: »Warum sind diejenigen, die es nicht nötig haben, zur roten Fahne übergelaufen? Es ist die sich tätig begreifende Menschlichkeit.«[17] Jean Ziegler stützt sich auf Immanuel Kant, der gesagt hat: »Die Unmenschlichkeit, die einem anderen angetan wird, zerstört die Menschlichkeit in mir.«[18] Der andere Mensch ist der Spiegel, der es dem Ich erlaubt, sich zu erkennen – ich bin der andere, der andere ist ich. Es ist das Identitätsbewusstsein, das uns dazu bringt, nicht indifferent gegenüber dem Schicksal anderer zu sein. Mehr noch: Anderen zu helfen hilft mir selbst dabei, meine eigene Menschlichkeit zu bewahren. Wer Privilegien innehat, hat auch den Auftrag, diese Privilegien zum Wohle anderer zu nutzen. Solidarität bedeutet, den Versuch zu unternehmen, verbindliche und egalitäre Verbindungen zu knüpfen und Beziehungen aufzubauen, auch wenn die Lebensrealitäten weit auseinanderklaffen – wie in den oben genannten Beispielen.

Übersetzungsarbeit als Verbreitung und Einordnung von Informationen

Der US-amerikanische Soziologe Charles Wright Mills hat mit *The Sociological Imagination* einen zentralen soziologischen Text verfasst. Wichtigste Aufgabe von Soziolog*innen sei es, »private Sorgen in öffentliche Angelegenheiten zu übersetzen«.[19] Der Arbeit der Soziolog*innen ist die der Journalist*innen verwandt: Beide sind mit der Frage konfrontiert, wessen Stimme und wessen Perspektive sie auf welche Weise wiedergeben. Und wie bereits eingangs betont: Wissenschaft ist genauso wenig wie Journalismus reine »Wahrheitsproduktion«, sondern stets auch das Ringen um gesellschaftliche Hegemonie, also um die Frage, welche Ideen gesellschaftlich anerkannt werden und welche nicht. Ein kritisches Verständnis von Journalismus verfolgt meiner Ansicht nach deshalb neben der umfassenden Darstellung eines Sachverhalts immer auch das Ziel, den Weg von der Empörung zur Analyse und vom Mitleid zur Solidarität aufzuzeigen und auf diese Weise dabei zu helfen, das Recht auf Rechte für alle Menschen auf der Welt geltend zu machen.

Wenn es um den Irak geht, ist es wichtig, der Ärztin in Dohuk zuzuhören, den aus der IS-Gewalt befreiten Frauen und den kurdischen Kämpfer*innen am Gipfelplateau von Sindschar. Ihnen sollten wir unsere Ressourcen und Privilegien zur Verfügung stellen.

Bei meiner Arbeit mit Emmanuel Mbolela, die ich im vorigen Kapitel beschrieben habe, bin ich Übersetzer. Emmanuel ist in der Sprechposition – er ist somit politischer Akteur und kein »native informant«, wie der Politikwissenschaftler Joshua Kwesi Aikins jene anthropologische Grundfigur nennt, bei der eine Person zwar das Wissen liefert, es aber nur als Rohinformation genutzt wird. In den eurozentristisch geprägten Sozialwissenschaften wird diese Rohinformation dann an »objektiver Stelle« – meist durch den weißen Forscher*innenblick – »veredelt«. Sie wird zu »eigentlichem« Wissen.[20] Im Gegensatz dazu sollten sich Aktivist*innen globaler Solidaritätsarbeit, Wissenschaftler*innen und Journalist*innen aus dem globalen Norden darauf konzentrieren, die eigenen materiellen und immateriellen Privilegien zu nutzen, um die Stimmen Marginalisierter zu verstärken und ihren Erfahrungen das notwendige Gehör zu verschaffen. Paternalistische Fürsprache und »white saviorism« verfestigen neokoloniale und rassistische Strukturen, anstatt weniger Privilegierte zu ermächtigen.

Die eigenen Privilegien nutzen

Im Journalismus wie auch im Wissenschaftsbetrieb ist es wichtig, die eigene Sprechposition offenzulegen. Wie bei Brecht müssen wir die Frage stellen (und uns die Frage gefallen lassen), wem ein bestimmtes Handeln, eine bestimmte Ansicht oder eine bestimmte Strategie nutzt.[21] Wer Privilegien innehat, hat auch die Aufgabe, sie dafür einzusetzen, die Verhältnisse grundlegend zu verändern.

In ihrem Buch *Hilfe? Hilfe!* plädieren Thomas Gebauer und Ilija Trojanow nicht für die Abschaffung von Nothilfe, sondern für eine kritische Revision des Hilfebegriffs. Dazu gehört nicht nur, dass die Stimme der Notleidenden und Hilfebedürftigen gehört wird – es geht um die handfeste Umverteilung von gesellschaftlichem Reichtum hin zu Zivilgesellschaft und sozialen Bewegungen des globalen Südens, also zu denjenigen, die daran arbeiten, Hilfe »überflüssig zu machen«.

Die Aufgabe radikaler Solidaritätsarbeit besteht vor allem auch darin, mit denjenigen solidarisch zu sein, die in ihren sozial-ökologischen Auseinandersetzungen am meisten aufs Spiel setzen. Was die Kämpfe für Klimagerechtigkeit anbelangt, so riskieren Aktivist*innen in Indien, Brasilien oder Indonesien weit mehr, wenn sie auf die Straße gehen oder Aktionen zivilen Ungehorsams durchführen, als Aktivist*innen in Deutschland, Österreich oder der Schweiz.

Genauso wie den kurdischen Kämpfer*innen im Sindschar-Gebirge gebührt auch diesen Aktivist*innen unsere uneingeschränkte Solidarität. Mit unseren Privilegien, dem Zugang zu Medien, Bildungseinrichtungen und mächtigen politischen Institutionen des globalen Nordens, mit finanzieller Unterstützung und vielem mehr können wir dabei helfen, sie zu verteidigen. Wir können ihre Kämpfe, die auch unsere Kämpfe sind, an die Öffentlichkeit bringen, Übersetzungsarbeit leisten und Ressourcen dorthin leiten, wo sie gebraucht werden. Wenn es nötig ist, müssen wir dafür sorgen, dass Aktivist*innen Zuflucht finden und Asyl erhalten. Mit Sicherheit können wir aber nicht ihre Sprechpositionen einnehmen.

Die Landarbeiter*innen von Almería[22]

Seit mehr als 20 Jahren arbeite ich gemeinsam mit vielen Mitstreiter*innen, vorwiegend aus der Genossenschaftsbewegung Longo Maï und dem Europäischen Bürger*innen Forum (EBF), an einer breit aufgestellten, transnationalen Solidaritätsaktion. Es handelt sich um die politische, mediale und finanzielle Unterstützung der migrantischen Landarbeiter*innen aus der Provinz Almería in Südspanien.

Das Thema der Arbeitsbedingungen in der industriellen Landwirtschaft ist deshalb so wichtig, weil sich darin eine Erscheinungsform der imperialen Lebensweise par excellence zeigt: Woher kommen die Tomaten, die tagtäglich im Supermarkt um die Ecke verkauft werden? Welche Produktionsbedingungen waren beim Anbau, bei der Ernte, beim Verpacken, beim Transport und beim Verkauf ausschlaggebend und welche Schritte und Handlungen waren notwendig, damit eine so banale Ware wie eine Tomate jetzt hier im Regal liegt?

Im Rahmen unserer Kampagnenarbeit widmen wir uns gemeinsam mit breiten Bündnissen aus Gewerkschaften, NGOs, Vereinigungen kritischer Konsument*innen und Wissensarbeiter*innen an Universitäten und Schulen diesen Themen.[23] Wir beleuchten Dynamiken von Ausbeutung und ökologischer Zerstörung, die die industrielle Landwirtschaft, der globalisierte Warentransport und das moderne System der Vermarktung mittels Supermärkten mit sich bringen, und versuchen, diejenigen zu unterstützen, die sich dagegen zur Wehr setzen.

Denn anhand der Produkte, die in Supermärkten und Discountern verkauft werden, lassen sich die Widersprüche, die der globalen Warenproduktion und der internationalen Arbeitsteilung innewohnen, wie unter einem Brennglas aufzeigen. Auch wenn die Trauben im Supermarkt »stumm« sind, lässt sich durch Recherche, Vernetzung und Protest die brutale und ungerechte Funktionsweise der kapitalistischen Lebensmittelproduktion herausarbeiten und angreifen.[24] Dass für einen großen Teil der Menschen im globalen Norden das Einkaufen im Supermarkt zu einer Selbstverständlichkeit geworden ist, kann bei der Politisierung dieser Widersprüche helfen – die Tomate, die in den Wintermonaten die Regale schmückt, wird dann zu einem Symbol für Ausbeutung, aber auch für Widerstand und Selbstermächtigung.

Rassistische Ausschreitungen

Als im Februar 2000 in der Kleinstadt El Ejido im Süden Spaniens der Mob tagelang Tausende marokkanische Landarbeiter*innen durch die Straßen hetzt, ihre Behausungen und Läden anzündet und Menschen mit dem Tode bedroht, ist die Bestürzung in der europäischen Öffentlichkeit groß: Wie kann so etwas passieren? In einem Land in Europa zu Beginn des 21. Jahrhunderts? Leider hält die Aufmerksamkeit der großen Tageszeitungen und Fernsehsender nicht lange an. Nach den rassistischen Ausschreitungen ebbt das Interesse bald ab; Medien und internationale politische Institutionen kehren zur Tagesordnung zurück.

Was war geschehen? Einwohner*innen der Stadt El Ejido, die unmittelbar an der andalusischen Mittelmeerküste liegt, hatten Migrant*innen mit Baseballschlägern bedroht und ihre Geschäfte und »Chabolas« genannten Unterkünfte zerstört. Mehrere Augenzeug*innen berichten, dass die Polizei die pogromartigen Ausschreitungen nicht verhinderte, sondern sogar Straßen absperrte, um Journalist*innen gezielt den Zutritt zum Zentrum der Geschehnisse zu verweigern. Vielfach wurden die Ereignisse von El Ejido zusammen mit den Ausschreitungen in Rostock-Lichtenhagen und Hoyerswerda Anfang der 1990er-Jahre als die schwersten Ausbrüche rassistischer Gewalt bezeichnet, die in den letzten Jahrzehnten in Europa stattgefunden haben.

Unmittelbarer Auslöser für Gewalt und Verwüstung war der Mord eines Marokkaners an einer Spanierin. Vor dem Hintergrund dieses Verbrechens wiederholte sich in El Ejido ein Muster, nach dem rassistische Massengewalt oft abläuft: Langjährig geschürte Ressentiments, die zunächst zu Segregation und Ausgrenzung führen, entladen sich nach einer vermeintlichen oder tatsächlichen Straftat eines Individuums an der Gesamtheit der ausgegrenzten Gruppe.

Almería gehörte bis in die 1970er-Jahre zu den strukturschwächsten Gebieten Spaniens. Der Küstenstreifen zwischen dem Mittelmeer und dem Gebirgszug der Alpujarras war geprägt von extensiver Landwirtschaft, das heißt von Bewirtschaftungsweisen, die einen geringen Kapital- und Arbeitseinsatz erfordern und vergleichsweise wenig Ertrag bringen: Viehzucht und Fischerei waren die wichtigsten Einnahmequellen, die Region war relativ dünn besiedelt. Doch ab den späten 1970er-Jahren erlebte Almería einen regelrechten Boom, denn mit der Plastikindustrie hielt die intensive Landwirtschaft Einzug, das heißt die Nutzung relativ keiner Flächeneinheiten zur industriellen Gemüseproduktion in Gewächshäusern mit großem Ertrag. Bis zum Jahr 2000 wuchsen die Plastikgewächshäuser auf eine Gesamtfläche von rund 30.000 Hektar an – das entspricht gut 40.000 Fußballfeldern. Weil die Gewächshäuser im schmalen Küstenstreifen zwischen Mittelmeer und dem Gebirgszug der Alpujarras an manchen Stellen fast die gesamte Landfläche bedecken, wird die Gegend das »Plastikmeer von Almería« genannt. Heute gehen Beobachter*innen gar von einer fast doppelt so großen Fläche aus.[25]

Während Almería wie die meisten anderen Regionen Andalusiens bis in die 1980er-Jahre hinein eine klassische Auswanderungsregion war, erlebte die Provinz mit dem ökonomischen Boom auch einen extremen demografischen Wandel: Die Ortschaft El Ejido – das Epizentrum der rassistischen Gewalt im Februar 2000 – verwandelte sich in nur wenigen Jahrzehnten von einem kleinen Fischer*innendorf in eine Stadt mit über 80.000 Einwohner*innen.

Anders als in anderen Teilen Andalusiens, in denen traditionell der Großgrundbesitz in Form riesiger Latifundien vorherrscht, ist Almería durch eine besonders kleinteilige Landwirtschaft geprägt. Das hängt damit zusammen, dass gegen Ende der Franco-Diktatur arme Kleinbäuer*innen aus anderen Teilen Spaniens in der Region angesiedelt wurden, denen man Parzellen von wenigen Hektar anbot. Aus diesem Grund besteht das »Plastikmeer von Almería« aus einer relativ großen Anzahl von Eigentümer*innen mit nur relativ kleinen, zwei bis fünf Hektar großen Parzellen.[26]

Nach dem Zuzug von Spanier*innen in die Region begann ab den frühen 1980er-Jahren auch die Einwanderung aus Marokko – denn in der boomenden Gemüse- und Plastikindustrie war es leicht, Arbeit zu finden, zumal damals noch keine Visumspflicht für Marokkaner*innen in Spanien bestand. Die wachsende Gemüseindustrie in der Region war von Jahr zu Jahr immer stärker auf die Verfügbarkeit von migrantisierten Arbeitskräften angewiesen – heute arbeiten nach Schätzungen der Gewerkschaft SOC etwa 150.000 Migrant*innen in der Region. Mehr als drei Millionen Tonnen Gemüse werden hier pro Jahr für den europäischen Markt produziert. In der Spitzenzeit, in den Monaten Dezember, Januar und Februar, rollen täglich Tausende Lkw mit Tomaten, Zucchini, Auberginen und Trikolore-Paprika über die Autobahnen, die bei Lidl, Hofer oder Rewe zu Spottpreisen angeboten werden.

Spätestens mit den Ausschreitungen vom Februar 2000 ist die Kleinstadt El Ejido zum Symbol für eine Landwirtschaft geworden, die aus sozialer und ökologischer Sicht vollkommen aus den Fugen geraten ist. Nach den Gewaltausbrüchen war für die Betroffenen eine Rückkehr zur »Normalität« nicht ohne Weiteres möglich. Viele hatten ihr Hab und Gut verloren. Und obwohl ein beträchtlicher Teil von ihnen hier seit Jahren ein Zuhause gefunden hatte, verließen zahlreiche Migrant*innen aus Angst vor erneuten Angriffen die Region.

Der Preis des Produktivismus

Dort, wo industrielle Landwirtschaft und Migration zusammentreffen, wie in Almería, verdichten sich globale Ungleichheitsverhältnisse und soziale Widersprüche. Erdbeeren oder Tomaten aus Südspanien zur Weihnachtszeit bezeichnen wir in unseren Kampagnen heute als eine Erscheinungsform der imperialen Lebensweise. Denn was bezüglich lateinamerikanischer Plantagenmultis à la Chiquita spätestens seit den Solidaritätsbewegungen der 1970er- und 1980er-Jahre bekannt war, konnte mit den rassistischen Ausschreitungen in El Ejido nun auch für Europa nicht mehr geleugnet werden: dass auch die europäische Landwirtschaft in manchen Sektoren darauf beruht, Landarbeiter*innen systematisch auszubeuten, sie ihrer Rechte zu berauben und sie schweren bis tödlichen Gesundheitsgefährdungen auszusetzen. Die europäische Öffentlichkeit musste zur Kenntnis nehmen, dass die Gewerkschafter*innen, die die Landarbeiter*innen vertreten, auch in Europa verfolgt und kriminalisiert werden. Der Vorwurf, massive Menschenrechtsverletzungen zu begehen – sei es in Guatemala, Nicaragua oder Honduras –, richtete sich nun nicht mehr nur an die United Fruit Company, sondern – zumindest indirekt – auch an die Produzenten und Einkäufer von industriellem Gemüse und Obst in Europa.

Doch die Ereignisse vom Februar 2000 führten auch dazu, dass sich der Widerstand gegen Ausbeutung und Umweltzerstörung neu organisierte. Die andalusische Landarbeiter*innengewerkschaft SOC,[27] die bisher in der Provinz von Almería nicht aktiv gewesen war, baute eine lokale Gewerkschaftssektion auf, sodass eine wichtige Gegenkraft zur agrarkapitalistischen und rassistischen Hegemonie in der Region entstand. Die SOC begann ihre Arbeit mit zwei hauptamtlichen Aktivisten, Abdelkader Chacha aus Marokko und Gabriel M'Binki aus dem Senegal. Beide hatten über längere Zeit selbst in den Gewächshäusern der Region gearbeitet und kannten somit die Lebensverhältnisse der Arbeiter*innen in der Region aus eigener Erfahrung. Durch ihre Pionierarbeit gelang es, eine bis heute aktive Gewerkschaftssektion in Almería aufzubauen. Ihr ist es zu verdanken, dass eine Vielzahl an Missständen überhaupt an die Öffentlichkeit gelangt ist und transnationale Solidarität praktisch werden konnte.

Transnationale Solidaritätskampagnen

Die erste Solidaritätsaktion nach den Ausschreitungen vom Februar 2000 bestand darin, im April 2000 im Rahmen des Europäischen Bürger*innen Forums (EBF) eine internationale Delegationsreise nach Almería zu organisieren. Mit dabei waren unter anderem Vertreter*innen von Gewerkschaften, Umweltorganisationen sowie Initiativen bäuerlicher Landwirtschaft und kritischer Wissenschaft aus verschiedenen europäischen Ländern. Ein Ergebnis der Reise war die Veröffentlichung der Broschüre *Z. B. El Ejido. Anatomie eines Pogroms.* Sie erschien auf Spanisch, Französisch, Deutsch und Holländisch und wurde in einer breit angelegten Kampagne vertrieben.

Seither haben wir die Solidaritätskampagne des EBF mit der SOC in Almería kontinuierlich ausgebaut. Ziel ist es, mehrere inhaltliche Stränge, vor allem die Themen Migration und nachhaltige Landwirtschaft, miteinander zu verbinden. Die Kampagnenarbeit konzentriert sich deshalb insbesondere auf die Stärkung gewerkschaftlicher Gegenwehr und migrantischer Selbstorganisation, internationale gewerkschaftliche Vernetzung und Öffentlichkeitsarbeit.

Da viele Arbeiter*innen die Region wieder verlassen, sobald sie die Möglichkeit dazu haben, kann Almería als eine Art »Durchlauferhitzer« beschrieben werden. Es ist deshalb schwer, eine solide gewerkschaftliche Basis aufzubauen, die Einnahmen durch regelmäßige Mitgliedsbeiträge sind verschwindend gering. Um die prekäre finanzielle Lage der SOC zu kompensieren und ihre gewerkschaftliche Arbeit zu unterstützen, entschieden wir uns dazu, Geld für soziale Zentren und Gewerkschaftshäuser zu sammeln. Viele Migrant*innen sind nach wie vor dazu gezwungen, weit verstreut zwischen den Gewächshäusern Almerías in behelfsmäßigen, aus Plastik- und Holzresten gebauten Hütten, den bereits erwähnten »Chabolas«, zu leben. Bis heute kommt es immer wieder zu gefährlichen Bränden in Chabola-Siedlungen. Die Gewerkschaftszentren schaffen einen Zugang zu Infrastruktur und bieten einen Ort für die Selbstorganisation der Arbeiter*innen. Die SOC betreibt auch arbeits- und sozialrechtliche Beratung und bringt Fälle von Lohnraub vor Gericht. Die Aufrechterhaltung und der Ausbau dieser Beratungstätigkeit ist ein Schwerpunkt der Kampagnenarbeit. Außerdem versuchen wir, in den Hauptabnahmeländern von Gemüse aus Almería politischen Druck aufzubauen, wenn es zu Repression oder rassistischen Angriffen gegen Mitglieder der Gewerkschaft kommt.

Das Besondere an der SOC ist ihr radikaler und basisorientierter Ansatz. Das heißt nicht nur, dass die Gewerkschaft von Aktiven mit Migrationsgeschichte geleitet wird, sondern auch, dass migrantisierte Arbeiter*innen ohne Papiere von ihr vertreten werden. Um andere Gewerkschaftsverbände für die Arbeit der SOC zu interessieren, organisierten wir weitere Delegationsreisen und initiierten eine Reihe gemeinsamer Projekte, unter anderem mit der Gewerkschaft ver.di in Deutschland, mit dem gewerkschaftsnahen Bildungsverein »Weltumspannend Arbeiten« aus Österreich und dem L'autre Syndicat aus der Schweiz. Dadurch konnten wir auch die internationale Präsenz aufrechterhalten und die Aufmerksamkeit einer Vielzahl von Multiplikator*innen aus Gewerkschaften, Parteien, Umweltverbänden und Menschenrechtsgruppen sowie von Journalist*innen und Wissenschaftler*innen auf die Realität in der südspanischen Gemüseproduktion richten. Es ging uns dabei immer auch darum, die Möglichkeiten einer solidarischen Arbeitsteilung zwischen unterschiedlichen Akteur*innen auszuloten. Im Laufe der Jahre veröffentlichten wir zahlreiche Broschüren, Artikel und Bücher in mehreren Sprachen und arbeiteten mit Journalist*innen zusammen.[28] So entstanden mehrere breit rezipierte Bücher wie das *Schwarzbuch Markenfirmen* von Klaus Werner-Lobo und Hans Weiss (2003) oder *Gestürmte Festung Europa* von Corinna Milborn (2006) und Dokumentarfilme wie *Europas neue Sklaven* (2004) und *We feed the world* (2005).[29]

Bei der kritischen Berichterstattung über die Produktionsverhältnisse in Almería ist journalistisches »business as usual«, das die gängige Aufmerksamkeitsökonomie bedient und lediglich nach spektakulären Bildern Ausschau hält, stets ungenügend und letztlich unverantwortlich gegenüber der Gewerkschaft und den interviewten Migrant*innen. Die Kritik der Arbeiter*innen vor Ort war oft harsch: Ihr schickt uns zwar im Wochenrhythmus Journalist*innen aus aller Welt, doch was nützt uns das?

Direkten Einfluss auf die Arbeitskämpfe in Almería hatte der Artikel *Die gar nicht heile Bio-Welt* von Shelina Islam: Islam konnte aufdecken, dass es in dem biologisch wirtschaftenden Betrieb Bio-Sol zu üblen Verletzungen des Arbeitsrechts gekommen war, so etwa zur Nichtbezahlung von Überstunden, willkürlichen Entlassungen und der Verweigerung des Rechts auf gewerkschaftliche Organisierung. Die Veröffentlichung dieser Reportage im *Tagesanzeiger* im Februar 2011 gab den Anstoß dafür, dass die Schweizer Supermarktkette Coop im April 2011 damit drohte, bei Bio-Sol keine Waren mehr zu beziehen. Dies setzte die Unternehmensleitung unter Druck und führte dazu, dass die wichtigsten Forderungen der Arbeiter*innen erfüllt wurden.

Dass Migrant*innen in der industriellen Landwirtschaft ausgebeutet werden, ist kein Alleinstellungsmerkmal Spaniens. Vielmehr handelt es sich um ein strukturelles Problem, das aufs Engste mit der europäischen Migrationspolitik sowie mit der gemeinsamen Agrarpolitik der EU (GAP) verwoben ist. Deshalb ist es für unsere Kampagnenarbeit zentral, unser Aktionsfeld auch auf andere Länder auszuweiten und auch dort die Verknüpfung von gewerkschaftlicher Arbeit und migrantischer Selbstorganisation zu unterstützen. So stellt zum Beispiel die 2010 erschienene Recherchearbeit *Orangen fallen nicht vom Himmel* unseres Mitstreiters Jean Duflot die Ausbeutung und den Widerstand von subsaharischen Migrant*innen im süditalienischen Rosarno ins Zentrum.[30] In Frankreich kämpft die Initiative CODETRAS gegen die Ausbeutung von landwirtschaftlichen Saisoniers in der Region Bouches-du-Rhones nordwestlich von Marseille. Die Arbeitstreffen der Initiative finden regelmäßig auf der Longo-Maï-Kooperative Mas de Granier statt. In Österreich initiierten Aktivist*innen gemeinsam mit der Gewerkschaft PROGE und NGOs die ähnlich angelegte »Sezonieri«-Kampagne, die in regelmäßigem Austausch mit der SOC und dem EBF steht.

Darüber hinaus versuchen wir, solidarische Kontakte in die Herkunftsländer der Arbeitsmigrant*innen zu knüpfen. So reiste eine internationale Delegation im Februar 2008 nach Rumänien, um mit Bäuer*innen, die zur Erntesaison nach Andalusien fuhren, über Perspektiven der rumänischen Landwirtschaft und über ihre Rechte als Landarbeiter*innen zu sprechen. Konkret wurde versucht, die Saisoniers bereits in Rumänien mit Möglichkeiten vertraut zu machen, wie sie in Spanien ihre Rechte einfordern können. Mit dabei waren Gewerkschafter*innen der SOC, des französischen Kleinbäuer*innenverbands Confederation Paysanne sowie rumänische Aktivist*innen. Viele Migrant*innen, die in Almería arbeiten, kommen aus Ländern des Maghreb und aus Westafrika, woraus sich weitere Brückenschläge zum Netzwerk Afrique-Europe-Interact ergaben.

Die enorme Marktmacht weniger Handelsketten hat in den letzten Jahrzehnten dazu geführt, dass Konzerne wie REWE, die Schwarz-Gruppe oder Aldi praktisch die Bedingungen diktieren können, unter denen produziert wird. Es gelingt ihnen, ganze Produktionsregionen gegeneinander auszuspielen und somit die ökologische Zerstörung und die Ausbeutung enorm zu verschärfen. Sie treiben die sogenannte Discountierung des Lebensmitteleinzelhandels voran. Aus diesem Grund organisieren wir immer wieder symbolische Aktionen vor Supermärkten, wie zum Beispiel vor einem Lidl-Supermarkt im Rahmen der Proteste gegen den G8-Gipfel in Heiligendamm 2007 sowie vor einem Aldi-Supermarkt bei dem schon erwähnten Klima- und Antirassismuscamp in Hamburg 2008. An beiden Aktionen nahmen jeweils mehrere Hundert Menschen teil, darunter Gewerkschafter*innen von ver. di sowie der SOC aus Almería. Ver.di organisierte in diesen Jahren eine Kampagne gegen die gewerkschaftsfeindlichen Praktiken von Lidl, die in der Öffentlichkeit breit wahrgenommen wurde.[31] Der Grundgedanke unserer Zusammenarbeit lautet, dass Ausbeutung an jeder einzelnen Station der oft zitierten Wertschöpfungskette stattfindet: in den Abpackbetrieben, in den Logistikunternehmen, beim Lkw-Transport und schließlich bei Lidl an der Kasse.[32] Deshalb ist die entsprechende Vernetzung so wichtig.

In unserer Kampagnenarbeit richteten wir stets auch eine Reihe von Forderungen an die offizielle Politik. Dabei geht es uns insbesondere um die unfaire Verteilung von öffentlichen Subventionen: Wir forderten, dass die Ausbezahlung von Agrarförderungen der EU an die Einhaltung sozialer und arbeitsrechtlicher Standards gebunden sein muss. Der Vorschlag wurde 2021 von der portugiesischen EU-Ratspräsidentschaft aufgenommen, allerdings vielfach sabotiert. So war die österreichische Landwirtschaftsministerin maßgeblich dafür verantwortlich, dass der EU-Plan wieder verwässert wurde. Des Weiteren verliehen wir der Forderung Nachdruck, dass die EU-Richtlinie gegen unlautere Handelspraktiken von Supermärkten umgesetzt wird. Auch die Durchsetzung starker Lieferkettengesetze, wie ich sie im vierten Kapitel beschrieben habe, steht auf der Agenda unserer Kampagnen.

Die Gewerkschaft SOC ist außerdem Mitglied im weltweiten Kleinbäuer*innen- und Landlosen-Verband Via Campesina und auf diese Weise in globale Kämpfe um eine gerechte Landwirtschaft eingebunden. Diese Allianz ist auch deshalb naheliegend, weil die SOC seit ihrer Gründung immer wieder Landbesetzungen durchführt und für eine grundlegende Bodenreform in Andalusien kämpft.

Welche Erfolge?

Konnten wir mit unserer mittlerweile seit mehr als 20 Jahren laufenden Solidaritätskampagne die Ausbeutung in Almería stoppen und eine solidarische Landwirtschaft durchsetzen? Gewiss nicht. Dennoch ist es gelungen, in den unterschiedlichen Aktionsfeldern viel zu bewegen. Allein der Umstand, dass vor Ort eine aktive migrantische Gewerkschaft weiterbesteht, ist ein großer Erfolg. Dabei hat die SOC nicht nur dafür gesorgt, dass Tausende Arbeiter*innen ihren geraubten Lohn zurückerhalten haben, sondern hat durch ihren inklusiven und basisdemokratischen Ansatz unzählige Menschen selbstermächtigt und ihnen damit ihre Würde zurückgegeben.

Aus all diesen Gründen ist es sinnvoll, praktische und greifbare transnationale Organisierungen zwischen Gewerkschaften und sozialen Bewegungen in verschiedenen Ländern weiter zu stärken, und zwar nicht nur aus Gründen der Solidarität, sondern auch aus wohlverstandenem Eigeninteresse: Ausbeutung und Umweltzerstörung im globalen Süden und in den (krisengeschüttelten) Ländern Südeuropas schaden auch den Interessen der Arbeitnehmer*innen, der Umwelt und dem Klima hierzulande.

Seit ein paar Jahren wird unsere Solidaritätsarbeit durch eine besonders schlagkräftige und dynamische Gruppe verstärkt: die Interbrigadas aus Berlin, die schon seit Langem basisdemokratische Rätestrukturen in Gemeinden und Fabriken in Venezuela, Bolivien und Kuba unterstützen. Seit 2016 haben sie acht internationale Brigaden nach Andalusien organisiert und 2021 eine äußert nützliche Broschüre über ihre Arbeit veröffentlicht.[33] Auch die Interbrigadas skandalisieren die Ausbeutung entlang der Lieferketten und versuchen an verschiedenen Orten, Arbeitskämpfe zu unterstützen, Druck auf Unternehmen oder Zertifizierungsstellen auszuüben, Vernetzungen mit anderen politischen Organisationen und Gruppierungen aufzubauen, Öffentlichkeit herzustellen und Diskussionsräume und politische Bildung in Form von Workshops oder Vorträgen anzubieten.

Die vor mehr als 20 Jahren begonnene, vielfältige transnationale Solidaritätsarbeit geht also weiter. Wenn unsere Erfahrungen für zukünftige Kampagnen in anderen Bereichen beispielgebend sein können, haben sie einen weiteren wichtigen Zweck erfüllt.

Moria, Kara Tepe und die organisierte Verantwortungslosigkeit[34]

Nur wenige Kilometer trennen die griechische Insel Lesbos vom türkischen Festland. Von den Strandbars und Restaurants der Hauptstadt Mytilini aus kann man abends die Lichter auf der türkischen Seite der Ägäis sehen. Boote mit Geflüchteten starten vom türkischen Festland meist nachts, im Schutz der Dunkelheit, und versuchen, Lesbos zu erreichen. Im Unterschied zu 2015, als regelmäßig auch tagsüber zahlreiche Boote an den Küsten der Insel anlegten, ist es heute weit schwieriger und gefährlicher, die Meerenge zu überqueren. Spätestens seit dem EU-Türkei-Deal vom März 2016 setzen die türkische und griechische Küstenwache, aber auch Frontex und Einheiten der NATO alles daran, die Meerenge mit allen Mitteln abzuriegeln. Dabei kommen immer wieder Menschen ums Leben. Die griechische Insel Lesbos ist mit Sicherheit einer der Orte, an dem sich die mörderischen Konsequenzen des mittlerweile komplett desavouierten EU-Türkei-Deals am offensichtlichsten zeigen.

Um die internationale Gemeinschaft aus ihrer Lethargie zu reißen und einmal mehr der Forderung nach einer sofortigen Evakuierung der Flüchtlingslager Nachdruck zu verleihen, organisierten die beiden Frankfurter Menschenrechtsorganisationen medico international und Pro Asyl im Mai 2019 eine Delegationsreise nach Lesbos, an der auch Jean Ziegler vom UN-Menschenrechtsrat teilnahm. Ich begleitete die Delegation, um für den Österreichischen Rundfunk zu berichten.

Das beschauliche Dorf Moria ist von Mytilini aus in einer knappen Viertelstunde mit dem Auto zu erreichen. Geleitet von unseren Gastgeber*innen, den unermüdlichen Aktivist*innen der NGO Refugee Support Aegean, fahren wir in unseren Mietautos die schmale Bergstraße hinauf. Je näher wir kommen, desto mehr Menschen sind am Straßenrand zu Fuß unterwegs: in ausgewaschenen und kaputten Kleidern, schwere Plastiksäcke schleppend, die mit Decken oder Nahrungsmitteln gefüllt sind. Einige schieben verrostete Einkaufswagen vor sich her. Noch während wir vor dem Haupteingang des Lagers Moria warten, wissen wir nicht, ob unsere Delegation Zutritt zum Camp bekommen wird. Obwohl ein hochrangiger UN-Mitarbeiter unter uns ist, hat uns die Leitung des Camps im Vorfeld der Reise keine offizielle Besuchserlaubnis erteilt. Doch dann, nach 15 Minuten, winken uns die Wachen am Lagertor durch.

Wir erfahren, dass die Belegung des Lagers bei exakt 4.390 Personen liegt – doppelt so viele, wie offiziell vorgesehen sind. Unsere Delegation trifft eine 26-jährige Frau aus der westafghanischen Stadt Herat, die mit ihrem Mann und ihrer vierjährigen Tochter hier ist. Schon Jahre vor der Machtübernahme der Taliban in Kabul im Sommer 2021 war die Lage in Afghanistan für Abertausende Menschen unerträglich – viele versuchten, sich nach Europa durchzuschlagen. Die Familie ist in einem der vielen Baucontainer untergebracht, der ihnen nicht mehr als sechs Quadratmeter Platz bietet – notdürftig mit Decken vom Wohnraum einer anderen Familie abgetrennt. Aus alten Plastikkisten haben sie Regale gezimmert, ein Stockbett nimmt fast ein Drittel des Raums ein.

Unser Farsi-Dolmetscher gibt uns zu verstehen, dass wir eintreten sollen. Wir nehmen auf den wackligen Betten und am Boden des Containers Platz. Die junge Afghanin berichtet, dass sie schwere gesundheitliche Probleme hat. Sie ist im achten Monat schwanger und hat große Angst vor der Entbindung. Sie hat zuvor im Iran gelebt und hat sich dort einer schweren Operation unterziehen müssen. Sie und ihr Mann, so erzählt sie, lebten im Iran ohne gültige Aufenthaltsdokumente, beide arbeiteten illegal, wurden schlecht oder gar nicht bezahlt und kamen aufgrund der fehlenden Papiere ins Gefängnis. Deshalb sind sie schließlich aus dem Iran über die Türkei hierher geflohen. Doch hier im Camp gibt es keine Möglichkeit, die Schwangerschaft weiter zu begleiten, die medizinische Versorgung ist vollkommen unzureichend. Der Andrang bei der Essensausgabe ist oft schrecklich, erzählt die junge Frau, einmal sei sie im Gedränge verletzt worden, danach habe sich das Baby in ihrem Bauch zwei Wochen lang nicht bewegt.

Wir verabschieden uns. Unsere ernst gemeinten Beteuerungen, dass wir uns in den Ländern, aus denen wir kommen, mit all den in unserer Macht stehenden politischen und zivilgesellschaftlichen Mitteln für die sofortige Evakuierung des Lagers einsetzen werden, erscheinen uns in diesem Moment fahl und nutzlos.

Wir setzen unseren Besuch fort und gelangen in die informellen Siedlungen, die rund um das offizielle Camp entstanden sind.

Das Gebiet wird von seinen Bewohner*innen »Olive Grove«, also »Olivenhain« genannt. Rund 2.000 Menschen leben hier in Elendsbehausungen. Am höchsten Punkt des steilen Hügels, auf dem das Camp Moria liegt, haben Geflüchtete aus Afghanistan einen eindrucksvollen Tonofen in die Erde eingelassen. Hier wird Nan-Brot gebacken, das afghanische Fladenbrot. Wir bestaunen die Fertigkeiten und das Geschick der Bäcker*innen. Das Brot glänzt in der Sonne und duftet; ein Laib wird für 50 Cent verkauft. Der Grund für diese höchst nützliche und effiziente selbstorganisierte Infrastruktur: Das Essen im Camp gilt als ungenießbar und vollkommen unzureichend. Viele hier sind der Meinung, dass die miserable Qualität der Nahrungsmittel Teil der Abschreckungsstrategie ist: Die Menschen sollten sich in Moria nicht von der Flucht erholen können, und sie sollten sich schon gar nicht wohlfühlen.

Auf dem Hügel des Olive Grove entferne ich mich einige Schritte von unserer Delegation. Zwei junge Leute stechen mir ins Auge – mit erschöpften Gesichtern tippen sie in ihre Tastenhandys und gestikulieren dabei aufgeregt. Rasch stellt sich heraus, dass unsere einzige gemeinsame Sprache Französisch ist. Sie kommen aus der Provinz Kasai in der Demokratischen Republik Kongo, also jener Region, aus der auch Emmanuel Mbolela stammt. Die beiden erzählen, dass sie erst gestern auf Lesbos gestrandet seien. Nur mit großem Glück konnten sie sich ans Ufer retten.

Menschen aus dem Kongo erhalten in der EU in den wenigsten Fällen Asyl – sie gelten als »Wirtschaftsflüchtlinge«. Trauer und Wut überkommen mich. Wie ist es bloß möglich, an der scheinheiligen Einteilung von Menschen in Kriegsflüchtlinge und sogenannte Wirtschaftsflüchtlinge festzuhalten? Die ökonomische Ausbeutung der Länder des globalen Südens und vor allem die Realität der Klimakrise, deren Auswirkungen sich in den nächsten Jahren und Jahrzehnten noch ungemein verstärken werden, machen eine Unterscheidung in verschiedene Kategorien von Geflüchteten doch mehr und mehr unmöglich. So verständlich es auch ist, die Genfer Konvention von 1951 mit ihren Kategorien und Regeln nicht aufschnüren zu wollen, sondern ihre Errungenschaft hochzuhalten, so empörend ist es gleichzeitig zu sehen, wie vielen Menschen dadurch der Schutz durch internationales Recht verwehrt bleibt. Umso passender scheint es, dass Emmanuel Mbolela in einem seiner Vorträge den negativ aufgeladenen Begriff des »Wirtschaftsflüchtlings« umdrehte und von »persécutés économiques« sprach, also von »wirtschaftlich Verfolgten«. Denn gerade der Kongo steht paradigmatisch für die Ununterscheidbarkeit von kriegsbedingten und wirtschaftsbedingten Fluchtursachen. Die imperiale Lebensweise produziert am laufenden Band Fluchtgründe.

Organisierte Verantwortungslosigkeit

Schon zum Zeitpunkt unserer Delegationsreise war offensichtlich: Das Modell Moria ist gänzlich ungeeignet, um vielfach traumatisierte Menschen auf der Flucht unter würdigen oder auch nur halbwegs akzeptablen Bedingungen unterzubringen und zu versorgen. Krieg, politische Instabilität, Landraub und ökonomische Ausbeutung sind oftmals die erste Quelle für psychische Probleme und Traumata. Die zweite Quelle ist die Flucht selbst; also der Umstand, dass Menschen unter lebensgefährlichen Bedingungen versuchen, an einen sicheren Ort zu gelangen. Zu all dem kommen die bewusst herbeigeführten miserablen Lebensbedingungen hinzu, die im neuen Lager Kara Tepe genauso herrschen wie im alten Camp Moria. Ausbrüche von Gewalt sind vorprogrammiert.

Im Laufe der Delegationsreise verfestigt sich mein Eindruck mehr und mehr, dass die Menschen, die auf den griechischen Inseln stranden, in einem kafkaesken Alptraum gefangen sind. Niemand kann sich dem bürokratischen Durcheinander entziehen. Eine unübersichtliche Anzahl griechischer und internationaler Organisationen tummelt sich im Lager. Vom European Asylum Support Office (EASO) über Frontex bis zur IOM, dem

UNHCR und zahlreichen NGOs, die den Asylbehörden oftmals kritiklos zuarbeiteten. Es herrscht organisierte Verantwortungslosigkeit: Die Lagerleitung spricht von begrenzten Ressourcen, der Bürgermeister macht die Regierung verantwortlich, die Regierung die EU und die EU wiederum Griechenland.

Eineinhalb Jahre nach unserem Besuch in den überfüllten Wohncontainern und auf den Hügeln des Olive Grove brennt im September 2020 das Lager Moria vollständig ab. Von dem bevorstehenden Unglück ahnten wir zum Zeitpunkt unserer Delegationsreise noch nichts – aber vieles deutete bereits im Mai 2019 darauf hin, dass eine derartige Katastrophe jederzeit eintreten kann. Denn es kommt immer wieder zu Bränden, die den völlig unzureichenden Sicherheitsvorkehrungen im Lager Moria geschuldet sind. Schreckliche Vorwarnung: Bereits im März 2020 brach ein Feuer aus, ein sechsjähriges Mädchen starb. Die Feuerwehr ging von einem Unfall aus. Doch nichts geschah – die Lagerleitung, die griechischen Behörden und die internationalen Institutionen beließen alles beim Alten. Nach dem verheerenden Brand vom 8. und 9. September 2020 sprachen deshalb viele völlig zu Recht von einer lang angekündigten und vermeidbaren Katastrophe.

Im Frühjahr 2020 erreicht die Corona-Pandemie Europa. Für die Geflüchteten, die in den griechischen Lagern zu Tausenden auf engstem Raum leben müssen, bedeutet dies von Beginn an eine riesige Gefahr. Wir mobilisieren unsere Kräfte und rufen unter dem Motto #LeaveNoOneBehind zu Demonstrationen auf. Organisiert in einer Gruppe von Hochschullehrer*innen beteilige ich mich an der Veröffentlichung eines offenen Briefs an die österreichische Regierung.[35] Wir fordern erneut, dass Österreich sich sofort an einem europäischen Notprogramm zur Evakuierung der Lager beteiligen muss. Wir warnen: »Wenn sich der Corona-Virus in Moria, wo sich 1.300 Menschen einen Wasserhahn teilen müssen, ausbreitet, droht Massenpanik.«

Unsere Initiative ist selbstredend nicht die einzige dieser Art, sondern eine von vielen. Zwar wäre es naiv zu denken, dass ein offener Brief einen plötzlichen Sinneswandel bewirken könnte – doch die Reaktionen der Regierung sind dumpfer und ignoranter als jemals vermutet. Während der adressierte damalige Bundeskanzler Kurz den Brief in Gänze übergeht, antworten der Innen- und Außenminister mit scheinheiligen Ausreden.

Covid und die Folgen des Brands in Moria

Am 2. September 2020 wird die erste Person in Moria positiv auf das Corona-Virus getestet. Das gesamte Camp wird unter Quarantäne gestellt. Proteste gegen die unzureichenden bzw. unzumutbaren Corona-Maßnahmen formieren sich; es kommt zu tumultartigen Szenen. Zu diesem Zeitpunkt halten sich mehr als 13.000 Menschen im und rund um das Lager auf – fast dreimal so viele wie zur Zeit unseres Besuchs eineinhalb Jahre zuvor. Aber nach wie vor ist das Camp nur für 2.700 Menschen ausgelegt.

Am späten Abend des 8. September bricht in Moria die Flammenhölle los. In dieser Nacht fegen Winde mit 70 Stundenkilometern Geschwindigkeit über die Insel; der Brand erfasst den gesamten Hügel. Auf den Ausbruch des Feuers folgt eine Panik, die vor allem für die mehr als 4.000 Kinder, die das Inferno miterleben müssen, traumatische Folgen hat. Unzählige Menschen erleiden Verletzungen, mehr als 12.000 werden obdachlos. Mehrfach verhindert die Polizei unter Einsatz von Tränengas, dass sich die Frauen, Männer und Kinder in die Hauptstadt der Insel retten können.

Bis zum heutigen Zeitpunkt ist nicht vollständig geklärt, wie es zum Ausbruch des Feuers gekommen ist. Die griechischen Behörden verhindern eine genaue Untersuchung der Vorfälle, indem sie bereits wenige Tage nach den Bränden die verkohlten Reste des Lagers mit Bulldozern wegräumen lassen. Neun Monate nach dem Brand verurteilt ein griechisches Gericht vier junge Afghanen zu jeweils zehn Jahren Haft wegen Brandstiftung. Zu dem Prozess sind Medien oder andere Beobachter*innen nicht zugelassen – angeblich wegen der Corona-Pandemie.[36]

Unmittelbar nach den Bränden in Moria finden überall in Europa Proteste statt. In 40 deutschen Städten tun Menschen ihren Unmut über die Untätigkeit der Europäischen Union kund; in Berlin gehen mehr als 10.000 Menschen auf die Straße.

Doch der politische Druck reicht nicht aus. Wenige Tage später beginnt die unheilvolle Geschichte des Lagers Kara Tepe. Die griechische Polizei bringt unter dem Einsatz von Gewalt einige Tausend Menschen in ein neu errichtetes Zeltlager auf einem alten Militärgelände, das direkt am Meer liegt. Viele Geflüchtete weigern sich, den Befehlen Folge zu leisten, weil die Versorgung auch dort vollkommen unzureichend ist und sie zu Recht befürchten, von Neuem einem menschenverachtenden und lebensbedrohlichen Lagerleben ausgesetzt zu sein. Ihre schlimmsten Befürchtungen bewahrheiten sich: Die Zelte sind nicht wasserdicht. Gewalt ist an der Tagesordnung. Es dauert mehr als acht Wochen, bis eine Duschmöglichkeit geschaffen wird – vorerst gibt es kaltes Wasser aus einem Eimer in einem offenen Bereich mit wenig Privatsphäre. Medico international berichtet, dass – entgegen den Behauptungen der griechischen Regierung – nur wenige Menschen eine Heizmöglichkeit haben. Die Plastikzelte bieten so gut wie keinen Schutz vor der Witterung und werden immer wieder überflutet.[37]

Heute erschweren bzw. verunmöglichen die griechischen Behörden kritischen NGOs und Aktivist*innen antirassistischer Gruppen den Zugang zum Lager Kara Tepe, das in Mavrovouni-Camp umbenannt wurde. Die hygienische Situation und die Gesundheitsversorgung sind schlecht wie eh und je. Hoffnung bietet nur die Zivilgesellschaft, zum Beispiel die von medico international unterstützte Initiative Stand by me Lesvos und die Moria Academia, die ausrangierte Busse für selbst organisierte Bildungsangebote für Geflüchtete in Kara Tepe bereitgestellt hat.[38]

Die Schande Europas

Jean Zieglers Buch über unsere Delegationsreise erscheint im Januar 2020. Es trägt den Titel *Die Schande Europas.* Das Buch ist der dringende Appell an die zuständigen Politiker*innen in Brüssel und an die europäischen Regierungen, der Praxis der Pushbacks und der unmenschlichen Realität der Hotspots sofort ein Ende zu machen. Und es schafft Bewusstsein für die entsetzlichen Zustände – eine der zentralen Voraussetzungen für jegliche real stattfindende, materielle Transformation unserer Gesellschaft.

Was ist im Sinne globaler Solidarität nun zu tun? Die bisherigen Erfahrungen haben gezeigt, dass es unerlässlich ist, sich grenzüberschreitend zu organisieren und Synergien zu entwickeln: Basisinitiativen auf Lesbos wie die NGO Refugee Support Aegean brauchen unsere politische und finanzielle Unterstützung. Auch antifaschistische Arbeit bleibt dringend notwendig: Denn rassistische, gewaltbereite Gruppen aus Griechenland und anderen europäischen Ländern haben in den vergangenen Jahren immer wieder Lesbos heimgesucht und Geflüchtete sowie Aktivist*innen von Hilfsorganisationen bedroht, eingeschüchtert und drangsaliert. Das skandalöse Sterbenlassen auf den Fluchtrouten muss beendet werden, genauso wie die Kriminalisierung der Retter*innen. Das transnationale Netzwerk Alarm Phone bündelt hier eine Reihe von notwendigen Aktivitäten. Wichtig ist außerdem, in den mächtigen westeuropäischen Ländern die breiten Solidaritätsbewegungen zu stärken, die sich für die Aufnahme von Schutzsuchenden in Städten und Kommunen einsetzen, beispielsweise in der Initiative Solidarity Cities oder der Charta von Palermo.[39] Denjenigen Staaten der EU, die die Aufnahme von Geflüchteten verweigern, müssen die Zahlungen aus dem Brüsseler Kohäsionsfonds gestrichen werden.

Was das neue »Closed Controlled Access Center of Samos« und die anderen neu geplanten geschlossenen Camps auf den griechischen Inseln betrifft – an unseren Forderungen hat sich seither nichts geändert: Es braucht eine koordinierte europäische Evakuierungsaktion, um die Gesundheit und Sicherheit der Asylsuchenden, der Bevölkerung und der Hilfskräfte zu garantieren.[40]

Von Kiew in die Karpaten: Begegnungen mit Binnenvertriebenen in der Westukraine

Am 24. Februar 2022 griffen russische Truppen die Ukraine an. Während im Osten der Ukraine bereits seit 2014 Kampfhandlungen stattfinden, weitete sich der Konflikt sechs Jahre später zu einem Krieg von kontinentaler, ja globaler Tragweite aus. Seither steht der Begriff der Solidarität einmal mehr auf dem Prüfstand: Bedeutet Solidarität angesichts des Angriffs der russischen Armee auf die Ukraine, für die Lieferung von Waffen an die ukrainischen Streitkräfte einzutreten? Oder geht es darum, sowohl in Russland als auch in der Ukraine Initiativen zu unterstützen, die ihre Stimme gegen Militarisierung, patriarchale Gewalt und nationalistischen Hass erheben?

Um diese und viele weitere Fragen zu vertiefen und um zu verstehen, welche solidarische Praxis sinnvoll wäre, reiste ich einen Monat nach Ausbruch des Krieges nach Transkarpatien, also in den Westen der Ukraine. Ich schloss mich einem Hilfstransport an, der von der Schweiz aus kommend eine Nacht in der Mühle Nikitsch im österreichischen Burgenland Halt machte. Seit Kriegsbeginn erweist sich die geografische Lage unseres dort betriebenen Gemeinschaftsprojekts als äußerst hilfreich, sowohl für Solidaritätsfahrten in die Ukraine als auch als Rastplatz für Menschen, die aus der Ukraine flüchten. Unsere Infrastruktur wird nun regelmäßig für derartige Aktivitäten genutzt. Und selbst wenn der Krieg morgen zu Ende ginge – was zum Zeitpunkt der Abgabe des Buchmanuskripts keineswegs in greifbarer Nähe liegt –, wird die Route über Österreich und Ungarn in die Ukraine wahrscheinlich noch für lange Zeit wichtig bleiben:

Denn weite Teile des Landes sind zerstört, Solidaritätsarbeit wird viele weitere Jahre notwendig sein.

Der Oblast Transkarpatien grenzt im Osten an die Slowakei, im Norden an Polen und im Süden an Ungarn und Rumänien. Das wunderschöne hügelige und besonders waldreiche Gebiet wurde nach Kriegsbeginn schnell zu einem Umschlagplatz für humanitäre Hilfe aus dem Ausland. In der Region läuft eine Vielzahl von Initiativen zur Evakuierung und Beherbergung von Binnenflüchtenden aus den Kriegsgebieten zusammen. Nach offiziellen Angaben kamen in den ersten Kriegswochen etwa 200.000 Menschen in das Gebiet, das etwas kleiner als Schleswig-Holstein ist und rund 1,2 Millionen Einwohner*innen zählt. Schätzungen zufolge sind es allerdings viel mehr – in der Region sprach man im März 2022 von mehr als 500.000 Geflüchteten – also fast die Hälfte der Wohnbevölkerung in Friedenszeiten. Denn nicht alle Menschen können ins Ausland flüchten: Seit Kriegsbeginn ist es Männern mit ukrainischem Pass im wehrfähigen Alter grundsätzlich untersagt, die Ukraine zu verlassen – sie müssen sich zum Militär melden.

Zum Zeitpunkt meiner Reise ist der Schock nach dem Angriff der russischen Streitkräfte noch unmittelbar präsent. Die vielen Stunden der Fahrt in einem mit Hilfsgütern vollgepackten Mercedes Sprinter verbringe ich mit langen Gesprächen mit Iris, einer in Transkarpatien lebenden Aktivistin. Iris' Mutter kommt aus der Ukraine, ihr Vater aus Frankreich, sie selbst verfügt über eine profunde Kenntnis der sozialen Bewegungen in Ost- wie in Westeuropa.

Nach vielen Stunden des Wartens passieren wir am späten Abend die slowakisch-ukrainische Grenze und erreichen die Provinzhauptstadt Ushgorod. Dort ist seit vielen Jahren die Organisation Camz (Komitee zur medizinischen Hilfe in Transkarpatien) aktiv. Neben der Verteilung von Hilfsgütern und der Unterbringung von Geflüchteten bemühen sich die Aktivist*innen, rasch die Evakuierung von möglichst vielen Menschen aus den

Kriegsgebieten zu organisieren. Allein im März 2022 hat Camz mehr als 50 Lastwagen mit verschiedenen humanitären Waren empfangen und verteilt – gespendet unter anderem von einem Bezirk der Stadt Paris und einer Gemeinde in Bayern.

Die Anwesenheit der westeuropäischen Freiwilligen bringt auch skurrile Situationen mit sich: Bei der Abfahrt aus Ushgorod lenkt ein junger Franzose unseren Hilfstransporter, der zwar nicht neu, aber in einem soliden Zustand ist. Es wird Nacht, wir fahren in Richtung der Stadt Mukatschewo. Den mitunter katastrophalen Zustand der ukrainischen Überlandstraßen ignorierend, fährt uns unser wohlmeinende Genosse, kaum haben wir die Lichter der Stadt hinter uns gelassen, in ein riesiges Schlagloch. Wir bleiben unverletzt, doch die Vorderachse ist beschädigt. Wir haben keine Wahl, als am Straßenrand Halt zu machen. Pannendienste sind nicht zu erreichen, unsere Destination ist noch zwei Autostunden entfernt. Erst als nach etwa 20 Minuten eine hilfsbereite Ukrainerin in Business-Anzug anhält und uns ihr Pannenwerkzeug leiht, gelingt es uns, den Bus wieder zum Fahren zu bringen: Rettung für diejenigen, die eigentlich in der Absicht gekommen sind, selbst Hilfe zu leisten.

Spät nachts erreichen wir das kleine Karpatendorf Nyzhnje Selyshche in der Gemeinde Chust. Hier leben dank des Engagements von Vereinigungen aus der Zivilgesellschaft zum Zeitpunkt unseres Besuchs mehr als 500 Flüchtende. Beteiligt sind auch Aktivist*innen der Genossenschaftsbewegung Longo Maï, die sich bereits in den 1990er-Jahren hier niedergelassen haben und die ich im vierten Kapitel vorgestellt habe. Eine Jugendherberge wurde zu einem Zufluchtsort für Flüchtlingskinder. Auch im Kindergarten und in der Schule des Dorfs sind Geflüchtete untergebracht, darunter Waisenkinder aus dem Ort Schtschastja im Oblast Luhansk, der von besonders schlimmen Kämpfen betroffen ist.

Zusammen mit den neu Angekommenen organisieren sich die Dorfbewohner*innen gegen die Schrecken des Krieges: von der lebensrettenden Evakuierung von Menschen aus den umkämpften Städten bis hin zur Renovierung von alten Häusern, die für die Flüchtenden instand gesetzt werden. Mithilfe eines Mitstreiters ist es uns gelungen, 25 Tonnen Bio-Saatgutkartoffeln aus dem österreichischen Waldviertel mit einem Sattelschlepper nach Nyzhnje Selyshche zu bringen, die vor Ort von den Dorfbewohner*innen gemeinsam mit Geflüchteten ausgepflanzt werden. Eine wichtige Aktion, die nicht nur materiell, sondern auch symbolisch wirkt, denn sie drückt aus: Wir sorgen füreinander – und wir nehmen unser Leben selbst in die Hand, anstatt passive Opfer zu bleiben.

Das Restaurant des Dorfs war vor dem Krieg dafür bekannt, hochwertige Lebensmittel aus der Region zu verarbeiten und anzubieten – oft kamen die Tourist*innen sogar aus fernen Städten wie Kiew hierher. Nun ist das Restaurant zu einer Kantine umfunktioniert, in der täglich bis zu 300 warme Mahlzeiten ausgegeben werden. Möglich wird dies durch Spenden aus der Ukraine und aus dem Ausland.

Geflüchtete sind nicht nur in öffentlichen Gebäuden wie Schulen oder Kindergärten untergebracht. Zahlreiche Bewohner*innen der Region haben Menschen bei sich zu Hause aufgenommen. So hat auch Iryna Stavchuk, stellvertretende ukrainische Ministerin für Umweltschutz und natürliche Ressourcen, gemeinsam mit ihrer Familie auf dem Bauernhof der Bewegung Longo Maï Zuflucht gefunden.[41] Von hier aus versucht sie im Rahmen ihrer Möglichkeiten, die Regierungsarbeit fortzusetzen. Ihr Ministerium drängt darauf, Russland innerhalb der verschiedenen internationalen Umweltverträge zu isolieren. Denn, so Iryna Stavchuk, ein Land, das alle internationalen Konventionen der Vereinten Nationen verletzt und auf solch aggressive Weise einen humanitären Notstand herbeiführt, könne nicht Teil von Klima- und Umweltkonventionen sein.

Neben den schrecklichen menschlichen Tragödien bringt der Krieg viele weitere negative Entwicklungen mit sich, wie Iryna

Stavchuk betont. Mit Nachdruck führt sie aus, wie eng der Zusammenhang zwischen dem Krieg und der Klimakrise ist:

> »Vor meiner Tätigkeit im Ministerium arbeitete ich in einer Umweltschutz-NGO. Schon damals habe ich darauf hingewiesen, welch riesige Mengen an Treibhausgasen allein durch die Herstellung von Waffen verursacht werden. Es handelt sich ja um extrem schwere Fahrzeuge und schweres Gerät, die hier zum Einsatz kommen. Sehr beunruhigend ist außerdem, dass wir nach dem Krieg große Teile des Landes neu aufbauen müssen. Dies geht mit besonders emissionsintensiven Produktionszweigen einher. Aber auch viele andere Länder werden nun ihre Militärausgaben enorm erhöhen, was auch wieder zu mehr Emissionen führen wird. Das wird die Klimakrise weiter anheizen, es wird aber auch die dringend notwendigen finanziellen Ressourcen in Anspruch nehmen, die eigentlich für die Abmilderung der Erderhitzung und die Anpassung an ihre Folgen gebraucht werden.«

Eine der dringendsten politischen Aufgaben liegt für Iryna Stavchuk in der Reduzierung der Abhängigkeit von fossilen Energieträgern:

> »Wir müssen so schnell wie möglich den Umstieg auf Erneuerbare schaffen. Außerdem müssen wir dringend Maßnahmen zur Energieeffizienz einleiten. Denn das ist der einzig nachhaltige Weg, um diese beiden Probleme zu lösen: die Klimakrise und die Abhängigkeit von Ländern wie Russland.«

Und so sind aktuell – wohl zum ersten Mal seit den 1970er-Jahren – Energie- und andere Spar- oder Verzichtsdiskurse wieder relevant. Sogar ein führender Politiker wie Mario Draghi machte Andeutungen in diese Richtung, als er öffentlich fragte: »Wollen

Sie Frieden oder eine laufende Klimaanlage?«[42] Denn es ist offensichtlich, dass unser Wirtschaftssystem, das wesentlich auf der Verbrennung von Erdöl, Erdgas und Kohle beruht, den Krieg und die Klimakrise gleichermaßen befeuert. Auch der Effekt eines Embargos gegen Russland wäre weitaus größer, wenn die Energiewende gelänge: Denn die steigende Nachfrage nach Flüssiggas und anderen fossilen Energieträgern aus anderen Ländern führt dazu, dass die Weltmarktpreise weiter steigen. Das nützt nicht nur dem Putin-Regime, sondern auch anderen autoritären und kriegsführenden Petrostaaten.[43]

Der Krieg in der Ukraine zeigt erneut, dass aktivistisches Multitasking, solidarische Arbeitsteilung und ein produktives Zusammenwirken von Klima- und antirassistischen bzw. friedenspolitischen Aktivitäten dringender denn je sind.

Am letzten Tag meines Aufenthalts findet eine Versammlung statt, an der rund 20 Aktivist*innen aus der lokalen Zivilgesellschaft sowie internationale Freiwillige teilnehmen. Auf der Agenda der Versammlung stehen folgende Diskussionspunkte: Welche Solidarität wird nun gebraucht? Geht es darum, diejenigen zu unterstützen, die das Land mit der Waffe verteidigen? Oder ist die Unterstützung von pazifistischen Positionen sinnvoller? Sollen sich soziale Bewegungen in Westeuropa dafür starkmachen, dass Waffen an die ukrainischen Truppen geliefert werden? Oder wäre es besser, eine breit angelegte Kampagne zur Unterstützung von Deserteuren zu starten? Sollte eine solche Kampagne lediglich darauf ausgerichtet sein, russische Kriegsdienstverweigerer zu unterstützen, oder sollte auch kritisiert werden, dass ukrainische Staatsbürger*innen, die als »Männer im wehrfähigen Alter« gelten, das Land nicht verlassen dürfen? Zentrale Fragen, die für eine friedensorientierte »Diplomatie von unten« von zentraler Bedeutung sind.[44] Endgültige Antworten konnten bei der Versammlung in Transkarpatien nicht gefunden werden. Ein wichtiges Ergebnis ist allerdings der Entschluss, die Bemühungen zur Evakuierung von Menschen aus den Kriegsgebieten sowie die Hilfsaktivitäten im Dorf zu verstärken. Wenige Wochen später reisen Vertreter*innen von medico international nach Nyzhnje Selyshche, um bei diesen Aufgaben mitzuhelfen – praktische Schritte in Richtung globaler Solidarität unter schwierigsten Bedingungen.

So wie alle anderen Kriege wird auch dieser Krieg keine Sieger kennen. Er wird gewaltvolle und patriarchale Verhaltensweisen verstärken. Und so ist zu hoffen, dass der Krieg bereits morgen zu Ende geht, damit nicht Hass und Nationalismus auf beiden Seiten weiter zunehmen. Die vielen Menschen, die bereits getötet worden sind, können nicht wieder ins Leben zurückgeholt werden. Die Häuser der Menschen in Transkarpatien und an allen anderen Orten, an denen Flüchtende zurzeit aufgenommen und unterstützt werden, sind in diesen dunklen Zeiten Leuchttürme der Menschlichkeit und Solidarität.

Die globalen Bewegungen für Klimagerechtigkeit

»Klimaaktivist*innen werden manchmal als gefährliche Radikale dargestellt, aber die wirklich gefährlichen Radikalen sind die Länder, die die Produktion fossiler Brennstoffe steigern«, sagte UN-Generalsekretär Antonio Guterres, nachdem am 4. April 2022 der letzte Teil des 6. Sachstandsberichts des Weltklimarats IPCC veröffentlich wurde.[45] Guterres hat Recht: Die Lage ist durchaus alarmierend. In den nächsten Jahren und Jahrzehnten wird es folglich zu einer förmlichen Explosion von politischen Debatten, Konfrontationen und Kämpfen angesichts der klimaschädlichen Industrien und Infrastrukturen, aber auch in Bezug auf die Aushandlung von Emissionsrechten und -steuern, Maßnahmen zur Anpassung an die Klimakrise, negative Emissionen und Geo-Engineering kommen. Im selben Maß, in dem Waldbrände, Überflutungen und Wirbelstürme häufiger werden, werden sich auch die Kämpfe in diesem Bereich verdichten und an Dynamik gewinnen – ihr Ausgang ist indes vollkommen offen.

Wie wir gesehen haben, bringt die imperiale Lebensweise der globalen Mittel- und Oberschichten mit sich, dass nicht alle Menschen gleichermaßen von der Klimakrise betroffen sind. In der Regel leiden diejenigen am meisten unter der Erderhitzung, die am wenigsten dazu beigetragen haben. Das gilt vor allem für Menschen aus dem globalen Süden, aber auch für arme Menschen in den Industrieländern. Die globalen Bewegungen für Klimagerechtigkeit sind Dreh- und Angelpunkt für das Jahrhundertprojekt der sozial-ökologischen Transformation. Mit ihren oft spektakulären Aktionen haben sie die Tür aufgestoßen, damit andere, weniger radikale Akteur*innen, wie NGOs oder Wissenschaftler*innen, im öffentlichen Diskurs Gehör finden. Weil die Klimakrise nicht vor Grenzen haltmacht, ist globale Solidarität zentral für diese Kämpfe.

Imperiale Automobilität

Im September 2021 legen Tausende Klimaaktivist*innen die Münchner Innenstadt lahm, um gegen die Internationale Automobil-Ausstellung (IAA) zu demonstrieren. Warum die breite Kritik an der Automesse? Befindet sich die Automobilindustrie mit der Entwicklung von E-Autos nicht auf dem besten Weg zu einer klimaneutralen Mobilität? Mitnichten: Denn mit einer bloßen Antriebswende ist es nicht getan; auch Batterie- oder Brennstoffzellen-Autos verbrauchen massenhaft Platz, Ressourcen und Energie, verursachen Klimazerstörung und Feinstaub. Insgesamt sind in Deutschland 48 Millionen Pkw zugelassen.[46] Das Modell Privatauto ist global nicht verallgemeinerbar – das dahinterliegende Mobilitätsmodell wurde von Ulrich Brand und Markus Wissen deshalb treffend als »imperiale Automobilität« bezeichnet.[47] An einer drastischen Reduzierung der Anzahl der Autos führt kein Weg vorbei.[48]

Es ist ein sonniger Herbsttag, als sich der riesige Demonstrationszug durch die Münchner Innenstadt schlängelt. Mehr als 25.000 Menschen sind zu den mehrtägigen Protesten gekommen, viele auf Fahrrädern. Ich bin nach München gereist, um über die Proteste zu berichten und Interviews zu führen. Ich treffe Merle Groneweg von der NGO Power Shift. Sie fordert rasche und klare ordnungspolitische Schritte, um die Automobilität zurückzudrängen. Der fossile Mobilitätssektor dürfe zum Beispiel nicht länger mit öffentlichen Geldern unterstützt werden. Das betreffe das Dienstwagenprivileg, die Dieselsubventionierung, aber auch die Pendlerpauschale, die keine ökologische Priorisierung der Verkehrsmittel vorsieht, oder die günstigen Parkplätze im öffentlichen Raum. Das durch den Abbau der Subventionen erwirtschaftete Geld sollte, laut Groneweg, direkt dafür genutzt werden, um massiv den Ausbau der Alternativen wie den öffentlichen Verkehr oder Radwege zu fördern.

Ähnlich wie beim Flugverkehr schlägt auch beim motorisierten Individualverkehr der bereits erwähnte Reboundeffekt zu: Effizienzsteigerungen bei der Herstellung von Autos sowie beim Spritverbrauch werden durch das wachsende Verkehrsaufkommen bei Weitem zunichte gemacht. Der Trend bei Neuzulassungen geht außerdem klar in Richtung immer größerer, schwererer und hochmotorisierter Autos. 160 PS haben neu zugelassene Autos heute im Durchschnitt, knapp 30 PS mehr als noch vor zehn Jahren.[49] Im EU-Schnitt emittieren diese übergewichtigen Fahrzeuge zwischen 15 und 28 Prozent mehr CO_2 als vergleichbare Modelle der Mittelklasse. Jedes dritte neu zugelassene Auto ist inzwischen ein SUV oder Geländewagen.[50] Dies sei kein Zufall, sondern etwas, was die Automobilindustrie bewusst vorantreibt, meint Groneweg. Die Konzerne schaffen die Nachfrage – nicht nur durch Produktentwicklung, sondern auch durch Werbung. Eine offen kommunizierte Strategie des Volkswagen-Konzerns sei es, dass die Hälfte aller bis zum Jahr 2025 verkauften Autos SUVs sein sollen.

Unabhängig davon, ob es sich um E-SUVs oder konventionelle Motoren handelt, ist der Ressourcen- und Platzverbrauch dieser Autos nicht zu rechtfertigen. SUVs wirken, wie der Politikwissenschaftler Ulrich Brand schreibt, »aufgrund ihrer materiellen Eigenschaften verstärkend auf jene von zunehmender Konkurrenz und Rücksichtslosigkeit geprägten sozialen Verhältnisse zurück, deren Produkt sie sind«.[51] Da mutet es fast schon grotesk an, dass Deutschland das einzige Land in Europa ist, in dem es noch immer kein generelles Tempolimit gibt, obwohl die Bevölkerung laut Umfragen ein solches mehrheitlich unterstützt.[52]

Im Haus der Bayerischen Wirtschaft empfängt mich Jürgen Mindel. Er ist Geschäftsführer des Verbands der Automobilindustrie (VDA), dem wichtigsten Lobbyverband der Branche. Von einer Reduzierung des Autoverkehrs hält er nichts. Zwar bestätigt Mindel, dass E-Autos nur dann Sinn machen, wenn genügend Ökostrom zu Verfügung steht. Für die Bereitstellung des Ökostroms, ergänzt Mindel, sei aber letztendlich nicht die Automobilindustrie zuständig.

Der deutsche Strommix setzt sich aktuell knapp zur Hälfte aus konventionellen Energieträgern zusammen,[53] ein Drittel stammt aus der Kohleverstromung. Der vollständige Ausstieg aus der Kohle soll laut Koalitionsabkommen vom Dezember 2021 erst im Jahr 2030 erfolgen – und selbst das ist nicht gesichert – erst recht nicht nach dem Angriffskrieg Russlands auf die Ukraine, der die Versorgungssicherheit mit Gas massiv infrage stellt.

Zurzeit sind nur etwas mehr als 400.000 Elektroautos in Deutschland zugelassen. Selbst wenn die Autos mit Hybridantrieb hinzugerechnet werden, beträgt ihr Gesamtanteil an der deutschen Autoflotte nur etwa zwei Prozent.[54] Der größte Teil der 48 Millionen Autos, die über Deutschlands Straßen rollen, wird also noch viele Jahre lang mit fossiler Energie betrieben werden – oder aber mit einem Strommix, der nicht klimaneutral ist. Und selbst mit 100 Prozent Ökostrom würde das aktuelle Mobilitätssystem weiterhin gigantische ökologische Zerstörungen und menschliches Leid verursachen, denn ohne starke Lieferkettengesetze werden sich die Menschenrechtsverletzungen, die im Zusammenhang mit dem Abbau von Eisenerz in Südafrika, Kobalt und Kupfer im Kongo, Lithium in den Anden oder Bauxit in Guinea begangen werden, potenzieren.[55]

Die Automobilindustrie hat einen enormen Einfluss auf die politischen Entscheidungen in Deutschland. Typischer noch als in anderen Industriesparten kann man hier den berühmten Drehtüreffekt beobachten: Hildegard Müller, die Chefin des VDA, gehörte zum engsten Berater*innenkreis von Angela Merkel. Einer ihrer Vorgänger, Matthias Wissmann, war Verkehrsminister, bevor er das Amt ausübte. Thomas Steg, stellvertretender Regierungssprecher unter Gerhard Schröder und später unter Angela Merkel, ist heute Cheflobbyist von Volkswagen. Eckart von Klaeden, ehemals Staatsminister im Bundeskanzleramt unter Merkel, leitet heute die Abteilung Politik und Außenbeziehungen der Daimler AG.

Die sozialen und ökologischen Verwerfungen, für die diese Megaindustrie verantwortlich ist, machen breite Proteste wie diesen in München so notwendig. Dabei reicht es nicht aus, »nur« eine Demonstration zu organisieren. Aktionen des zivilen Ungehorsams spielen eine wichtige Rolle: Messestände werden blockiert, Autobahnen gesperrt. Trotz massiver Polizeirepression nehmen Zehntausende Menschen an den Protesten teil, die Presse berichtet durchweg positiv. Das inhaltliche Fazit ist eindeutig: Es muss hier und jetzt mit dem kontrollierten Um- und Rückbau der Automobilindustrie begonnen werden. Wo heute noch Autos hergestellt werden, sollten schon bald Straßenbahnen, Regional- und Fernzüge, Elektrobusse und Lastenräder vom Fließband rollen. Elektroautos werden zwar mit Sicherheit gebraucht werden, aber die Gesamtanzahl an Autos muss deutlich sinken.

Klimavorreiter Kalifornien?

Klimagerechtigkeit ist nicht nur aus Gründen der Solidarität mit den Menschen im globalen Süden von entscheidender Bedeutung. Auch in den reichen Ländern treffen die Auswirkungen der Erderhitzung Menschen in höchst unterschiedlicher Weise. Eloise Gómez Reyes ist Abgeordnete des Unterhauses in Kalifornien und Vertreterin von San Bernardino, einem besonders benachteiligten Bezirk, rund 100 Kilometer östlich von Los Angeles, der zum größten Teil von Menschen hispanischer Herkunft bewohnt wird. Bei meiner Berichterstattung für das österreichische Radio über den Global Climate Action Summit in San Francisco im September 2018 erklärt mir Gómez Reyes:

> »Durch unsere Community fahren die Diesel-Trucks. Wir sind der größte Transportkorridor der Region. Wir erkennen zwar an, dass es in diesem Sektor viele Jobs gibt, aber wir wollen auch saubere Luft. Wir müssen also unbedingt daran arbeiten, Güter auf andere Weise zu transportieren. Wir müssen anerkennen, dass die Klimakrise arme Stadtteile viel stärker betrifft als reiche.«[56]

Eine ähnliche Situation finde ich im Hafen von Oakland vor, einer traditionell von Afroamerikaner*innen bewohnten Stadt an der Ostseite der San Francisco Bay. Vor einigen Jahren wurde bekannt, dass im Hafen von Oakland Kohle verschifft werden soll, was nicht nur extrem klimaschädlich wäre, sondern auch enorme Gesundheitsprobleme für die Bevölkerung mit sich bringen würde. Oakland hat eine lange Tradition des Widerstands. Hier wurde 1966 die Black Panther Party for Self-Defense gegründet. Heute ist Oakland von Gentrifizierung und steigenden Mieten betroffen, doch in der Nähe des Hafens wohnen nach wie vor besonders marginalisierte Bevölkerungsgruppen.

Margaret Gordon, die Co-Direktorin des West Oakland Environmental Indicators Project, war in den 1960er- und 1970er-Jahren Mitglied der Black Panthers. Heute setzt sie sich für Klimagerechtigkeit ein.[57] Bei unserem Besuch in Hafen von Oakland meint sie:

»Wir befürchten, dass ein neuer Terminal gebaut wird, an dem Kohle aus Utah herangeschafft und exportiert wird. In West-Oakland sind außerdem alle Industrien angesiedelt, die mit dem Hafen verknüpft sind: Alle Lastwagen und Züge kommen hier durch. Wir haben Lagerhallen, Cargo-Equipment sowie Papier- und Metallrecycling. Außerdem wird das Gebiet von drei Autobahnen durchkreuzt. Die Auswirkungen auf die Luftqualität sind fatal.«

Die Probleme in San Bernardino und in Oakland verweisen auf den Begriff des Umweltrassismus, der in den 1980er-Jahren in den USA geprägt wurde und die rassistischen Effekte ungleicher Verteilung von Umweltgütern und -risiken benennt. Auch in Deutschland wird vermehrt über Umweltrassismus gesprochen. Imeh Ituen und Lisa Tatu Hey, Autorinnen der 2021 veröffentlichten Studie *Der Elefant im Raum. Umweltrassismus in Deutschland*, fordern von politischen Entscheidungsträger*innen, aber auch von Umweltorganisationen, die Bedürfnisse von Menschen, die von Rassismus betroffen sind, und anderen marginalisierten Gruppen in ihren Programmen, Kampagnen, Narrativen und Studien zu berücksichtigen. Dies geschieht bisher noch kaum, umso wichtiger ist es, dass soziale Bewegungen die Forderungen der Autorinnen unterstützen.

Die Klimafrage und soziale Bewegungen

Die Klimafrage ist aktuell für emanzipatorische Bewegungen so etwas wie ein Türöffner. Denn mit ihr sind Fragen von Ernährung, Mobilität oder Wohnen genauso verbunden wie Fragen weltumspannender Gerechtigkeit, Migration und globaler Solidarität: Heute weiß jedes Kind, das auf die Klimademonstrationen geht, dass jedem Menschen auf diesem Planeten nur eine, höchstens aber zwei Tonnen CO_2-Verbrauch pro Jahr zustehen, dass die Emissionen in den Industrieländern aber weit darüber liegen. Es weiß auch, dass die CO_2-Emissionen sehr stark nach

Einkommen aufgefächert sind: Zehn Prozent der Weltbevölkerung sind für nahezu die Hälfte der konsumbezogenen CO_2-Emissionen verantwortlich.[58] Der Großteil dieser zehn Prozent lebt im globalen Norden. Emissionen, die im globalen Süden anfallen, dienen oft dem Konsum der Menschen im globalen Norden. Oder zugespitzter: Die SUVs werden als ein zentraler Ausdruck des Problems erkannt – das ist Klassenkampf und Klimaschutz in einem.

So betont auch der Klimaaktivist Tadzio Müller:

> »Die Kombination aus rapide eskalierender Klimakrise einerseits und der andauernden Unfähigkeit des politischen Systems, auch nur ansatzweise adäquat auf diese dramatische Eskalation zu reagieren, hat weite Teile einer Generation politisiert, die bisher von vielen für social-media-abhängig, apathisch und unpolitisch gehalten wurde.«

Selbst wenn Corona die Klimakämpfe gehörig gebremst hat:

> »Die Klimakrise ist das politisch brisante, massentaugliche Großthema geworden, das sie spätestens seit dem Scheitern des Klimagipfels in Kopenhagen vor mehr als zehn Jahren hätte sein sollen.«[59]

Die revolutionäre Dringlichkeit hat sich seither nur noch gesteigert. Dabei spielen die aktionsorientierten Klimabewegungen und -bündnisse wie Ende Gelände, #HambiBleibt, #LobauBleibt oder die Besetzung des Dorfes Lützerath im Rheinischen Braunkohlerevier eine ebenso wichtige Rolle wie die Massenmobilisierung rund um Fridays for Future, die im September 2019 rund 1,4 Millionen Menschen in Deutschland auf die Straße brachte. Die Bewegungen zwangen die deutsche Politik in die Kohlekommission, die mit einem klimapolitischen Desaster und einem Offenbarungseid endete: Die Regierung verschob den Kohleausstieg ins Jahr 2038 und somit in die ferne Zukunft.[60] Zwar wurde im Koalitionsvertrag der neuen Ampelregierung im November 2021 beschlossen, dass der Kohleausstieg »idealerweise« im Jahr 2030 erfolgen soll, und zwar mittels eines Mindestpreises auf CO_2 oder anderen Maßnahmen, die verhindern, dass der CO_2-Preis im EU-Emissionshandel unter 60 Euro fällt.[61] Die tatsächliche Umsetzung dieser Ankündigung ist, wie bereits betont, auch aufgrund des Kriegs in der Ukraine äußerst ungewiss und wäre zudem, für sich genommen, bei Weitem unzureichend.

Blicken wir in andere Weltregionen, so könnten sich an Orten Klimakämpfe zuspitzen, wo wir sie bisher nicht vermutet hätten. In China dienen Wirtschaftswachstum und steigender Konsum nach wie vor als Legitimationsmuster für die politische Führung. Zwar investiert das Land riesige Summen in die Energiewende, doch mit rund acht Prozent Wirtschaftswachstum im Jahr 2021 kann noch so viel Umweltpolitik gemacht werden: Die Emissionen werden weiter steigen. Vor allem in Südchina, wo ein großer Teil des chinesischen Industrieproletariats lebt, könnten große Bevölkerungsgruppen von zukünftigen Überflutungen direkt betroffen sein. Es ist durchaus möglich, dass diese Menschen, die sowohl als Industriearbeiter*innen ausgebeutet werden als auch unter Umweltverschmutzung und Klimakrise leiden, zunehmend ihren Unmut äußern und Widerstand leisten.[62]

Klimakämpfe könnten auch in Australien weiter an Zulauf gewinnen. Das Land ist der größte Exporteur von Kohle weltweit. Auch wenn es sich um keinen Selbstläufer handelt: Es ist nicht abwegig, dass sich die Wut und die Verzweiflung der Betroffenen der australischen Waldbrände in Zukunft vermehrt gegen die Infrastruktur richtet, mit der die Kohle gefördert und transportiert wird – sei es in den Kohlegruben oder an den Häfen.[63]

Auch wenn die vergleichsweise privilegierte Situation einer Vielzahl von Menschen im globalen Norden noch immer verhindert, dass klimaschädliche Industrien in großem Stil blockiert werden, könnten sich die Verhältnisse ändern, je stärker die bislang externalisierten Kosten der imperialen Lebensweise im globalen Norden spürbar werden. Das wird aber – wie gesagt – nicht von selbst passieren: Notwendig sind offensive Organisierungsversuche von sozialen Bewegungen, die auch konkrete Alternativen fordern und diese öffentlichkeitswirksam kommunizieren.

Events and Places

Für den Aufbau des Widerstands braucht es »events and places«, also Ereignisse und Orte, die sich für massenhaften Protest anbieten. Dazu zählen Kohlegruben oder Schiffshäfen genauso wie die Zentralen von Energiekonzernen wie RWE oder Vattenfall oder Autobahn- und Flughafenbaustellen. Die in Frankreich weithin bekannten ZAD-Proteste sind dafür beispielgebend: Nach jahrzehntelangen Kämpfen wurde bei Nantes der Bau eines Flughafens verhindert. Die ZAD (»zone à défendre«, »zu verteidigende Zone«) wurde zum geflügelten Wort und fand sogar Eingang ins französische Wörterbuch.[64] Die beschriebenen Aktionen gegen die Internationale Automobil-Ausstellung sind genauso wichtig wie Proteste an den Orten, an denen die Profiteure der globalen Klimazerstörung ihren Sitz haben, seien es Fluggesellschaften, große Tierfabriken oder Futtermittelproduzenten wie AGM, Cargyll oder Dreyfus. Bereits jetzt müssen diese Konzerne soziale Bewegungen als massives Investitionsrisiko einberechnen – dafür stehen mehrere Aktionen exemplarisch:

- Juni 2017: 300 Aktivist*innen der Gruppe Code Rood blockieren in Amsterdam den zweitgrößten Kohlehafen Europas.
- November 2019: 4.000 Aktivist*innen besetzen Kohlegruben in der Lausitz und blockieren die Verladestation und die Eisenbahnschienen zu einem Braunkohlekraftwerk. Die Blockaden stoppen für kurze Zeit die Kohlelieferungen und zwingen den Eigentümer Vattenfall, das Kraftwerk herunterzufahren.

- Juni 2020: In Frankreich finden Dutzende Aktionen gegen die »réintoxication du monde« die »Wiedervergiftung der Welt« nach den Corona-Lockdowns statt. Unter anderem wird dabei in Toulouse eine Zementfabrik des Unternehmens Lafarge, dem weltweit zweitgrößten Zementhersteller, besetzt.[65]
- August 2021: Hunderte Aktivist*innen besetzen die Baustellen einer geplanten Stadtautobahn im Norden Wiens. Während ich diese Zeilen schreibe, sind die Proteste noch immer im Gange.

Was wäre, wenn in den nächsten Jahren Zehntausende Menschen bei ähnlichen Aktionen mitmachen würden und nicht »nur« ein paar Hundert oder Tausend? Was, wenn die nächste Generation nach Fridays for Future zu dem Schluss kommt, dass massenhafter ziviler Ungehorsam nicht nur legitim, sondern absolut notwendig ist? Was, wenn an vielen Orten friedliche Sabotageaktionen stattfinden, die vom Dorfpfarrer genauso mitgetragen werden wie von der lokalen Klimagerechtigkeitsgruppe? Abwegig sind diese Szenarien nicht. Denn es ist durchaus möglich, dass sowohl Teile der Greta-Thunberg-Generation als auch Menschen, die sich bislang in relativ unauffälligen Bürger*inneninitiativen engagiert haben, ihre Strategien ändern, wenn sie sehen, dass ihre bisherigen Protestformen nicht dazu geführt haben, dass die Regierungen und Konzerne einlenken.

Ob beim Massenmobilisierungsmotor Fridays for Future oder bei den eher kleineren, aber äußerst wirksamen und starken Bewegungen wie Ende Gelände, Sand im Getriebe, Stay Grounded, System Change not Climate Change, Extinction Rebellion, Code Rood, Free The Soil, RWE & Co enteignen, ausgeco2hlt, deCOALonize Europe oder bei der Degrowth-Bewegung: In all diesen Zusammenhängen wird die revolutionäre Dringlichkeit, vor der wir stehen, bereits jetzt klar benannt. »Wir haben nicht mehr viel Zeit«, diese Einschätzung ist allen gemeinsam.

Die vergangenen 26 Jahre der UN-Klimaverhandlungen zeigen, dass wir von den Regierungen kaum sinnvolle Beschlüsse erwarten können, um die Erderhitzung abzubremsen. Das wirft die Frage auf, wie sich gesellschaftliche Gegenmacht von unten aufbauen lässt, die letztlich so stark wird, dass sich die Kräfteverhältnisse grundlegend ändern. Braucht es dafür eine – oder viele – »Internationale« der Klimagerechtigkeitsbewegungen? Und wenn ja, welches Verhältnis zwischen gemeinsamer Planung und Autonomie, zwischen Dezentralität und formeller Struktur sollte gewählt werden? Werden solche »Internationalen« die Fehler der vergangenen Internationalen, die ich im zweiten Kapitel beschrieben habe, vermeiden können? Es wird sich lohnen, in den nächsten Jahren über diese und ähnliche Fragen kollektiv nachzudenken.

Solidarität mit den Aktivist*innen im globalen Süden

Im September 2021 veröffentlichte die NGO Global Witness neue alarmierende Zahlen: Der Kampf gegen Landnahme und Raubbau an der Natur wird immer gefährlicher: Im Jahr 2020 wurden weltweit 227 Umweltschützer*innen getötet, drei Viertel von ihnen in Lateinamerika. Weltweit standen die meisten Morde im Zusammenhang mit der Forstwirtschaft, gefolgt von Wasser- und Dammbauprojekten und der Landwirtschaft.

> »Solange die Regierungen den Schutz der Umweltaktivist*innen nicht ernst nehmen und die Unternehmen nicht anfangen, die Menschen und den Planeten vor den Profit zu stellen, werden sowohl der Klimazusammenbruch als auch die Morde weitergehen«,

sagte Chris Madden von Global Witness.[66]

Die Klima- und Umweltzerstörung geht mit einer beispiellosen Repression gegen Aktivist*innen, Frauenrechtler*innen, Indigene und Gewerkschafter*innen einher. Ein zentraler Schwerpunkt globaler Solidaritätsarbeit sollte deshalb darin bestehen, diejenigen Klimaaktivist*innen bestmöglich zu verteidigen, die am meisten aufs Spiel setzen.

Das bedeutet auch, den Kampf gegen die Umwelt- und Klimakatastrophe nicht mehr abstrakt als »Kampf für die Zukunft« zu bestimmen, sondern als den gegenwärtigen Überlebenskampf, der er für viele Menschen schon lange ist.[67] Kampagnen wie »Shell must fall« liefern konkrete Ansatzpunkte, wie globale Solidarität aussehen könnte.

Drei Namen von Aktivist*innen, die ihren Einsatz für den Schutz der Biodiversität, des Klimas und für soziale Gerechtigkeit mit ihrem Leben bezahlt haben, seien hier stellvertretend genannt: Berta Cáceres aus Honduras, Vorkämpferin für die Rechte von Indigenen und den Erhalt der Umwelt, Marielle Franco, feministische Stadträtin in Rio de Janeiro, und Paulo Paulino Guajajara, ebenfalls aus Brasilien und Umweltaktivist im Bundesstaat Maranhão. Globale Solidarität heißt, dass wir das Andenken an sie hochhalten, Straßen und Plätze nach ihnen benennen und dafür sorgen, dass sie Eingang in die Geschichtsbücher und Unterrichtsmaterialien in den Schulen finden. Globale Solidarität heißt aber auch, unsere Kämpfe in dem Bewusstsein zu führen, dass die mutigen Aktionen zahlloser Aktivist*innen, die ihr Engagement ebenfalls mit ihrem Leben bezahlt haben, einer breiten Öffentlichkeit niemals bekannt geworden sind.

Ausblick

Wir haben nicht mehr viel Zeit! Kritik der Kritik des Alarmismus und die Dringlichkeit unseres Handelns

Nach der Niederschlagung der Bauernkriege im 16. Jahrhundert hieß es: »Geschlagen ziehen wir nach Haus, die Enkel fechten's besser aus.« Dieser Leitspruch hat nach wie vor seine Gültigkeit. Und dennoch sind die Voraussetzungen für soziale Bewegungen heute gänzlich andere. Die Umwelt- und Klimakrise droht, das Antlitz der Welt dramatisch zu verändern. Niemand kann zum heutigen Zeitpunkt sagen, ob es gelingen wird, den Planeten vor Verwüstung und Klimakollaps zu bewahren. Alarmismus ist deshalb unter gewissen Voraussetzungen keineswegs fehl am Platz.

Die weltweiten Bewegungen für Klimagerechtigkeit zeigen uns, was zu tun ist. Sie machen deutlich, dass unser Handeln hier und jetzt gefragt ist – wir müssen rasch, entschlossen, klug arbeitsteilig und radikal agieren. In Anlehnung an Naomi Klein ließe sich sagen, dass wir ein »aktivistisches Multitasking« brauchen:[1] Klimaschutz, Nord-Süd-Verhältnisse, Rassismus, Geschlechterverhältnisse, der Kampf gegen Armut – all das gehört zusammen. Globale Solidarität ist deshalb so zentral, weil diejenigen, die am meisten unter den Auswirkungen der Vielfachkrise leiden, diejenigen sind, die am wenigsten zu ihr beigetragen haben. Die Folgen der Erderhitzung werden auf bestehende gesellschaftliche Ungleichheiten und Ungerechtigkeiten treffen – eintreten wird nicht ein plötzliches und apokalyptisches »Ende der Welt«, sondern eine zunehmend prekäre Weltlage, in der sich die ohnehin schon Privilegierten in noch stärker abgeschotteten Rückzugsräumen einbunkern werden, während die Mehrheit der Menschen den Folgen der sozialen und ökologischen Verwüstungen mehr oder weniger schutzlos ausgesetzt sein wird.

Zweifelsohne wird der große systemische Wandel Zeit brauchen – doch Zeit ist gerade diejenige Ressource, die uns nicht mehr unbegrenzt zur Verfügung steht. Das Eingangsplädoyer dieses Buchs und die Bezugnahme auf die Aussage von Rudi Dutschke sollten diese Prämisse verdeutlichen. »Time is running out« – Schilder mit dieser und ähnlichen Aussagen sind auf den Klimademonstrationen häufig zu sehen. Vonnöten ist deshalb ein aufgeklärter Alarmismus,[2] bei dem nicht jedes Mal das »Ende der Welt« verkündet wird, aber gleichzeitig die sich verschärfenden Folgen der Klimakrise für immer mehr Menschen auf dieser Welt ernst genommen werden. Trotz der höchst unterschiedlichen Kampfvoraussetzungen können wir in vielen Fragen Anleihen bei sozialen Bewegungen der Vergangenheit nehmen – wir müssen das Rad nicht immer wieder neu erfinden. Mit dem vorliegenden Buch will ich dafür eine Reihe von Beispielen und Anregungen geben.

Entscheidend wird nicht zuletzt auch die Frage der Ergreifung des günstigen Moments für die kommenden Umbrüche sein. Neben vielen anderen Theoretiker*innen verwendete auch Walter Benjamin den Begriff des Kairos, also jenen Begriff aus der griechischen Mythologie, der wie kein anderer so treffend den »richtigen Augenblick«, den »günstigen Zeitpunkt«, aber auch das »richtige Maß« und den »richtigen Ort« für eine Entscheidung bezeichnet. Kairos grenzt sich von Chronos, der unakzentuiert und stetig vorbeiziehenden Zeit ab, wie der protestantisch-sozialistische Theologe Paul Tillich in den 1920er-Jahren betonte. Während wir zwar stetig an der sozial-ökologischen Transformation arbeiten müssen, gilt es, die Anzeichen für den Kairos zu erkennen, also für Momente und Orte, an denen sich historische Gelegenheitsfenster für Umbrüche öffnen. Denn fest steht: Veränderung und Fortschritt geschieht nicht von selbst, wie die deterministische Geschichtsphilosophie unterstellt. Progressive Veränderungen werden von sozialen Bewegungen gemacht, und zum Teil auch von NGOs, Parteien und Verbänden, von Gewerkschaften und Glaubensgemeinschaften – obwohl die Logik dieser Apparate einem grundlegenden Wandel nicht selten im Wege steht. Gleichzeitig muss voluntaristischen Ansätzen widersprochen werden, die davon ausgehen, dass es nur am Willen und an der Entschlossenheit der Aktivist*innen zur Überwindung der imperialen Lebensweise fehle. Vielmehr ergibt sich der Kairos aus einer komplexen Gemengelage: ohne objektive Reife keine Gelegenheit, ohne subjektives Eingreifen keine Veränderung.

Wann ein »richtiger Zeitpunkt«, wo ein »richtiger Ort« ist, kann nur in laufenden Suchprozessen bestimmt werden. Wann und wo sich die politischen Umwälzungen, die für die sozial-ökologische Transformation entscheidend sein werden, ereignen, lässt sich zum gegenwärtigen Zeitpunkt nicht sagen.

All das hindert uns nicht daran, schon jetzt nach den Maßstäben globaler Solidarität zu handeln. In den unterschiedlichen Kapiteln hoffe ich deutlich gemacht zu haben, dass wir »mehr sein müssen als der Reparaturbetrieb des globalen Kapitalismus«, wie es Vertreter*innen von medico international ausdrücken. In der Auseinandersetzung um Lieferkettengesetze, um die Vergesellschaftung und den radikalen Umbau klimaschädlicher Konzerne, um die Zurückdrängung von Ressourcenextraktivismus und Umweltzerstörung, um ein Verbot von klima- und umweltschädlicher Werbung, in den Kämpfen um Geschlechtergerechtigkeit, gegen Ausgrenzung von Minderheiten und Geflüchteten und vielem mehr mobilisieren soziale Bewegungen nicht nur entlang eines vermeintlichen Hauptwiderspruchs (Kapital vs. Arbeit), sondern mit Blick auf die Verschränkung verschiedener Ungleichheitsverhältnisse. Jede Krise hält potenziell auch den Kairos bereit, die große Transformation und den sozial-ökologischen Umbau einzuleiten.

Der Horizont von Freiheit, Gleichheit und globaler Solidarität

Radikale Demokratie besteht nicht in der wahllosen Ausweitung von scheinbaren Freiheiten, die in Wahrheit die Privilegien von wenigen sind. Es geht vielmehr um die gemeinsame Verantwortung, Privilegien zu beschränken, damit Freiheiten zum Wohle aller ausgeweitet werden können. Ein Stopp der sozial-ökologischen Raserei ist vonnöten. Wir müssen das individualistische Konkurrenzdenken, das sowohl zwischen den einzelnen Subjekten als auch zwischen unterschiedlichen »Wirtschaftsstandorten« vorherrscht, überwinden.

Kaum ein Konsumartikel symbolisiert heute die falsch verstandene Freiheit im Sinne der imperialen Lebensweise so treffend wie der überdimensionierte Sportwagen, der SUV. Jeder SUV, der uns begegnet, versinnbildlicht die zutiefst zerstörerische und ungerechte Weltordnung, in der wir leben: In den Materialien – Kupfer, Platin, Lithium oder Kobalt –, die in der Maschine verarbeitet sind, materialisiert sich der Ressourcenextraktivismus, der die Länder des globalen Südens zerstört; in seiner Masse und seinen Antrieb – sei er fossil oder elektrisch – materialisieren sich Feinstaubbelastung und Klimazerstörung; in seiner Größe die Platzverschwendung in unseren Städten und die Gefährdung von Nicht-Autofahrenden, vor allem von Kindern. SUVs werden ungleich häufiger von Männern geplant, entwickelt und genutzt – in ihnen manifestieren sich patriarchale Gewalt und Überlegenheitswahn. Sie sind die Maschine gewordene Aufkündigung von Solidarität. Demgegenüber ist jedes wirksame Lieferkettengesetz, ist jede Geschwindigkeitsbeschränkung, ist jeder neu errichtete Fahrradweg, ja ist jeder Zebrastreifen eine solidarische Errungenschaft. Diese normativen Richtlinien versinnbildlichen: »Stopp! Hier gilt nicht das Recht des Stärkeren.«

Ausgehend von diesen banal wirkenden Beispielen müssen emanzipatorische Errungenschaften und der Ausbau der sozial-ökologischen und gemeinwohlorientierten Infrastrukturen in unzähligen weiteren Bereichen ausgeweitet werden, bis alle Menschen innerhalb der ökologischen Grenzen des Planeten gleichermaßen in Fülle, in Sicherheit und Freiheit leben können.

Jean Ziegler zitiert in seinen Reden und Vorträgen oft einen Ausspruch Jean-Paul Sartres: »Um die Menschen zu lieben, muss man sehr stark hassen, was sie unterdrückt.« Wohlgemerkt: was sie unterdrückt, nicht wer sie unterdrückt. Denn es sind die strukturellen Gegebenheiten des globalen Kapitalismus, des Rassismus, Sexismus, Neokolonialismus und andere Unterdrückungsformen, die wir zurückdrängen müssen. Das heißt nicht, dass wir nicht klar benennen können, welche konkreten Institutionen und welche Menschen von den vorherrschenden Strukturen profitieren. Die Occupy-Bewegung hat diesen Umstand klar zum Ausdruck gebracht, indem sie angesichts der enormen Konzentration von Geldvermögen und politischer Macht mit ihrem Slogan »We are the 99 %« den überwiegenden Teil der Gesellschaft dem einen Prozent der extrem Privilegierten gegenüberstellte. Letztendlich geht es aber um eine lebenswerte Welt für alle. Von Ausbeutungsstrukturen sind Menschen in höchst unterschiedlichem Grad betroffen, was uns indessen eint, ist die Entfremdung, die der Kapitalismus uns tagtäglich aufoktroyiert.

Zurück zum Kairos: Kaum zu erwarten ist, dass es eine weitgehend zeitgleich einsetzende, weltweite Revolution geben kann – ungleich wahrscheinlicher sind zeitlich und geografisch versetzte Prozesse des Übergangs und des Wandels, die von Momenten des Bruchs mit der alten Ordnung auf immer neue Stufen gehoben werden. Soziale Bewegungen sind heute nicht in Erwartung einer millenarischen Erlösung, wie sie etwa Manès Sperber in seinem Jahrhundertroman *Wie eine Träne im Ozean* beschreibt und die unter vielen Kommunist*innen des 19. und 20. Jahrhunderts verbreitet war. Statt auf eine einmalig stattfindende Weltrevolution zu hoffen, ist es naheliegender, eine etappenweise sozialökologische Transformation voranzutreiben.

Fest steht: Selbst wenn in den nächsten Jahren und Jahrzehnten kein großer Durchbruch gelingen sollte, so ist es dennoch extrem wertvoll und wichtig, ja notwendig, gegen die voranschreitende Barbarei Zeit zu gewinnen und die Folgen von Krieg, Ausbeutung und Klimazerstörung abzumildern. Letztlich geht es auch um die Gewissheit, dass unser Aktiv-Sein immer etwas bewirkt, auch wenn das eigentliche Ziel möglicherweise verfehlt wird. Ein nicht unerheblicher Teil des Gelingens liegt im Tun selbst. Und nicht selten schlummern Protestdynamiken unter der Oberfläche weiter.

Ob sich genügend Menschen aktiv an den Prozessen des sozial-ökologischen Umbaus beteiligen werden, ob wir die richtigen Hebel finden und ob wir letztlich schnell genug sein werden – all das kann zum gegenwärtigen Zeitpunkt niemand sagen. Aber eines ist sicher: dass es ohne globale Solidarität nicht gehen wird, weil sie eine notwendige Bedingung ist – sowohl für die kollektive Selbstverteidigung gegen die Zerstörungsdynamiken des Kapitalismus als auch für die Pflege und den Erhalt der eigenen Würde.

Bis zum Ende seines Lebens war Karl Marx davon überzeugt, dass die Menschheit den objektiven Mangel noch lange nicht wird überwinden können; er ging davon aus, dass das Ungleichgewicht zwischen den ununterdrückbaren Bedürfnissen der Menschen und den verfügbaren Gütern noch lange andauern würde. Dieser objektive Mangel begleitete die Menschheit tatsächlich über lange Zeit. Doch seit mehreren Jahrzehnten wäre es aufgrund der Entwicklung der Produktivkräfte zum ersten Mal in der Geschichte möglich, die materiellen Grundbedürfnisse jedes Menschen auf dieser Welt zu befriedigen. Der Stand der Produktivkräfte macht es ohne Weiteres möglich, die materiellen Bedingungen für individuelle Emanzipation und Entfaltung zu schaffen. Das immaterielle Unglück, also der Tod, die Trauer, der Liebeskummer oder die Einsamkeit, werden wohl noch lange bleiben. Doch was wir klar wissen, ist, dass die ökonomische, politische und soziale Weltordnung heute nicht nur mörderisch, sondern im vollumfänglichen Sinne des Wortes absurd ist – sie tötet, und sie tötet ohne Notwendigkeit.

Das Kollektivsubjekt im Titel des Buches ist kein Zufall: Denn letztendlich können uns nur unsere kollektive Intelligenz und unsere gemeinsame Anstrengung dazu verhelfen, das Ruder herumzureißen. Die Zukunft ist offen, und zwar in alle Richtungen. Wir stehen vor dem Jahrhundertprojekt der sozial-ökologischen Transformation, das nur mit globaler Solidarität gelingen kann. Für unsere Arbeit brauchen wir einen langen Atem und mutige Hartnäckigkeit. Wir müssen die imperiale Lebensweise überwinden und globale soziale Gerechtigkeit innerhalb der ökologischen Grenzen unseres Planeten durchsetzen. Die revolutionäre Dringlichkeit dafür ist ohne Zweifel gegeben.

Anmerkungen

Einleitung

1 Demirović, Alex / Dück, Julia / Becker, Florian / Bader, Pauline (Hrsg.) (2011): VielfachKrise im finanzmarktdominierten Kapitalismus, VSA: Verlag; Krams, Mathias (2018): Die Klima- und Vielfachkrise der letzten Dekade. Dynamiken, Wechselwirkungen und Interventionsfelder, in: Kurswechsel 4/2018.
2 Eser, Patrick / Witthaus, Jan-Henrik (Hrsg.) (2020): Rechtswende in Lateinamerika?, Mandelbaum Verlag.
3 König, Elias (2022): Als würde die Erde brennen, in: Analyse & Kritik, 17.05.2022.
4 Oxfam (2022): Oxfam-Bericht zur sozialen Ungleichheit. Die Reichsten verdoppeln ihr Vermögen – während über 160 Millionen zusätzlich in Armut leben, 17.1.2022.
5 Hans-Böckler-Stiftung (2020): Corona-Krise verschärft Ungleichheit zwischen hohen und niedrigen Einkommen, auch Mitte droht zurückzufallen, Pressemitteilung, 19.11.2020.
6 Transact (2020): Klimakämpfe zwischen Vielfachkrise und globaler Gerechtigkeit, in: welche-gesellschaft.org, 08.01.2020.
7 Ziegler, Jean (2015): Ändere die Welt! Warum wir die kannibalische Weltordnung stürzen müssen, Bertelsmann Verlag.
8 Brand, Ulrich (2010): Bedingungen und Möglichkeiten kritischer Wissenschaft, in: Sozialistische Politik und Wirtschaft, S. 181.
9 Birkner, Martin (Hrsg.) (2022): Emanzipatorische Wissenschaftskritik in Zeiten von Klimakrise und Pandemie, Mandelbaum Verlag.
10 Marx, Karl (1976 [1844]): Zur Kritik der Hegelschen Rechtsphilosophie. Einleitung, in: Marx, Karl / Engels, Friedrich: Werke, Bd. 1, Dietz, S. 381.

1 Strukturelle Gewalt: Die sozial-ökologische Krise und ihre Ursachen

1 Der folgende Abschnitt beruht in Teilen auf: Behr, Alexander (2022): Wird die Welt nicht immer besser? Indikatoren des Wohlstands auf dem Prüfstand, Ö1, Radiobeitrag, 04.05.2022.
2 Unicef (2019): Neue Zahlen zu Kindersterblichkeit und Müttersterblichkeit, 19.10.2019.
3 Öko-Invest (2021): Oeko-Invest Rundbrief 704; Statista.com (2022): Ent-

wicklung der weltweiten Exporte im Warenhandel von 1948 bis 2020.
4 Philip Alston zit. n. Grebenjak, Manuel (2020): Wie sich die Welt bei der Armutsbekämpfung selbst belügt, in: Der Standard, 16.07.2020.
5 Ebd.
6 Ebd.
7 Ebd.
8 Ebd.
9 Ebd.
10 Behr, Alexander (2017): »Es gibt genügend Nahrungsmittel«. Interview mit Jean Ziegler, in: taz, 19.04.2017.
11 Aloh (2022): Weltweiter Agrarmarkt gerät ins Wanken, in: orf.at, 05.03.2022.
12 Shalini Randeria zit. n. Behr, Alexander (2022): Wird die Welt nicht immer besser? Indikatoren des Wohlstands auf dem Prüfstand, Ö1, Radiobeitrag, 04.05.2022.
13 Ebd.
14 Das politische Agieren von Hans Rosling hat auch begrüßenswerte Seiten. Beispielsweise sprach er sich für eine humane Flüchtlingspolitik aus, wie er in einem Youtube-Video mit dem Titel *Why Boat Refugees Don't Fly* zum Ausdruck brachte.
15 Slobodian, Quinn (2019): Globalisten. Das Ende der Imperien und die Geburt des Neoliberalismus, Suhrkamp.
16 Mayer, David / Molden, Berthold (2021): Ursprünge des autoritären Neoliberalismus im Roten Wien, in: a&w-blog, 04.05.2021.
17 Pletter, Roman (2018): Die Laffer-Kurve, in: Die Zeit, 25.04.2018.
18 orf.at (2019): 2,2 Mrd. Euro pro Tag mehr für Milliardäre, 21.01.2019.
19 Poelchau, Simon (2020): Teures Unternehmen. Der Fall Lufthansa zeigt exemplarisch, dass Verstaatlichungen selten dem Allgemeinwohl dienen, in: Analyse & Kritik, 17.08.2020.
20 Stern (2022): Das sind die 30 reichsten Deutschen, in: stern.de, 12.04.2022.
21 ver.di Publik 3/2013.
22 Oberansmayr, Gerald (o. J.): Konzerne zahlen immer weniger, Blog-Beitrag, in: Solidarwerkstatt.
23 Thomas Dunning zit. n. Marx, Karl (1962 [1867]): Das Kapital. Kritik der politischen Ökonomie, Bd. 1, Dietz, S. 788.
24 Friedrichs, Julia / Spinrath, Andreas (2018): Wie viel Macht hat dieser Mann?, in: Die Zeit, 02.05.2018.
25 statista.com (2021): Statistiken zur Weltwirtschaft.
26 Rau, Milo (2017): Das Kongo Tribunal, Dokumentarfilm.
27 Haiven, Max (2019): The colonial secrets of Canada's most racist city, in: Roar Magazine, 13.02.2019.
28 Speckmann, Guido (2017): Die Paradise Papers werden wenig ändern, in: Analyse & Kritik, 14.11.2017.
29 Fischermann, Thomas (2017): Zonen der Gesetzlosen, in: Die Zeit, 09.11.2017.
30 medico international (2018): rundschreiben 3/2018; O. V. (2010): Die wahren Betrüger des Sozialstaats, in: klartext 7/2010.
31 Toussaint, Eric (2019): Revolutionen der Steuerzahler*innen, in: Analyse & Kritik, 15.01.2019.
32 Brooke Harrington zit. n. Friedrichs, Julia / Spinrath, Andreas (2018): Wie viel Macht hat dieser Mann?, in: Die Zeit, 02.05.2018.
33 Marx, Karl (1962 [1867]): Das Kapital. Kritik der politischen Ökonomie, Bd. 1, Dietz, S. 529 f.
34 Ebd., S. 744.
35 Ebd., S. 660 u. 744.
36 Ebd., S. 664.
37 Ebd., S. 694.
38 Ebd., S. 697.

39 Federici, Silvia (2022): Anmerkungen zu Marx und Ökologie, in: Das Klima des Kapitals. Gesellschaftliche Naturverhältnisse und Ökonomiekritik, Dietz.
40 Luxemburg, Rosa (1913): Die Akkumulation des Kapitals. Ein Beitrag zur ökonomischen Erklärung des Imperialismus, Buchhandlung Vorwärts Paul Singer.
41 Samir, Amin (2011): The Trajectory of Historical Capitalism and Marxism's Tricontinental Vocation, in: Monthly Review, 62(9). Werlhof, Claudia von / Mies, Maria u. a. (1988): Frauen, die letzte Kolonie. Zur Hausfrauisierung der Arbeit, Rowohlt; Federici, Silvia (2017): Caliban und die Hexe. Frauen, der Körper und die ursprüngliche Akkumulation, Mandelbaum Verlag; Dalla Costa, Mariarosa / James, Selma (1973): Die Macht der Frauen und der Umsturz der Gesellschaft, Merve Verlag; Dalla Costa, Mariarosa (2022): Frauen und der Umsturz der Gesellschaft, UNRAST.
42 Harvey, David (2010): Den antikapitalistischen Übergang organisieren, Supplement der Zeitschrift Sozialismus 11/2010, S. 2.
43 Weltagrarbericht: Bäuerliche und industrielle Landwirtschaft, www.weltagrarbericht.de/themen-des-weltagrarberichts/baeuerliche-und-industrielle-landwirtschaft.html.
44 Brot für die Welt (o. J.): Fluchtursache Landraub. Was tun, wenn das Land knapp ist?
45 Bernau, Olaf (2022): Brennpunkt Westafrika. Die Fluchtursachen und was Europa tun sollte, C. H. Beck.
46 Opitz, Florian (2018): System Error, www.systemerror-film.de/.
47 Behr, Alexander (2018): Langsames Wachstum, schneller Ruin, in: orf.at, 07.01.2018.
48 Der folgende Abschnitt beruht in Teilen auf: Behr, Alexander (2017): Umgewidmete Entwicklungshilfe, in: orf.at, 29.10.2017; Behr, Alexander (2017): Wenn Entwicklungshilfe dem Grenzschutz dient, in: brennstoff 51.
49 Bojadžijev, Manuela (2008): Die windige Internationale, Westfälisches Dampfboot.
50 Samir Amin hat für oben beschriebene Formen der Krisenbearbeitung im globalen Kapitalismus die Begriffe »generalized apartheid« sowie »world apartheid« verwendet: Amin, Samir (2011): The Trajectory of Historical Capitalism and Marxism's Tricontinental Vocation, in: Monthly Review, 62(09). Étienne Balibar hat in Bezug auf die Illegalisierung von Migrant*innen in der EU den Begriff »europäische Apartheid« benutzt, Balibar zit. n. Bojadžijev, Manuela (2008): Die windige Internationale, Westfälisches Dampfboot, S. 282.
51 Jakob, Christian / Schlindwein, Simone (2017): Diktatoren als Türsteher Europas. Wie die EU ihre Grenzen nach Afrika verlagert, Ch. Links Verlag.
52 Heisterkamp, Lucia (2019): Zusammenarbeit mit umstrittenen Milizen EU stoppt Migrationspakt mit Sudan, in: Der Spiegel, 19.08.2019.
53 Mebrhatom, Filimon, unter Mitarbeit von Alexander Behr (2020): Ich will doch nur frei sein. Wie ich nach Unterdrückung, Gefangenschaft und Flucht weiter für eine Zukunft kämpfe, Komplett Media.
54 Ebd., S. 13 f.
55 Aufgrund der anhaltenden Kritik von sozialen Bewegungen und kritischen Journalist*innen musste Frontex-Chef Fabrice Leggeri Ende April 2022 zurücktreten.
56 Al-Youssef, Muzayen / Pucher, Johannes (2021): EU investiert Millionen in Forschung zu Drohnen und

Lügendetektoren an den Grenzen, in: Der Standard, 20.06.2021.

57 UNITED Against Refugee Deaths (2021): List of 44 764 documented deaths of refugees and migrants due to the restrictive policies of »Fortress Europe«.

58 Eckart, Sabine (2018): Krise der Migration … oder Krise der Solidarität?, in: medico international, 03.09.2018.

59 Brand, Ulrich / Wissen, Markus (2017): Imperiale Lebensweise Zur Ausbeutung von Mensch und Natur im globalen Kapitalismus, oekom verlag.

60 VIDC (2021): Klimakrise befeuert Vertreibung, Bericht von der Podiumsdiskussion am 4. November 2021 mit Adil Najam, Raya Muttarak und Jane Linekar.

61 Migazin (2021): Es trifft die Ärmsten. Weltbank warnt vor massiver Binnenflucht aufgrund von Klimawandel, 13.09.2021.

62 Lindinger, Manfred (2021): Immer mehr Menschen von Hochwasserfluten bedroht, in: FAZ, 04.08.2021.

63 VIDC (2021): Klimakrise befeuert Vertreibung, Bericht von der Podiumsdiskussion am 4. November 2021 mit Adil Najam, Raya Muttarak und Jane Linekar; Langer, Markus (2021): Meine Hoffnung liegt bei der Jugend, Interview mit Adil Najam, in: Kirchenzeitung, 25.11.2021.

64 Buckel, Sonja / Kopp, Judith (2021): Das Recht, nicht gehen zu müssen, AK Wien.

65 Brand, Ulrich / Wissen, Markus (2017): Imperiale Lebensweise. Zur Ausbeutung von Mensch und Natur im globalen Kapitalismus, oekom verlag.

66 Brand, Ulrich (2011): Strategien und Kontinuitäten in der Vielfachkrise, in: LuXemburg 2/2011.

67 U.a. I.L.A. Kollektiv (Hrsg.) (2017): Auf Kosten Anderer? Wie die imperiale Lebensweise ein gutes Leben für alle verhindert, oekom verlag; I.L.A. Kollektiv (2019): Das Gute Leben für Alle: Wege in die solidarische Lebensweise, oekom verlag; Book, Carina / Huke, Nikolai u.a. (2019): Alltägliche Grenzziehungen. Das Konzept der »imperialen Lebensweise«, Externalisierung und exklusive Solidarität und seine Implikationen, Westfälisches Dampfboot; Gabriel, Leo Xavier (Hrsg.) (2022): Zur imperialen Lebensweise, Mandelbaum Verlag.

68 Maurer, Katja (2015): Verunsichernde Zeiten, in: medico international, 22.12.2015.

69 Chuang (2020): Soziale Ansteckung. – Mikrobiologischer Klassenkampf in China, in: wildcat, 24.09.2020.

70 Shah, Sonia (2020): Von Tier zu Mensch, in: taz, 24.09.2020.

71 Lessenich, Stephan (2016): Neben uns die Sintflut. Die Externalisierungsgesellschaft und ihr Preis, Hanser Verlag, S. 67.

72 Tagesschau (2021): IPCC-Bericht zur Erderwärmung. Kritische Marke bereits 2030 erreicht, 09.08.2021.

73 Tagesschau (2021): Berichtsentwurf des Weltklimarats: »Das Schlimmste kommt erst noch«, 23.06.2021.

74 Reuters: The Reuters Hot List, 20.04.2021.

75 orf.at: Klimawandel für AfD »Irrlehre«, 23.03.2018.

76 Müller, Tadzio (2019): Klima, Kohle, Kommission, in: Analyse & Kritik, 19.02.2019.

77 Rich, Nathaniel (2019): Losing Earth, Rowohlt.

78 Der Spiegel (2017): Harvard-Studie. Wie ExxonMobil Zweifel an Klima-Forschung streute, 24.08.2017.

79 3sat (2019): Klimaklagen gegen die Ölindustrie, 19.08.2019.

80 Bernau, Olaf (2016): Trotz aller Mängel ein Erfolg. Das Pariser Klimaabkommen ist Ausdruck veränderter Kräfteverhältnisse, in: Analyse & Kritik, 19.01.2016.
81 Zeller, Christian (2021): Erhitzt und verdichtet. Der Klimabruch verlangt den gesellschaftlichen Bruch, in: Analyse & Kritik, 17.08.2021.
82 Behr, Alexander (2018): Zwischen Energiewende und Greenwashing, Radiobeitrag, in: Ö1, 23.10.2018.
83 Kollmeiner, Alfred (2019): Die eigene Mast als Schlankheitskur erleben. In den imperialen Zentren sinken die Kohlenstoffemissionen. Doch der Konsum CO_2-intensiver Güter steigt, in: Analyse & Kritik, 18.06.2019.
84 Ebd.
85 Kontrast (2021): Klimapolitik muss die extrem Reichen treffen, 05.11.2021; Buckel, Sonja / Kopp, Judith (2021): Das Recht, nicht gehen zu müssen, AK Wien.
86 Möller, Hanna (2021): Klimawandel und Migration, in: Medienportal Uni Wien, 09.06.2021.
87 Buckel, Sonja / Kopp, Judith (2021): Das Recht, nicht gehen zu müssen, AK Wien.

2 Globale Solidarität gestern und heute

1 Buck-Morss, Susan (2011): Hegel und Haiti. Für eine neue Universalgeschichte, Suhrkamp.
2 Honneth, Axel (2015): Die Idee des Sozialismus. Versuch einer Aktualisierung, Suhrkamp, S. 32.
3 Behr, Alexander (2022): Proletarier aller Länder? Geschichte und Gegenwart der Internationalen Arbeiterassoziationen, Radiobeitrag, in: Ö1, 09.02.2022.
4 Linden, Marcel van der (2017): Workers of the World. Eine Globalgeschichte der Arbeit, Campus, Kapitel 12.
5 Brand, Ulrich (2010): Internationale Politik, in: Sieder, Reinhard / Langthaler, Ernst (Hrsg.): Globalgeschichte 1800–2010, Böhlau Verlag.
6 Ziegler, Jean (2014): Retournez les fusils! Choisir son camp, Éditions du Seuil.
7 Studer, Brigitte (2020): Reisende der Weltrevolution. Eine Globalgeschichte der Kommunistischen Internationale, Suhrkamp, S. 14 f.
8 Ebd., S. 17.
9 Ebd., S. 19.
10 Ebd., S. 29.
11 Ebd., S. 543.
12 Bensaïd, Daniel (1998): The Formative Years of the Fourth International, 1933–1938, in: Notebooks for Study and Research 9/1998; Alexander, Robert J. (1991): International Trotskyism, 1929–1985: a documented analysis of the movement, Duke University Press.
13 Zelik, Raul (2020): Wir Untoten des Kapitals. Über politische Monster und einen grünen Sozialismus, Suhrkamp.
14 Zimmermann, Susan (2021): Frauenpolitik und Männergewerkschaft. Internationale Geschlechterpolitik, IGB-Gewerkschafterinnen und die Arbeiter- und Frauenbewegungen der Zwischenkriegszeit, Löcker.
15 Featherstone, David (2014): Solidarity. Hidden Histories and Geographies oft Internationalism, Zed Books.
16 Kanzleiter, Boris (2020): Globale Solidarität. Für einen Internationalismus der Zukunft, Rosa-Luxemburg-Stiftung, S. 24.
17 Marx, Karl (1976 [1844]): Zur Kritik der Hegelschen Rechtsphilosophie. Ein-

leitung, in: Marx, Karl / Engels, Friedrich: Werke, Bd. 1, Dietz, S. 385.

18 Auszüge aus diesem und dem nächsten Kapitel beruhen auf folgendem Text: Behr, Alexander / Ngwane, Trevor (2018): Postkolonialer Internationalismus. Notizen zur Re-Definierung von Nord-Süd-Solidarität im 21. Jahrhundert, in: Becker, Britta / Grimm, Maren u. a.: Zum Beispiel: BASF. Über Konzernmacht und Menschenrechte, Mandelbaum Verlag.

19 Hierlmeier, Josef (2002): Eine Einführung in die Ideengeschichte des Internationalismus. Von Vietnam bis Genua, Schmetterling Verlag.

20 Phase 2 (2010): Internationalistische Praxis nach dem Internationalismus? Interviews mit Vertreter*innen von NoLager/transact!, Stop the Bomb und FelS, in: Phase 2. Zeitschrift gegen die Realität 37.

21 Krawinkel, Moritz (2022): Solidarität muss kritisch bleiben. Interview mit Dieter Müller, in: medico-rundschreiben 1/2022.

22 Kastner, Jens (2021): Das Nein für ein weltweites Morgen, in: Analyse & Kritik, 20. 04. 2021.

23 Holloway, John (2002): Die Welt verändern, ohne die Macht zu übernehmen, Westfälisches Dampfboot.

24 Kanzleiter, Boris (2020): Globale Solidarität. Für einen Internationalismus der Zukunft, Rosa-Luxemburg-Stiftung, S. 24.

25 Brand, Ulrich / Dietz, Kristina (2022): Chile, Kolumbien, Brasilien: Lateinamerika vor einer neuen Linkswende?, in: Blätter für deutsche und internationale Politik 3/2022.

26 Bojadžijev, Manuela (2008): Die windige Internationale, Westfälisches Dampfboot.

27 Edelman, Marc / Borras, Saturnino M. Jr. (2016): Political Dynamics of Transnational Agrarian Movements, Agrarian Change and Peasant Studies Series, Practical Action Publishing.

28 Civicus (2020): State of Civil Society Report 2020.

29 Süß, Dietmar / Torp, Cornelius (2021): Solidarität. Vom 19. Jahrhundert bis zur Corona-Krise, Dietz.

30 Bude, Heinz (2019): Solidarität. Die Zukunft einer großen Idee, Hanser, S. 45.

31 Kastner, Jens (2020): Solidarität zwischen Staat und Anarchie, in: Ne znam. Zeitschrift für Anarchismusforschung 9.

32 Altreiter, Carina / Flecker, Jörg (2019): Umkämpfte Solidaritäten. Spaltungslinien in der Gegenwartsgesellschaft, Promedia Verlag.

33 BUKO (Hrsg.) (2003): radikal global. Bausteine für eine internationalistische Linke, Assoziation A.

34 Bayertz, Kurt (1998): Solidarität. Begriff und Problem, Suhrkamp.

35 Susemichel, Lea / Kastner, Jens (2018): Identitätspolitiken. Konzepte und Kritiken in Geschichte und Gegenwart der Linken, UNRAST, S. 138.

36 medico international (2018): 1968–2018. 50 Jahre medico.

37 Eibisch, Jonathan (2022): Unbedingte Solidarität. Ein brandaktueller Sammelband zu einem links-emanzipatorischen Grundbegriff, in: graswurzelrevolution 467.

38 Kastner, Jens (2020): Solidarität zwischen Staat und Anarchie, in: Ne znam. Zeitschrift für Anarchismusforschung 9.

39 Ebd., S. 105 ff.

40 Ebd., S. 106.

41 Adamczak, Bini (2017): Beziehungsweise Revolution. 1917, 1968 und kommende, Suhrkamp, S. 259.

42 Ebd., S. 284.

43 Kastner, Jens (2019): Vorwärts und fast vergessen, in: Jungle World, 25. 04. 2019.

3 Falsche Alternativen

1 Behr, Alexander (2021): Revolutionäre Dringlichkeit: Thesen zu den Voraussetzungen und Umsetzungsstrategien für globale Solidarität in Zeiten der Klimakrise, in: Susemichel, Lea / Kastner, Jens (Hrsg.): Unbedingte Solidarität, UNRAST.

2 Rau, Milo (2017): Was bleibt vom linken Traum?, in: Die Zeit, 19.10.2017.

3 Sperber, Manès (1993 [1975]): Die vergebliche Warnung, Fischer Verlag, S. 43.

4 Ebd., S. 45.

5 Ebd., S. 92.

6 Manès Sperber zit. n. Schmidt, Birgit (2005): Der Philosoph des Irrtums. Zum 100. Geburtstag des Individualpsychologen und Schriftstellers Manès Sperber, in: Jungle World, 07.12.2005.

7 Adamczak, Bini (2017): Der schönste Tag im Leben des Alexander Berkman. Vom möglichen Gelingen der Russischen Revolution, edition assemblage.

8 Adamczak, Bini (2011): gestern morgen. Über die Einsamkeit kommunistischer Gespenster und die Rekonstruktion der Zukunft, edition assemblage; Adamczak, Bini (2017): Beziehungsweise Revolution. 1917, 1968 und kommende, Suhrkamp.

9 Kohlmann, Ulrich (Hrsg.) (2001): Dewey, Kautsky, Trotzki. Politik und Moral. Die Zweck-Mittel-Debatte in der neueren Philosophie und Politik, Zu Klampen Verlag; Wallat, Hendrik (Hrsg.) (2014): Gewalt und Moral. Eine Diskussion der Dialektik der Befreiung, UNRAST; Wemheuer, Felix (Hrsg.) (2014): Linke und Gewalt. Pazifismus, Tyrannenmord, Befreiungskampf, Promedia Verlag; Engelschall, Titus / Müller, Elfriede u. a. (2019): Revolutionäre Gewalt. Ein Dilemma, Mandelbaum Verlag.

10 Mebrhatom, Filimon, unter Mitarbeit von Alexander Behr (2020): Ich will doch nur frei sein. Wie ich nach Unterdrückung, Gefangenschaft und Flucht weiter für eine Zukunft kämpfe, Komplett Media.

11 Behr, Alexander (2017): Pulverfass Äthiopien: Zwischen Wirtschaftsboom und Repression, Radiobeitrag, in: Ö1, 09.01.2017; Ziegler, Jean (1992): Der Sieg der Besiegten. Unterdrückung und kultureller Widerstand, Hammer Verlag.

12 Brecht, Bertolt (1981 [1936]): An die Nachgeborenen, in: ders.: Die Gedichte, Suhrkamp, S. 725.

13 In dem 2020 erschienenen Zukunftsroman *The Ministry of the Future* von Kim Stanley Robinsons geht es auch um die Gewaltfrage: Robinson beschreibt angesichts der sich verschärfenden Klimakrise die Zerrissenheit der Aktivist*innen zwischen der Philosophie der Gewaltlosigkeit von Gandhi und dem Einsatz von gewaltvollen Mitteln, um die Klimakatastrophe abzuwenden, vgl. Stanley, Kim (2020): The Ministry for the Future, Orbit/Hachette Book Group.

14 Ziegler, Jean (2015): Ändere die Welt! Warum wir die kannibalische Weltordnung stürzen müssen, Bertelsmann Verlag, S. 120.

15 Verein Rettet die Lobau – Natur statt Beton (2022): #LOBAUBLEIBT jetzt in ganz Wien, in: Zeitung der LB-Bewegung, 15.04.2022.

16 Roth, Karl Heinz (2011): Das Weltproletariat im Werden, in: LuXemburg 2/2011, S. 21.

17 Kern, Bruno (2020): Das Märchen vom grünen Wachstum. Plädoyer für eine solidarische und nachhaltige Gesellschaft, Rotpunkt Verlag.

18 Salzburger Nachrichten (2021): Kurz will Klimawandel ohne Verzicht bekämpfen, 22. 07. 2021.
19 Vgl. Huth, Katharina / Joeres, Annika (2021): Wasserstoff ist kein Allheilmittel in der Klimakrise, in: Correktiv, 23. 06. 2021.
20 Wiedenhofer, Dominik / Virág, Doris / Kalt, Gerald u. a. (2020): A systematic review of the evidence on decoupling of GDP, resource use and GHG emissions, part II: synthesizing the insights, in: Environmental Research Letters 6/2020.
21 Helmut Haberl zit. n. Behr, Alexander (2022): Degrowth. Ohne Wachstum in eine bessere Zukunft?, Radiobeitrag, in: Ö1, 17. 01. 2022.
22 Ebd.
23 Kollmeier, Alfred (2019): Die eigene Mast als Schlankheitskur erleben, in: Analyse & Kritik, 18. 06. 2019.
24 O. V. (2021): Schweden als Spitzenreiter: CO_2-Steuern in Europa, in: Kleine Zeitung, 04. 10. 2021.
25 Pomrehn, Wolfgang (2021): RWE: Zusatzgewinne durch Emissionshandel, in: heise.de, 21. 09. 2021.
26 Kathleen McAfee zit. n. Behr, Alexander (2018): Zwischen Energiewende und Greenwashing. Im amerikanischen Klima-Vorreiter-Bundesstaat Kalifornien wird heftig um die richtige Klimapolitik gerungen, Radiobeitrag, in: Ö1, 23. 10. 2018.
27 Geoengineering Technologie-Briefing (2021): Stratospheric Aerosol Injection (SAI), Heinrich-Böll-Stiftung.
28 Kreutle, Manuel (2019): Kämpfe um das globale Thermostat. Eingriffe in das Klimasystem bedeuten mehr Macht für das Militär und bergen geopolitische Risiken, in: Analyse & Kritik, 19. 2. 2019.
29 Ressler, Oliver (2020): Carbon and Captivity, 33 Min., 4K, www.ressler.at/carbon_and_captivity/.
30 Positionspapier und alles Weitere zur Kampagne: www.klimascheinloesungen.de/.
31 Klein, Naomi (2017): NO is not enough. Resisting Trump's Shock Politics and winning the world we need. Haymarket books.
32 Mabanza, Boniface (2019): Aus Niederlagen lernen. Für eine radikale Erneuerung der Demokratie, Frankfurt am Main, 16.–17. 5. 2019.
33 Engelhard, Kerstin (2019): Öl im Paradies, in: Spektrum, 14. 03. 2019.
34 Federici, Silvia (2017): Caliban und die Hexe. Frauen, der Körper und die ursprüngliche Akkumulation, Mandelbaum Verlag.
35 Scheidler, Fabian (2021): Der Stoff, aus dem wir sind. Warum wir Natur und Gesellschaft neu denken müssen, Piper; Merchant, Carolyn (2020): Der Tod der Natur. Ökologie, Frauen und neuzeitliche Naturwissenschaft, oekom verlag.
36 De Sousa Santos, Boaventura: Für eine neue elfte These. Um den Dualismus Natur-Gesellschaft zu überwinden, müssen wir über Marx' Feuerbach-Kritik hinausgehen, in: Analyse & Kritik, 20. 08. 2019.
37 Harmann, Kathrin (2021): Verraten und verkauft. Naturzerstörung durch Greenwashing unter dem Deckmantel der Nachhaltigkeit, Greenpeace.
38 Rudhof-Seibert, Thomas (2018): Textilindustrie. Fünf Jahre nach Rana Plaza, in: medico international, 24. 04. 2018.
39 Hoepke, Simone (2021): Schokolade: Internationaler Machtkampf um die Kakao-Bohne, in: Kurier 21. 05. 2021.
40 O. V. (2020): Lieferketten sind Menschenketten, Südwind.
41 Hütz-Adams, Friedel (2019): Menschenrechtsverletzungen im Kakaoan-

bau: Warum wir ein Lieferkettengesetz brauchen, INKOTA-Netzwerk.
42 Jung, Anne (2019): Recht auf Profit oder Menschenrechte?, in: medico international, 04.04.2019.
43 Schmid, Bernard (2021): Kongo: Armes reiches Land, in: Archipel 299, 15.01.2021.
44 Kelly, Annie (2019): Apple and Google named in US lawsuit over Congolese child cobalt mining deaths, in: The Guardian, 16.12.2019.
45 Manfred Nowak zit. n. Behr, Alexander (2021): Verantwortung ist gut, Gesetze sind besser. Mit Recht gegen Ausbeutung und Umweltzerstörung, Radiobeitrag, in: Ö1, 09.06.2021.
46 Human Rights Watch (2017): G20-Gipfel der Arbeitsminister: Menschenrechte in Lieferketten schützen, 17.05.2017.
47 ILO / Walk Free Foundation (Hrsg.) (2017): Global estimates of modern slavery: forced labour and forced marriage.
48 Public Eye (2020): Verbotene Pestizide: EU exportiert über 80.000 Tonnen, ein Drittel davon stammt von Syngenta, 10.09.2020.

4 Das Jahrhundertprojekt der sozial-ökologischen Transformation

1 Solty, Ingar (2016): Ein transnationaler Antiimperialismus. Eine neue antiimperialistische Praxis setzt eine neue Theorie des Imperialismus voraus, in: Analyse & Kritik, 19.04.2016.
2 Birkner, Martin (2018): Multitude statt Klasse, in: Analyse & Kritik, 17.04.2018.
3 Ebd.
4 Lea Susemichel und Jens Kastner weisen darauf hin, dass es auch in der oben erwähnten LGSM zu politischen Konflikten kam. Schon vor der gemeinsamen Demonstration mit den Streikenden in London spaltete sich ein Großteil der lesbischen Mitglieder ab, um feministische Inhalte stärker in den Fokus zu rücken; Susemichel, Lea / Kastner, Jens (2021) (Hrsg.): Unbedingte Solidarität, UNRAST.
5 Klein, Naomi (2019): Warum nur ein Green New Deal unseren Planeten retten kann, Hoffmann und Campe, S. 203.
6 Habermann, Friederike (2020): Mit den Anderen solidarisch. Die kanadische Postgewerkschaft versteht sich als transformative Kraft im Kampf gegen den Klimawandel, in: Analyse & Kritik, 17.08.2020.
7 Laboutnet (2020): Taking Sides – The Story Of The Workers Aid Convoys, in: Newsletter von labounet, 03.08.2020.
8 welche-gesellschaft.org (2020): August 2008: AntiRa-Klima-Camp in Hamburg.
9 Hirsch, Joachim: Radikaler Reformismus, in: Brand, Ulrich / Lösch, Bettina u.a. (Hrsg.) (2007): ABC der Alternativen, VSA: Verlag.
10 Stadt-AG der Interventionistischen Linken Berlin (2018): Die sozialistische Stadt. Ein radikaler Vorschlag, um die Wohnungskrise in Berlin zu lösen, in: Analyse & Kritik, 20.03.2018.
11 Malm, Andreas (2020): Wie man eine Pipeline in die Luft jagt. Kämpfen lernen in einer Welt in Flammen, Matthes & Seitz, S. 146.
12 Kahr, Elke (2021): Facebook-Post, 31.10.2021.
13 Ebd.

14 Wright, Erik O. (2017): Reale Utopien. Wege aus dem Kapitalismus, Suhrkamp.
15 Behr, Alexander (2017): Die wahren Kosten des Konsums, in: orf.at, 17.06.2017.
16 Ulrich Brand zit. n. ebd.
17 Bolyos, Lisa / Behr, Alexander (2008): Schlafende Riesen? Kritik des kritischen Konsums und Thesen zu Brüchigkeiten in der Wertschöpfungskette, in: Kurswechsel 3/2008.
18 Transact (2020): Klimakämpfe zwischen Vielfachkrise und globaler Gerechtigkeit. Das Netzwerk transact im Streitgespräch.
19 Ebd.
20 Behr, Alexander (2013): Landwirtschaft – Migration – Supermärkte. Ausbeutung und Widerstand entlang der Wertschöpfungskette von Obst und Gemüse, Dissertation, Universität Wien.
21 Statista (2022): Ranking der Top-10-Werbungtreibenden in Deutschland von Januar bis Dezember 2021.
22 Statista (2021): Entwicklung der Bruttoausgaben der Automobilhersteller für Werbung in Deutschland von 2013 bis 2020.
23 Thieme, Thomas (2020): Werbung: Diese Marken und Branchen geben am meisten aus, in: Absatzwirtschaft, 24.01.2020.
24 Die Zeit, 14.02.2019.
25 Graeber, David (2019): Bullshit-Jobs. Vom wahren Sinn der Arbeit, Klett-Cotta.
26 Schneider, Norbert F. (2000): Konsum und Gesellschaft, in: Rosenkranz, Doris / Schneider, Norbert F. (Hrsg.): Konsum. Soziologische, ökonomische und psychologische Perspektiven, S. 9–22.
27 kontrast.at (2021): Klimapolitik muss die extrem Reichen treffen, 05.11.2021.
28 Bourdieu, Pierre (2012): Die feinen Unterschiede. Kritik der gesellschaftlichen Urteilskraft, Suhrkamp, S. 107.
29 SPD/Grüne/FDP (2021): Mehr Fortschritt wagen: Bündnis für Freiheit, Gerechtigkeit und Nachhaltigkeit. Koalitionsvertrag zwischen der SPD, Bündnis 90/Die Grünen und FDP, 24.11.2021, S. 36.
30 Hägler, Max (2021): Automobilbranche: Lass uns Freunde bleiben, in: Süddeutsche Zeitung, 09.09.2021.
31 Daniel Hausknost zit. n. Diskurs. Das Wissenschaftsnetz (2020): Wie weiter nach Corona: Wirtschaftswachstum und Klimaziele? Umdenken bei Infrastrukturen und Investitionen erforderlich, Pressekonferenz, 22.09.2020.
32 Gudynas, Eduardo (2012): Buen Vivir: Das Gute Leben jenseits von Entwicklung und Wachstum, Rosa-Luxemburg-Stiftung.
33 Zimmermann, Maria (2022): Der Auftrag lautet: Handeln. Jetzt, in: Salzburger Nachrichten, 05.07.2022.
34 www.degrowthvienna.org.
35 Steinwender, Lucia (2020): Keine Staatshilfen für Klimakiller: Warum wir die Autoindustrie vergesellschaften müssen, in: mosaik-blog, 09.04.2020.
36 Steinwender, Lucia / Foissner, Franziska (2021): Arbeitskampf for Future. Verbindungen zwischen den Kämpfen der Arbeiter*innen- und Klimagerechtigkeitsbewegung: ein Praxisbericht. Vortrag auf dem Momentum-Kongress 2021. Hallstatt, 14.–17.10.2021.
37 Nowotny, Marlene (2020): Luftfahrtkrise könnte Klimachance sein, in: science.orf.at, 16.04.2020.
38 Brand, Ulrich / Högelsberger, Heinz (2020): Staatshilfen für die Luftfahrt nur unter bestimmten Bedingungen, in: Wiener Zeitung, 14.04.2020.
39 Kallis, Giorgos / Paulson, Susan (2022): Gegen Wachstum! Degrowth:

Argumente und Strategien, Mandelbaum Verlag; Schmelzer, Matthias / Vetter, Andrea (2019): Degrowth, Junis Verlag; oekom verlag (2021): Postwachstumsökonomie: 13 Buchtipps zu Degrowth, Suffizienz und mehr, 05.10.2021.

40 Behr, Alexander (2018): Fülle statt Überfluss. Ulrich Brand und Alberto Acosta fordern eine radikale Wende, in: neues deutschland, 14.04.2018.

41 Bello, Walden (2002): Deglobalization. Ideas for a new world economy, Zed Books.

42 Schaupp, Simon (2021): Was würde es bedeuten, Umwelt- und Klassenpolitik zusammenzudenken?, in: Analyse & Kritik, 19.10.2021.

43 Winker, Gabriele (2021): Solidarische Care-Ökonomie. Revolutionäre Realpolitik für Care und Klima, transcript; Bauriedl, Sybille / Wichterich, Christa (2014): Ökonomisierung von Natur, Raum, Körper. Feministische Perspektiven auf sozial-ökologische Transformationen, Rosa-Luxemburg-Stiftung.

44 Susemichel, Lea / Kastner, Jens (2021) (Hrsg.): Unbedingte Solidarität, UNRAST, S.35.

45 Haug, Frigga (2011): Vier-in-einem-Perspektive. Kompass für die politische Praxis, in: LuXemburg 2/2011.

46 Zibechi, Raúl: Die lateinamerikanische Erfahrung in: Analyse & Kritik, 21.09.2021.

47 Boddenberg, Sophia (2022): Sojaanbau in Argentinien. »Wir wurden vergiftet«, in: Deutschlandfunk Kultur, 24.05.2022.

48 Segato, Rita Laura (2021): Wider die Grausamkeit. Für einen feministischen und dekolonialen Weg, Mandelbaum Verlag; Segato, Rita Laura (2022): Femizid. Der Frauenkörper als Territorium des Krieges, UNRAST.

49 Acosta, Alberto / Brand, Ulrich (2018): Radikale Alternativen. Warum man den Kapitalismus nur mit vereinten Kräften überwinden kann, oekom verlag.

50 Ebd., S.155.

51 Zelik, Raul (2020): Wir Untoten des Kapitals. Über politische Monster und einen grünen Sozialismus, Suhrkamp Verlag.

52 Auszüge des Kapitels beruhen auf: Behr, Alexander (2018): »Zeit für Utopien« – Kurt Langbein zeigt Wege in eine andere Wirtschaft auf, in: brennstoff.com.

53 Behr, Alexander (2018): Zeit für Utopien: Doku sucht Wege zu anderer Wirtschaft, in: orf.at, 21.04.2018.

54 Karazman, Rudolf (2021): Nikitsch/Filez. Leben und lieben an der Grenze: Erzählung mit Musik, deutsch | kroatisch, edition lex liszt.

55 Graf, Beatriz (2005): Longo Maï. Revolte und Utopie nach '68. Gesellschaftskritik und selbstverwaltetes Leben in den Europäischen Kooperativen, Thesis-Verlag.

56 Vgl. www.weltagrarbericht.de/themen-des-weltagrarberichts/klima-und-energie.html.

57 Afrique-Europe-Interact (2021): Gerechtigkeitsgau in Glasgow, in: AEI-Zeitung 12/2021.

58 Holden, Emily (2019): What is the Green New Deal and how would it benefit society?, in: The Guardian, 11.02.2019; Behr, Alexander (2019): Den fossilen Kapitalismus überwinden, in: neues deutschland, 20.02.2019.

59 Wille, Joachim (2019): Kampfansage an Donald Trump, in: Frankfurter Rundschau, 17.02.2019.

60 Brand, Ulrich (2021): System Change: Ein linker Green New Deal muss internationalistisch sein, in: LuXemburg, Februar 2021.

61 Zeller, Christian (2020): Revolution für das Klima. Warum wir eine ökosozialistische Alternative brauchen, oekom verlag.

62 Brand, Ulrich (2021): System Change: Ein linker Green New Deal muss internationalistisch sein, in: LuXemburg, Februar 2021.

63 Oberndorfer, Lukas (2020): Auf dem Weg zum grünen Festungskapitalismus, in: Bertz, Dieter F. (Hrsg.): Die Welt nach Corona, Bertz + Fischer, S. 690.

64 Brand, Ulrich (2021): System Change. Ein linker Green New Deal muss internationalistisch sein, in: LuXemburg, Februar 2021.

65 Rogenhofer, Katharina (2021): Ändert sich nichts, ändert sich alles. Warum wir jetzt für unseren Planeten kämpfen müssen, Zsolnay Verlag; Brie, Michael (2021): Transformation heißt, das Ganze wagen: Den New Deal der 1930er-Jahre bis heute weiterdenken, VSA: Verlag; Maldekstra #11: Globale Perspektiven von Links: Das Auslandsjournal, Juni 2021.

66 Paul, Harpreet Kaur / Gebrial, Dalia (2022): Eine Welt – ein Klima. Globale Perspektiven auf einen gerechten Green New Deal, UNRAST; Ajl, Max (2021): A People's Green New Deal, Pluto Press.

67 Klein, Naomi (2019): Warum nur ein Green New Deal unseren Planeten retten kann, Hoffmann und Campe; Chomsky, Noam / Pollin, Robert (2020): Climate Crisis and the Global Green New Deal, Verso; Aronoff, Kate / Battistoni, Alyssa u. a. (2019): A Planet to Win: Why We Need a Green New Deal, Jacobin; Neale, Jonathan (2021): Fight the Fire: Green New Deals and Global Climate Jobs, Resistance Books; Pettifor, Ann (2019): The Case for The Green New Deal, Verso.

68 Diskurs. Das Wissenschaftsnetz (2022): Energieeffizienz im Gebäudesektor – Möglichkeiten und Herausforderungen, Mediengespräch, 23.06.2022.

69 Wichterich, Christa (2017): Viele Orte überall: Care-Logik in alternativen Projekten und Potentiale von Gegenmacht, in: Feministische Studien 35(2); Morgenthaler, Ronja / Thiele, Lasse (2021): Den Absprung finden. Mit einem Green New Deal über den Kapitalismus hinaus?, in: PROKLA 202.

70 Schulmeister, Stephan (2020): Klimaziele sind ohne Schulden unerreichbar, in: Der Standard, 17.01.2020.

71 Hans-Böckler-Stiftung (2018): Vermögenssteuer: Breite Zustimmung, in: Böckler Impuls 17/2018.

72 Neuwirth, Martina (2021): Europas Grüner Deal: Vorzeigeprojekt oder Klimaschutz auf Kosten des globalen Südens?, in: VIDC, 15.07.2021.

73 System Change, not Climate Change (2022): An die Wurzeln gehen – Diskussionspapier.

74 Afrique-Europe-Interact (2021): Gerechtigkeitsgau in Glasgow, AEI-Zeitung 12/2021.

75 Giridharadas, Anand (2018): Winners take all. The Elite Charade of Changing the World, Vintage Books.

76 Behr, Alexander (2021): Geld fürs Gemeinwohl. Finanzierungsmodelle für soziale Bewegungen, Radiobeitrag, in: Ö1, 13.07.2021

77 Heufelder, Jeanette Erazo (2017): Der argentinische Krösus, Berenberg Verlag.

78 Feltrinelli, Carlo (2001): Senior Service. Das kurze Leben meines Vaters, Hanser.

79 Friemel, Thomas (2021): Superreiche Guerillas, in: blog der GLS-Bank, 03.09.2021.

80 Nimmervoll, Lisa (2021): Millionenerbin Marlene Engelhorn: »Besteuert mich endlich!«, in: Der Standard, 23.05.2021.
81 Hatting, André (2020): Thomas Druyen im Gespräch mit André Hatting: Können Erben helfen, die Welt zu retten?, Radiobeitrag, in: Deutschlandfunk Kultur, 13.05.2020.
82 Wilkinson, Richard / Pickett, Kate (2009): Gleichheit ist Glück. Warum gerechte Gesellschaften für alle besser sind, Haffmans & Tolkemitt.
83 Bohrn Mena, Sebastian / Bohrn Mena, Veronika (2021): Konzerne an die Kette! So stoppen wir die Ausbeutung von Umwelt und Menschen, Brandstätter Verlag.
84 O. V. (2020): Lieferketten sind Menschenketten, Südwind.
85 Südwind Online-Talk: Basis-Existenzlohn im Sweatshop Europa, 09.06.2021.
86 Behr, Alexander (2021): Verantwortung ist gut, Gesetze sind besser. Mit Recht gegen Ausbeutung und Umweltzerstörung, Radiobeitrag, in: Ö1, 09.06.2021.
87 Diskurs. Das Wissenschaftsnetz (2021): Konzernverantwortung: Mit Lieferkettengesetzen gegen Ausbeutung und Umweltzerstörung, Mediengespräch, 03.02.2021.
88 O. V. (2020): Frankreich: Klima-Klage gegen Total im Rahmen des »Loi de vigilance«, in: Business & Human Rights Resource Centre, 28.01.2020.
89 Tagesschau (2021): Klimaklage gegen Shell. Ein Urteil wie ein »Paukenschlag«, 26.05.2021.
90 Buckel, Sonia (2008): Das Recht ist ein vertracktes Ding. Paradoxe Potentiale einer politischen Strategie der Rechte, in: Fantomas 13, Sonderbeilage zu Analyse & Kritik, S. 25.
91 Sußner, Petra / Westphal, Ida u. a. (2022): »Klimaklagen liefern strukturell perfekte Fragen für Verfassungsgerichte«. Interview mit Verena Madner (Vizepräsidentin des österreichischen Verfassungsgerichtshofs) und Susanne Baer (Richterin des deutschen Bundesverfassungsgerichts) zur Rolle der Gerichte in der Klimakrise, in: Juridicum 1/2022.
92 Gebauer, Thomas (2020): Große Aufgaben, in: medico international, 18.11.2020.
93 Manfred Nowak zit. n. Behr, Alexander (2021): Verantwortung ist gut, Gesetze sind besser. Mit Recht gegen Ausbeutung und Umweltzerstörung, Radiobeitrag, in: Ö1, 09.06.2021.
94 Gebauer, Thomas (2019): Über die Schaffung globaler Institutionen, in: medico international: rundschreiben 02/2019.

5 Vergangene, gegenwärtige und zukünftige Kämpfe

1 Auszüge des Kapitels beruhen auf: Behr, Alexander (2021): Kongolesischer Unabhängigkeitsheld. Der tödliche Mut des Patrice Lumumba, Radiobeitrag, in: Deutschlandfunk Kultur, 13.01.2021.
2 Ziegler, Jean (1966): Politische Soziologie des Neuen Afrika. Ghana, Kongo-Léopoldville, Ägypten, Nymphenburger Verlagshandlung.
3 Peck, Raoul (1991): Lumumba – Tod des Propheten, Dokumentarfilm, 68 Min., Haiti/Deutschland/Belgien/Zaire/Kongo.

4 Vgl. u. a. Bauer, Wolfgang (2017): Dag Hammarskjöld. War es doch Mord?, in: Die Zeit, 13. 06. 2017.

5 Ziegler, Jean (1965): La Contre-révolution en Afrique, Payot.

6 Für eine literarische Aufarbeitung dieser historischen Ereignisse siehe: Ziegler, Jean (1996): Das Gold von Manièma, Knaus.

7 Die beeindruckende Autobiografie von Andrée Blouin erschien ausschließlich in englischer Sprache und ist vergriffen: Blouin, Andrée (1983): My Country Africa. Autobiography of the Black Pasionaria, Abbey Publishing.

8 Sartre, Jean-Paul (1966): Das politische Denken Lumumbas. Vorwort, in: Césaire, Aimé: Im Kongo. Ein Stück über Patrice Lumumba, Wagenbach, S. 22.

9 Behr, Alexander / Schobel, Eva (2011): Die Karawane für Bewegungsfreiheit, Radiobeitrag, in: Ö1 Hörbilder, 24. 12. 2011.

10 Mbolela, Emmanuel (2014): Mein Weg vom Kongo nach Europa. Zwischen Widerstand, Flucht und Exil, Mandelbaum Verlag, S. 212.

11 Auszüge des Abschnitts beruhen auf: Behr, Alexander (2019): Zwischen Repression und Selbstermächtigung, in: Archipel, 18. 01. 2019.

12 Behr, Alexander (2016): Marokko zwischen Transit-Migration und ökonomischer Misere, Radiobeitrag, in: Ö1, 26. 04. 2016.

13 International Institute of Political Murder (IIPM) (2017): Das Kongo Tribunal, http://international-institute.de/das-kongo-tribunal/. Mit den *Kolwezi Hearings* inszenierte Milo Rau 2021 eine Neuauflage des *Kongo Tribunals*, bei dem es unter anderem um die Steuerhinterziehung des Schweizer Rohstoffgiganten Glencore ging; Behr, Alexander (2018): Der Kampf gegen Straflosigkeit: Das Kongo Tribunal, in: VIDC, 22. 06. 2018.

14 Activists: Emmanuel Mbolela, Videoporträt, 2018, Dreama TV.

15 Behr, Alexander (2016): Verfolgt, vertrieben, hoffnungslos: die Jesiden zwischen IS und Kurdengebiet, Radiobeitrag, in: Ö1, 27. 06. 2016.

16 *Safe European Home* ist ein Song von The Clash.

17 Bloch, Ernst (1959): Das Prinzip Hoffnung, Suhrkamp Verlag, S. 394.

18 Ziegler, Jean (2013): »Ich bin so radikal, weil ich die Opfer kenne«, in: Tagesspiegel, 07. 01. 2013.

19 Mills, Charles Wright (2000 [1959]): The sociological imagination, Oxford University Press, S. 187.

20 Dziedzic, Paul (2020): Wie geht es uns eigentlich? Im Gespräch erzählen Teresa Ellis Bremberger und Joshua Kwesi Aikins, in: Analyse & Kritik, 16. 06. 2020.

21 Brecht, Bertolt (1981 [1931]): Lob des Revolutionärs, in: ders.: Die Gedichte, Suhrkamp, S. 466 f.

22 Das Kapitel beruht in Abschnitten auf: Behr, Alexander (2010): Transnationale Solidarität als Herausforderung. Kampagnen an der Schnittstelle von antirassistischen sowie klima- und landwirtschaftspolitischen Netzwerken zwischen Europa und Afrika. Vortrag auf dem Momentum-Kongress 2010. Hallstatt, 21.–24. 10. 2010; Behr, Alexander (2015): Gewerkschaftsarbeit braucht transnationale Strukturen, in: mosaik-blog, 07. 08. 2015.

23 Alle Informationen auf forumcivique.org

24 Harvey, David (2007): Zwischen Raum und Zeit: Reflexionen zur Geographischen Imagination, in: Belina, Bernd / Michel, Boris (Hrsg.): Raumproduktionen. Beiträge der Radical Geogra-

phy. Eine Zwischenbilanz, Westfälisches Dampfboot, S. 44.

25 Gerber, Peter (2022): Wieder eingetaucht ins Plastikmeer, in: Archipel, Februar 2022.

26 Dass infolge des zunehmenden Konkurrenzdrucks immer mehr Betriebe aufgeben und die verbleibenden Agrarunternehmen ihre Flächen vergrößern, ist jedoch eine Entwicklung, die auch in Almería festzustellen ist.

27 Die SOC schloss sich im Jahr 2007 mit der Gewerkschaft Autonomia Obrera zum Gewerkschaftsbund SAT (Sindicato Andaluz de Trabajador@s) zusammen. Ich verwende hier dennoch die Bezeichnung SOC, weil der Gebrauch dieses Namens bei den Mitgliedern und den Unterstützer*innen der Gewerkschaft nach wie vor üblich ist.

28 U. a. Europäisches Bürger*innen Forum (Hrsg.) (2000): Terre de non droit; Europäisches Bürger*innen Forum (Hrsg.) (2002): Le gout amer de nos fruits et legumes – l'exploitation des migrants dans l'agriculture intensive en Europe; Europäisches Bürger*innen Forum (Hrsg.) (2004): Bittere Ernte. Die moderne Sklaverei in der industriellen Landwirtschaft Europas; Europäisches Bürger*innen Forum / NoLager Bremen (Hrsg.) (2008): Peripherie & Plastikmeer. Globale Landwirtschaft, Migration, Widerstand.

29 Weitere Filme waren *Unser täglich Brot* (2006), *Europas neue Sklaven* (2004), die beiden Filme *Die Billigheimer. Discounter und ihre Methoden* (2005) und *Hauptsache Billig* (2011) von Mirco Tomic, der Film *Der Preis für unser Gemüse* (2011) sowie *Das Gütesiegel* von Shelina Islam (2014). Nicht deutschsprachige, breit rezipierte Dokumentarfilme über die Folgen der industriellen Landwirtschaft in Almería wurden u. a. von Baqué/Girardot (2001), Bourgouin (2008) und Nijpels (2011) gedreht. Ähnlich den investigativen Arbeiten des Journalisten Fabrizio Gatti in Süditalien entstanden auch in Almería bedeutende Reportagen, beispielsweise von Shelina Islam in der *Süddeutschen Zeitung* (2008) oder von Felicity Lawrence in der britischen Zeitung *The Guardian* (2011).

30 Milo Raus Film *Das neue Evangelium* von 2020 beschäftigt sich ebenfalls intensiv mit den Arbeitsbedingungen in der süditalienischen Landwirtschaft und ist eng mit der Initiative Casa Sankara verbunden.

31 Giese, Gudrun / Hamann, Andreas (2004): Billig auf Kosten der Beschäftigten. Schwarzbuch Lidl, ver.di; Hamann, Andreas (2006): Selling cheap at the employees' expense. The black book on Lidl in Europe, ver.di.

32 Behr, Alexander (2013): Landwirtschaft – Migration – Supermärkte. Ausbeutung und Widerstand entlang der Wertschöpfungskette von Obst und Gemüse, Dissertation, Universität Wien.

33 Interbrigadas Berlin (2021): Vom Anfang und Ende der Lieferkette. Erfahrungen im Kampf gegen Agrobusiness und Supermarktmacht zwischen Almería und Berlin.

34 Dieses Kapitel beruht in Teilen auf: Behr, Alexander (2021): Moria, Kara Tepe und die organisierte Verantwortungslosigkeit, in: Schmiederer, Ernst (Hrsg.): Ermutigungen. Geschichten der Gegenwart. Edition Import Export sowie Behr, Alexander (2019): Lesbos: Das Versagen der europäischen Flüchtlingspolitik, Radiobeitrag, in: Ö1, 18. 06. 2019.

35 Vgl. den Videoaufruf zur Unterzeichnung hier: www.youtube.com/watch?v=KIVHFxqNoio.

36 Martens, Michael (2021): Nach Brand in Moria: Zehn Jahre Haft für afghanische Migranten, in: FAZ,

13.6.2021; Tagesschau (2021): Umstrittener Prozess. Migranten nach Moria-Feuer verurteilt, 12.06.2021.
37 medico international (2021): rundschreiben 3/2021.
38 Ebd.
39 Kubaczek, Niki / Mokre, Monika (Hrsg.) (2021): Die Stadt als Stätte der Solidarität, transversal texts; https://fromseatocity.eu/; Orlando, Leoluca (2015): Internationale Freizügigkeit von Menschen. Charta von Palermo 2015, in: Linksfraktion Hamburg.
40 Behr, Alexander (2019): An der EU-Außengrenze. Kafkaesker Albtraum, in: medico-rundschreiben 2/2019; Theurich, Jan / Wicke, Margrit (2021): No more morias. Lesbos und die europäische Abschottungspolitik, Sächsischer Flüchtlingsrat e.V. / DunyaCollective.
41 Schiebeck, Heike (2022): Ukraine/Transkarpatien. Lachen, um nicht zu weinen, in: Archipel 315.
42 Schubert, Christian (2022): Draghi: »Wollen Sie Frieden oder eine laufende Klimaanlage?«, in: FAZ, 07.04.2022.
43 Olk, Christopher / Söding, Tatjana (2022): Weniger Energie wagen, in: Analyse & Kritik, 12.04.2022.
44 Mezzadra, Sandro (2022): Aus dem Krieg desertieren, in: medico-rundschreiben 1/2022, S.12.
45 Antonio Guterres zit. n. Narodoslawsky, Benedikt (2022): Historische Rede, FALTER.natur #54, 08.04.2022.
46 KBA (2021): Fahrzeugbestand, Pressemitteilung 8/2021.
47 Brand, Ulrich / Wissen, Markus (2017): Imperiale Lebensweise. Zur Ausbeutung von Mensch und Natur im globalen Kapitalismus, oekom verlag, S.125ff.
48 Behr, Alexander (2021): Warum E-Autos nicht die Lösung sind, in: science.orf.at, 09.11.2021.
49 Statista.com (2021): Durchschnittliche Motorleistung neu zugelassener Personenkraftwagen in Deutschland von 2005 bis 2020, 30.09.2021.
50 Seibt, Torsten (2021): SUV-Neuzulassungen Juni 2021. SUV-Zulassungen gehen durch die Decke, in: Auto, Motor und Sport, 11.07.2021.
51 Brand, Ulrich / Wissen, Markus (2017): Imperiale Lebensweise. Zur Ausbeutung von Mensch und Natur im globalen Kapitalismus, oekom verlag, S.129.
52 statista.com (2021): Sollte aus ihrer Sicht ein Tempolimit von 130 km/h auf deutschen Autobahnen umgesetzt werden?, 18.11.2021.
53 Strom-Report (2021): Deutscher Strommix: Stromerzeugung Deutschland bis 2021.
54 Statista.com (2021): Anzahl der Elektroautos in Deutschland von 2011 bis 2021, 23.11.2021.
55 Groneweg, Merle / Weis, Laura (2018): Weniger Autos, mehr globale Gerechtigkeit. Diesel, Benzin, Elektro: Die Antriebstechnik allein macht noch keine Verkehrswende, Power Shift/Misereor/Brot für die Welt.
56 Behr, Alexander (2018): Zwischen Energiewende und Greenwashing. Im amerikanischen Klima-Vorreiter-Bundesstaat Kalifornien wird heftig um die richtige Klimapolitik gerungen, Radiobeitrag, in: Ö1, 23.10.2018.
57 Bolyos, Lisa (2018): Frack you, Mr. Governor. Klimawandel ist auch eine Frage der sozialen Gerechtigkeit. Auch grüner Kapitalismus basiert auf Rassismus, in: Missy Magazine, 08.12.2018.
58 Oxfam (2015): Die reichsten 10 Prozent verursachen die Hälfte der weltweiten Treibhausgase, Pressemitteilung, 02.12.2015.
59 Müller, Tadzio (2019): #HambiBleibt! Eine Reportage vom Kampf um

einen Wald, der das Land erschütterte, Rosa-Luxemburg-Stiftung, S. 3.

60 Ebd., S. 4.

61 SPD/Grüne/FDP (2021): Mehr Fortschritt wagen: Bündnis für Freiheit, Gerechtigkeit und Nachhaltigkeit. Koalitionsvertrag zwischen der SPD, Bündnis 90/Die Grünen und FDP, 24.11.2021, S. 46 u. 49.

62 Arps, Jan Ole (2019): Wird China die neue Weltmacht? Stefan Schmalz über den Aufstieg Chinas und seine Folgen für den globalen Kapitalismus, in: Analyse & Kritik, 18.06.2019.

63 Wiener Zeitung (2022): Australiens Klimabewegung fordert Etablierte heraus, 20.05.2022; #123 Blow up pipelines? Tadzio Müller and Andreas Malm on what next for the climate movement, in: dissenspodcast, 05.05.2021.

64 Behr, Alexander (2016): Kein Flughafenbau in Nantes. Mobilisierung der sozialen Bewegungen in Frankreich, Radiobeitrag, in: Ö1, 23.09.2016.

65 O. V. (2020): Des dizaines d'actions ont eu lieu mercredi 17 juin contre la »ré-intoxication du monde«, in: Reporterre, 17.06.2020.

66 Chris Madden zit. n. orf.at (2021): Höchstzahl bei Morden an Umweltaktivisten, 13.09.2021.

67 Graack, Nico / Servat, Esteban (2021): Gen Globaler Süden. Warum sich die Klimabewegung dekolonisieren muss, in: Analyse & Kritik, 17.08.2021.

Ausblick Wir haben nicht mehr viel Zeit!

1 Myers, Quinn (2019): Naomi Klein on the »Burning Case« for a Green New Deal, in: wttw.com, 02.10.2019.

2 Ivan Illich folgt dem Philosophen Jean-Pierre Dupuy in seiner Position des »aufgeklärten Katastrophismus«, die dieser Denkfigur ähnlich ist.

JASON HICKEL
WENIGER
IST
MEHR
MIT EINEM VORWORT VON MAJA GÖPEL
oekom